Ray Shell

VEREIST – Tagebuch eines Crack-Abhängigen

Ray Shell

VEREIST

Tagebuch eines Crack-Abhängigen

Roman

Aus dem Amerikanischen
von Michael Hofmann

Droemer Knaur

Titel der Originalausgabe: Iced
Originalverlag: Flamingo bei Harper Collins, London

Die Deutsche Bibliothek – CIP-Einheitsaufnahme

Shell, Ray:
Vereist : Tagebuch eines Crack-Abhängigen ; Roman / Ray Shell.
Aus dem Amerikan. von Michael Hofmann. –
München : Droemer Knaur, 1994
Einheitssacht.: Iced <dt.>
ISBN 3-426-19334-5

Die Folie des Schutzumschlags sowie die Einschweißfolie und PE-Folien sind biologisch abbaubar.
Dieses Buch wurde auf chlor- und säurefreiem Papier gedruckt.

Umschlaggestaltung: Agentur ZERO, München
Umbruch: Ventura Publisher im Verlag
Druck und Bindung: Franz Spiegel Buch GmbH, Ulm-Jungingen
Printed in Germany
ISBN 3-426-19334-5

5 4 3 2 1

Allen Familien gewidmet,
die von 1960 bis 1970 in den Louis-H.-Pink-Häusern
in East New York, Brooklyn, gewohnt haben –
mit Liebe von eurem Zeitungsjungen.

Einen Fremden sollst du nicht ausnützen oder ausbeuten, denn ihr selbst seid in Ägypten Fremde gewesen.

Exodus 22,20

Er allein besitzt die Schlüssel zum Verborgenen. Keiner kennt sie außer ihm. Und er weiß, was auf dem Festland und auf dem Meer ist. Und kein Blatt fällt, ohne daß er darüber Bescheid weiß. Es gibt auch kein Korn, das in der finstern Erde ruht, und nichts Feuchtes und nichts Trockenes, das nicht in einer deutlichen Schrift verzeichnet wäre.

Sure 6, Vers 59

In diesem Glossar sind die wichtigsten Ausdrücke aus der Drogenszene aufgeführt, die im Buch verwendet werden. Für weitere Informationen zu Drogen im allgemeinen sei auf gängige Lexika verwiesen.

abnahten, auf der Naht sein	schlafähnlicher Zustand unter dem Einfluß von Drogen
Acid	Slang für: LSD
Angel Dust	LSD-ähnliche Droge, die Halluzinationen hervorruft
clean	Slang für: nüchtern bzw. nicht mehr süchtig
Crack	mit Wasser und Backpulver vermischtes, rauchfähiges Kokain
fixen	Heroin oder Kokain intravenös spritzen
Gras	Slang für: Marihuana
High	Slang für: Rausch
Hit	für den Rausch benötigte Dosis einer Droge
Line (auch: Straße)	zum Schnupfen vorbereitete Dosis, meist von Kokain
Magic Mushrooms	halluzinogene Pilze
Meskalin	halluzinogene Droge, entweder

	aus einem Kaktus gewonnen oder synthetisch hergestellt
Poppers	in Fläschchen abgefülltes Amylnitrit, das inhaliert wird und als sexuelles Stimulans gilt
Quaaludon	als Droge mißbrauchtes Beruhigungsmittel
Rocks (auch: Steine)	Slang für: Crack
Rush	schnell einsetzende Wirkung bestimmter Drogen
Shit	Slang für: Haschisch
sniffen	schnupfen
Speed	Sammelbegriff für Amphetamine
stoned	Slang für: von Drogen berauscht
THC	Abkürzung für Tetrahydrocannabinol; euphorisierender Wirkstoff in Haschisch und Marihuana, auch synthetisch herstellbar
Trip	Slang für: Rausch
User	Slang für: Drogenkonsument

Ein Datum gibt's nicht ...
Welche Tageszeit ist, weiß ich nicht.
Es ist mir egal.

Die Leute sagen Cornelius jun. zu mir.
So heiß ich.
Glaub ich.
Es ist mir egal.

Den Namen hat mir meine Mutter, die Geldfrau (früher war sie die Geldfrau, sie ist fortgezogen), gegeben. Alle scheinen eine Mutter zu haben.
Sie fluchen viel, sie schreien viel, sie weinen.
Wahrscheinlich, weil sie Frauen sind.

Ich war früher mal wer ... ist lange her.
Ich träum nicht mehr viel.
Ich hab früher in Farben geträumt, wie die Farben von *Miami Vice*.
Die Sendung geht mir ab. Seit wann gibt's die nicht mehr?
Ich träum von mir. Ich träum von dem Shit, den ich früher gehabt hab.
FRÜHER HAB ICH SHIT GEHABT!
GUTEN SHIT!
Mein Shit war nämlich absolut in Ordnung, total in Ordnung, wie sie seinerzeit gesagt haben. Was sie jetzt sagen, weiß ich nicht.
ES IST MIR EGAL!
Ich muß aufschreiben, was ich noch weiß und wie's mir geht. Bevor alles weg ist. Jeden Tag ist wieder ein kleines Stück weg ... wenn ich mit dem Rauchen fertig bin. Über das mit dem Rauchen will ich noch nicht reden. Das

 kommt später. Als ich mir überlegt hab, das hier zu schreiben, war mir völlig klar, warum. Ich hab mich erinnern wollen, was ich war ... was ich früher war. Weil ich's vergessen hab. Und bald ist es ganz weg.

Ich hab dir schon gesagt, daß ich Cornelius heiße. Ich bin vierundvierzig oder fünfundvierzig. Geburtstag hab ich vor 'ner ganzen Weile gehabt.
Früher haben meine Mutter und meine Schwester mir Karten geschickt, um mich daran zu erinnern, daß ich wieder ein Jahr geschafft hab (Muttergeschwätz).
Sie schicken mir keine mehr ... Vielleicht schicken sie sie ja auch, und ich krieg sie nicht. Oder vielleicht klauen die Gespenster sie, wie sie meinen ganzen übrigen Scheißdreck klauen – zum Beispiel meine Sozialhilfeschecks und meine Rechnungen.
ICH ERINNERE MICH AN RECHNUNGEN!
ICH ERINNERE MICH AN DIE MIETE!
Ich bin froh, daß die Gespenster die Rechnungen klauen. Ich sag Gespenster zu ihnen, weil ich sie noch nie gesehen hab, ich seh bloß, was sie mir antun.

Ich lebe ... Moment ... Das Wort **LEBEN** bringt mich durcheinander.
Ich lebe nicht.
Ich bin am Leben. Ich atme. Ich lebe nicht.
Ich erinnere mich ans Leben. So – ist es nicht.
Es ist eher wie das, was früher im Fernsehen zu sehen war, nicht wie die *Cosby Show*, eher wie *Good Times* (erinnerst du dich an die Sendung?); wir haben nicht so viel gelacht wie die in der Sendung, aber ich hab eine Mutter gehabt, einen Vater, einen Bruder und eine Schwester. Meine Mutter heißt ... Cora. Sie ist fort, nachdem mein Vater tot war. Er heißt ... hieß auch Cornelius. Ich hab einen Bruder gehabt, aber das war vor langer Zeit, und er ist auch tot, er war als erster tot. Er hat einen Namen gehabt, aber mir tut der Kopf weh, wenn ich mich daran zu erin-

nern versuche. Angefangen hat er mit N... Nate oder Nathan.
Sein Gesicht seh ich oft. Wenn die Pfeife heiß ist und der weiße Rauch mir ins Gehirn rauscht, seh ich sein Gesicht, wie es mir zulächelt, und ich lache. Dann muß ich würgen und das ganze gute Gefühl hochhusten, und ich fluche, weil das gute Gefühl draufgeht und ich es mir nicht leisten kann, daß es draufgeht, aber trotzdem seh ich sein Gesicht.

NATHAN
Er ist gestorben.
Als erster.

Meine Schwester lebt unten in Brooklyn, mit ihrem Ehemann, dem Schwanzlutscher, der mich nicht leiden kann. Früher hab ich sie in ihrer Wohnung besucht. Ich bin über dieses Geld-Ding in der Subway gesprungen, hab den Zug erwischt, bin runtergefahren und hab sie besucht, um 'n bißchen Geld für den Pfeifenmann zu kriegen und sie zu sehen, aber sie hat mir gesagt, daß ihr Mann nicht will, daß ich vorbeikomme.
Jedesmal, wenn sie mich gesehen hat, hat sie geweint, die ganze Zeit über, wie 'ne alte Frau. Sie hat meine Hand in ihre genommen, »Junior ... Junior« zu mir gesagt, als würde sie versuchen, mich aufzuwecken oder so. Sie hat versucht, mir zu essen zu geben. Ich hab nie Hunger gehabt. Nicht auf Huhn mit Reis. Lorraine ... ja, so heißt sie. Sie zahlt die Miete für dieses Loch, sie muß sie zahlen, sie oder meine Mutter, weil ich sie nicht bezahle und die Gespenster noch nicht vorbeigekommen sind, um mich rauszuschmeißen, wie sie es mit anderen Leuten gemacht haben, die früher hier gewohnt haben.

Eins mußt du von Anfang an verstehen.
SO WAR'S NICHT IMMER!!!
Früher war alles top.

Absolut top.
Es fällt mir schwer, dir zu sagen, wie top, die Einzelheiten fallen mir nicht mehr ein.
Ich sehe Schnappschußerinnerungen.
Früher sind mir die Erinnerungen durch den Kopf gerast wie ein guter, schneller Film. Wie *French Connection*.
Als die Zeit mit der Pfeife gekommen ist, ist ein ganzer Block Erinnerungen verdreckt oder gelöscht worden. Ich weiß nicht, wie es passiert ist.
Erinnerungen, die filmmäßig durch meinen Kopf zuckten wie wütende Küchenschaben, verlangsamten sich zu Bildern, blieben schließlich stehen wie 'n Comicstrip, die *Peanuts* zum Beispiel.
Und jetzt kommen sie nur noch als Schnappschüsse. Immer bloß eine auf einmal.
Ich muß mich echt konzentrieren, um sie klar reinzukriegen.
Manchmal hab ich das Gefühl, irgendwann kommt nur noch Schnee und Rauschen.
Dann gibt es in meinem Kopf kein Bild von nichts mehr.
Bloß noch weiße und schwarze Störsignale, wie wenn beim Fernseher Sendepause ist.

KLICK-SCHNAPP.
ICH-MOMMIE-DADDY!
Sonst niemand. Gutes Gefühl.
DAMALS HAT DADDY GELÄCHELT!
Ist nicht marschiert und hat nicht gebrüllt ...
Schwach – schwach – scharf – klick – schnapp
Nate und ich in ein und demselben Bett ... mein kleiner Bruder. Wie-heißt-er-noch?
Nuckelkopf-Nate!
Nathan ... Nathaniel – ja, Nate!
Der Fang-mich-im-Treppenhaus-Handball-auf-der-Straße-Nate.
Vielleicht denk ich's mir bloß aus.
Vielleicht ist es nie passiert.

In dem Zimmer hier gibt's nichts, was darauf hinweist, daß es je einen NATE gegeben hat.
Kein Foto-Brief-Karte ... bloß eine Schnappschußerinnerung ... die dauernd in meinem Kopf knirscht.
Ich weiß, daß er gestorben ist.

Klick-klick-schnapp-schnapp.
Lorraine weint ... strampelt.
Ein paar Leute zerren sie von Nate weg. Er liegt in einer Kiste.
Tot-in-seinem-Examensanzug.
Lorraine brüllt ... schlägt um sich ... brüllt sich die Eingeweide raus, als würd ihr eine Ziege in den Bauch treten oder so ...
Leute zerren sie durch die Kirchentür.
Die Leute sind keine Gespenster, weil ich sie sehen kann.
Jetzt im Moment will ich mich nicht weiter erinnern ...
Ich komm später drauf zurück.
Kostet zuviel Konzentration.

* * 14. MAERZ * 1991 * 3.00 UHR * *

In diesen Tagen (und Nächten) will ich nur eins: rauchen.
Das ist alles!
Mein einziges Bestreben ist zu rauchen.
Das Rauchen ist mein Job ... das erklär ich später noch.
Ich geh ganz in der Weiße auf
und dem guten Gefühl, das mir die Pfeife bringt.
Symbole sind einfach. Sie sprechen zu dir. Schnell.
PFEIFE= (bedeutet) Gutes Gefühl Wärme Familie Schutz Abstand Sicherheit Eins-Sein
Ohne Pfeife sein = (bedeutet) Qual Verwirrung Kälte Hunger
UNDENKBARES.

Es gibt ein altes Foto von mir, das ich in einer alten Schuhschachtel aufhebe.
Meiner Heiliger-Bund-Erinnerungs-Schachtel.
Fetzen Goldpapier, pubertäres Gekritzel, Schnappschüsse.
Daddy.
Mama.
Lorraine.
Nate laß ich aus.
Er ist gestorben.
Zeugnisse. Mein Leben.
Das alles hebe ich in einer Schachtel unter meinem Bett auf, in einen Wollwintermantel gewickelt, den Mama mir letzte Weihnachten geschickt hat (glaub ich).
Ich betrachte das Bild von mir, von dem Ich-wie-ich-früher-mal-war.
Ich seh einen Typen, der aussieht, als müßte er Präsident von United Steel werden.
Der Kerl lächelt wie Al Jarreau ...
wie wenn er was wüßte, das ich nicht weiß.
Die Straßendämonen, die die Pfeifen-Steine unter Kontrolle haben, würden zu dem Kerl hier Spasti sagen ... Schwanzbläser.

Auf der Straße gibt es bloß zwei Sorten von Leuten.
Schwänze und Schwanzbläser.
Je größer der Schwanz, um so eifriger wird geblasen.
Ich hab gehört, daß weiße Jungs sagen, wenn sie jemand nicht leiden können: »So ein Schwanz!«
Die haben keinen blassen Schimmer.
Wenigstens die meisten Weißen nicht.
Sie wären froh, wenn sie echte Schwänze wären.
Wenn ich's mir so überleg, sind die Weißen, die die US-Regierung bilden, Schwänze.
Genau:

DIE US-REGIERUNG IST DER GRÖSSTE SCHWANZ IM GANZEN WELTALL!!
Sie läßt sich von der ganzen Welt einen blasen.
Aber die Jungs sollen lieber aufpassen, weil die Afrikaner bald einen echt Riesensteifen kriegen, und mit dem werden sie den alten Uncle Sam ohne Kondom oder KY in den Arsch ficken.
Sie werden's dem alten Uncle Sam so richtig besorgen.

Der Kerl auf dem Foto, dieser Cornelius jun., ist ein echt ätzender Typ. Ätzend im richtigen Sinn.
Du weißt schon, wie sie bei uns zu 'nem echt spitzenmäßigen Bruder »ätzend« sagen und »super, klasse« meinen.
Tja, dieser Cornelius jun., dieses Ich-wie-ich-früher-mal-war, war besser als abgefahren, dieses Ich-wie-ich-früher-mal-war war ätzend.
Dieser Cornelius jun. hat schon mit fünfzehneinhalb den Bogen rausgehabt.
Er war die Freude von seiner Mama und der Stolz von seinem Daddy.
Ja, mein Daddy, Cornelius sen., war echt stolz auf mich.
Ich war ein wahrer Platinsplitter von seinem alten Diamantblock.
Ich war sein Stein von Rosette.
Wer mich gesehen hat, hat ihn verstanden, und das hat ihm gefallen.
Mit sechzehn bin ich an der Columbia University aufgenommen worden.
Ich sollte Anwalt werden.
Mit sechzehn hab ich den Abschluß an der Franklin K. Lane High-School in East New York gemacht, bin auf die Columbia, und zwei volle Jahre lang war mein Leben das Paradies.
Aus dem Haus von meinem Daddy bin ich ins Village nach Manhattan rübergezogen, in 'ne Wohnung in der Nähe vom Washington Square Park.
Das war 1964.

Rund um den Washington Square Park ging damals die Post ab.

(Sorry, es klopft an der Tür.
Ich hör's einfach nicht.
Wahrscheinlich Gespenster, die mir was klauen wollen.
Wahrscheinlich die ausgeflippte Linda, die mir für zehn Dollar einen blasen will, damit sie rauchen kann!
Ich brauch meine zehn Dollar, damit ich später selber rauchen kann.
Gerade hab ich 'nen Zug aus der Pfeife genommen, um mich in das Jahr 1964 zu versetzen.
Dieses Zeug ist so süß! Wie Pfefferminzbonbons in Honig.
Der Rauch jagt mir durch den Körper, so warm, so geil.
Die Pfeife liebt mich! Sie will mich, wie eine dicke-fette-nasse Fotze! Die Pfeife saugt mich auf, während ich an ihr sauge.
Seligkeit! Seligkeit! Himmel! Himmel!)

MOTOWN-STAX-BEATLES-ROLLINGSTONES-STAPLE-SINGERS-JAMESCLEVELAND-SHIRLEYCAESAR
Das waren meine musikalischen Engel.
Ich hab sie auf meinem Plattenspieler laufen lassen.
Damals hab ich keinen CD-Player oder anderen Stereo-scheiß gehabt, bloß einen alten Plattenspieler, den mir meine Schwester Lorraine und mein Bruder Nate zum Examen geschenkt haben.
Ich hab in meiner Wohnung im Fenster gehockt und auf den Washington Square runtergeschaut, während im Hintergrund die Supremes oder die Ronettes sangen, und unten im Park haben Hippies Frisbee gespielt.
»*… be my baby … be my pretty baby …*«
Und blonde-weiße Mädchen in Neonschals und Tops mit Spaghettiträgern haben getanzt und zu mir raufgelächelt und gehofft, ich würde zurücklächeln und sie auf mein Zimmer einladen, damit sie mit eignen Augen sehen

können, ob was dran ist an dem Mythos vom großen, schwarzen Ding.
Und JA haben sie geschrien, wenn ich ihre Schenkel hoch in die Luft gehoben und ihnen meinen Schwanz so weit und fest ins Arschloch geschoben hab, wie's nur gegangen ist.
Und JA haben sie gekreischt.
Ich hab nie eine Weiße in die Fotze gefickt.
Mein Schwanz ist heilig.
Mein schwarzer Schwanz hat bloß schwarze Fotzen gefickt.

ABER

eine Weiße oder einen Weißen (wenn ich gerade ausgeflippt war) hab ich in nullkommanichts in den Arsch gefickt.
Das war für mich eine politische Tat.
Das war meine revolutionäre Aussage.

Ferguson (der weiße Junge, mit dem ich zusammengewohnt hab) war ein Beatnik.
Wir haben die Beatschuppen abgecheckt, die's im Village noch gab. Sie waren die East Side weiter runter verlegt worden, weil gerade der Folk im Kommen war. Manchmal sind wir in 'ne Kneipe in der Bleeker Street und haben das nicht-singende Arschloch Bob Dylan erlebt. Seine Songs haben mir gefallen, obwohl seine Singerei einen Scheißdreck wert war!
»*The answer my friend is blowin' in the wind ...*«
(Da bläst der Wind, mein Freund, bläst-bläst-bläst genauso wie das gute Gefühl aus meiner Pfeife. Ich blas den Schwanz da, und es ist mir egal, wem's nicht paßt.)

1964–1966: die ersten freien Jahre in meinem Leben!
Mir kommt das alles so lang her und so unglaublich vor, daß ich weiß, es kann gar nicht passiert sein. Vielleicht hab ich davon gelesen oder es in einem Film gesehen wie *Alice's Restaurant*
oder
Hair.
Aber die Wirklichkeit war besser als die zwei Filme.
Hair als Theaterstück war ähnlich, aber doch irgendwie nicht so gut.
Ich hab nichts zu tun gehabt, außer zum Unterricht zu gehen, in der Schallplattenabteilung von Mays in der 14th Street zu jobben, meinen Joint zu rauchen, in Discos zu gehen und alle Fotzen und Ärsche zu ficken, wo ich meinen Schwanz reinkriegen konnte.

VOLLKOMMENHEIT
Seligkeit wie dieses weiße Kristallwunder
– ich blas es mir ins Gehirn, und es entfacht diese Erinnerung.
Ängstlich such ich den Boden ab.
Untersuche jedes bißchen weiße Asche und jeden Fussel.
Passe auf, nichts von dem guten Gefühl fallen zu lassen.

NATE IST TOT.
Das weiß ich.
Ich erinnere mich an die Beerdigung.
Alle schockiert.
Alle am Weinen.
Der vollkommene-Engel-Nate.
Nate hat ab und zu bei mir übernachtet, wenn Daddy mal wieder auf volle Lautstärke gedreht hat.
Es hat geheißen, Ferguson (mein-weißer-Mitbewohner) wär 'n Junkie.

Ich hab's nicht gewußt, weil er's nie vor meinen Augen gemacht hat.
Er und Nate sind dicke Freunde geworden.
Vielleicht hätt ich besser auf meinen kleinen Bruder aufpassen sollen, aber ich war zu sehr damit beschäftigt, auf mich selber aufzupassen. Ich hätt ihn nicht überallhin mitnehmen dürfen.
Daddy hat meine Seele mit Schuld gepflastert.
Mama hat mir einen Trauerflor um den Kopf gelegt.
Gesagt, ich hätt auf Nate aufpassen sollen, hätt ihn mitnehmen sollen,

ABER

aus dem Grund hab ich ihn eben *nicht* mitgenommen.
Ich hab nicht gewollt, daß er Geschmack an den neuen Spielsachen findet, die ich in meinem Geheimgarten entdeckt hatte. Ich wollte nicht Schlange mit seiner Eva spielen.
War auch nicht nötig.
Ferguson hat seine weiße Klapperschlange um den schwarzen Arsch meines Bruders geschlungen und ihn fest gebissen.
Bevor ich »Smoky Robinson« sagen konnte, war Nate ein flügger-von-Daddy-klauender-Nadel-stechender-abnahtender **JUNKIE**.

Ich hab Ferguson zur Sau gemacht, aber das hat Nate nichts genützt.
Nate hatte angebissen. Fest angebissen.
Er ist wochenlang verschwunden.
Ich bin die Straßen abgelaufen, um ihn zu suchen. Ich bin in Harlem in der 144th Street gelandet, in einem ausgebombten Ghettozimmer-mit-hochgejagter-Decke.
Das Fenster mit Brettern fest zugenagelt, damit die anderen Junkie-Dämonen nicht reinkamen.
Dort hat Nate geschlafen oder abgenahtet.

Nach-Pisse-Scheiße-stinkend-dreckig-schwarz-von-'nem-Monat-ohne-sich-zu-waschen.
Da hab ich dann gehockt und gewartet, daß er wieder zu sich kommt.
ICH WAR NICHT SCHULD, DASS AUS NATE EIN JUNKIE GEWORDEN IST!
Das sag ich hier und heute.
Wenn meine Mutter das je zu Gesicht bekommt oder wenn jemand es liest und sie kennt, dann soll er meiner Mutter, Mrs. Cora Lorraine Washington, sagen:
ICH WAR NICHT SCHULD, DASS AUS NATE EIN JUNKIE GEWORDEN IST!!!
Diese zwei Jahre, 1964–1966, waren die einzigen freien Jahre in meinem Leben. Die ganzen anderen Jahre hatte ich damit verbracht, der vollkommene Sohn zu sein, der vollkommene Bruder, der vollkommene Schüler, das vollkommene Kind.
Cornelius jun. der Vollkommene!
Man müßte mich heiligsprechen!
Zumindest Heiligkeit verdiene ich.
Cornelius sen. war Dr. Fürchterlich.
Vor ihm hab ich mehr Angst gehabt als vor jedem Straßenganoven! Er hat mir gründlicher den Arsch versohlt, als jeder damalige Möchtegern-Tyson es gekonnt hätte. Wenn er loslegte, war er rücksichtslos und gemein. Gürtelschnallen, Drahtkleiderbügel, Peitschen, sogar glühende Eisenstangen – alles war ihm recht.
Ich hab aus schierer Angst gehorcht.
Ich hab teuflisch nach seiner Anerkennung gelechzt.
Seine Anerkennung, sein Lob waren der Fels meines Daseins.
Wenn seine Laune den Frieden des Nachthimmels zerriß, sind wir alle schleunigst in Deckung gegangen.
Mama hat rumgenörgelt, gebettelt, uns erpreßt, damit wir kuschten.
Hat gedroht, uns an den Daddy-Drachen zu verfüttern, falls wir nicht parierten.

Abend für Abend wußten wir, wenn sich im Schloß ein Schlüssel dreht, ist Daddy-Zeit. Und ich schwamm in Gedanken durch den vergangenen Tag, überlegte wie ein Ertrinkender, der sein Leben an sich vorüberziehen läßt, was ich alles getan hatte und ob es falsch gewesen war und ob mir der Arsch etwa schon auf Grundeis ging.
So hab ich sechzehn Jahre lang gelebt.
Ich war smart.
Ich war brillant, aber nicht, um brillant zu sein.
Ich war kein Ganove, ich war kein Dieb, ich bin nicht davongelaufen – oder hab's nicht fertiggebracht.
In diese Richtung war ich nicht programmiert.
Die Schule war mein einziger Ausweg.
»Bildung ist das A und O ...« hat mir Mama immer wieder gesagt.
Den ganzen Tag. Jeden Tag.
Also hab ich gelernt.
Ich hab alle Bücher, Filme, Zeitungen, Lexika gefressen, die ich in meiner Schul- oder Leihbibliothek in die Finger bekam. Fieberhaft hab ich Informationen verschlungen, hab Wissen in mich aufgesaugt wie Dracula Blut, um die heiligen Tests zu bestehen und ein Erlösungsstipendium zu gewinnen.
Die Tür zu meiner Freiheit.
Die Tür zu meinem Leben.
Ich hab's mit Bravour geschafft.
Damals ist mir klar geworden, daß Mama und Daddy nur das Beste für mich gewollt haben und daß sie Angst hatten vor dem Tod, der unser Viertel im Griff hatte. Sie fürchteten um mein Leben, und aus dieser Furcht heraus schüchterten sie uns erst recht ein, damit ich, Nate und Lorraine nicht aus der Reihe tanzten.

ABER

sie haben ihre Sache zu gut gemacht.
Ich hab weglaufen müssen.

Ich bin entkommen.
Nate ist gestorben.
Lorraine hat geheiratet.
Jeder von uns ist auf seine Weise vor einer Hochofenliebe weggelaufen, die uns alle verbrannt hat.
Wir waren keine Motten.
Unsere Flügel konnten nicht so schnell schlagen.
Reine Liebe ist das Wesen des Positiven.
Reine Liebe ist die einzige Liebe.
Cornelius' und Coras Liebe zu uns war paranoid.

Nach Nates Tod bin ich zum Zombie geworden.
Es war echt wie bei *Die Nacht der lebenden Toten.*
Überall hab ich Nate gesehen.
Er hockte in meinem Schrank, lag unter meinem Bett, saß an meinem Schreibtisch, lächelte mich von einem Kalender aus an.
Das Gesicht von Nate.
Der Körper von Marilyn Monroe.
Vielleicht wär's leichter gewesen, wenn Nate schnell gestorben wär oder wir ihn tot aufgefunden hätten.
Mit einem Stich im Arm von dem goldenen Schuß, der seinen Geist beflügelt und sein Herz zum Stehen gebracht hätte.
Mit einem Lächeln auf seinem Gesicht, einer Nadel in seiner Vene.
Vielleicht wäre das leichter zu verkraften gewesen.
Nate hat fast ein halbes Jahr zum Sterben gebraucht.
Ich hab ihn an einem kalten Januarmorgen im Village vor dem Eingang zum Waverley Theater gefunden.
Zuletzt hatte ich ihn daheim bei Daddy gesehen.
Wir waren alle zum Weihnachtsessen zusammengekommen.
Es war eine schöne Zeit.
Ich hab in dem Semester damals phantastische Noten bekommen, Lorraine trat gerade eine Stelle in Manhattan an, und Nate war vom Heroin runter (haben wir gedacht).

Cornelius sen. hat gebetet. Mama gesungen.
Wir haben jeder einen Bibelspruch gesagt und dann gegessen. Gefüllten Truthahn, Hühnchen, Schinken, Süßkartoffeln, Kohlgemüse, Kartoffelsalat.
Ein klassisches hausgemachtes Festessen.
(Wenn mich die Pfeife nicht dauernd zum Schweben bringen würde, hätt ich schon bloß bei dem Gedanken daran Hunger. Die Pfeife ist mein tägliches Brot. Die Pfeife ist mein Hirte, mir wird nichts mangeln.)

Cornelius sen. hat nicht gebrüllt, Mama hat nicht rumgenörgelt.
Wenn ich nicht bei ihnen war, haben sie mir fast gefehlt. Ganz bestimmt war es dadurch leichter, sie zu begreifen ...

ABER

ich war so froh, daß ich einen anderen Platz gehabt hab, wo ich hab hinflüchten können. Nate hat offiziell daheim gewohnt, bei Lorraine, Mama und Daddy, aber die meiste Zeit war er bei mir in der Wohnung oder mit einem Mädchen oder Freunden unterwegs. Wenn er an keiner von den Stellen zu finden war, dann hat man gewußt, daß er irgendwo im Junkieland auf der Naht war.
An dem betreffenden Abend hat er gesagt, daß er ins Kino will.
Ich hatte was für mein Studium zu tun, darum hab ich Lorraine, Cornelius sen. und Mama geküßt und bin zur Subway, um den Zug zur 4th Street West zu kriegen.
Nate ist im selben Zug gefahren.
Wir haben wie Brüder gequatscht.
Über Mädchen, die wir gevögelt haben. Über Typen, von denen wir gehört haben, daß sie unsere Schwester vögeln wollten.
Über Cornelius sen. und Mama.
So Zeug eben.

Kurz bevor ich ausgestiegen bin, hat er mich mit seinen Bambi-Augen angesehen und gefragt, ob ich für ihn beten würde, und das war abartig, weil Nate immer selber Mr. Supergott war, der Mann, der niemanden gebraucht hat.

Sogar als Kind hat Nate allein gespielt und war meistens irgendwo verschwunden, hatte sich in seine eigene Dimension verzogen. Für mich war er fast wie ein großer Bruder.

Er hat mir gedankt, daß ich mich um ihn gekümmert hab, und sich für den ganzen Trouble entschuldigt, den er mit seiner Fixerei der Familie gebracht hat.

Er hat gesagt, daß er im New Yorker Osten eine Methadonbehandlung anfängt, weil er clean sein will, bevor er aufs College geht.

Im September darauf sollte er an der New York University anfangen.

Er hätte bereits im Vorjahr anfangen sollen, aber da hing er schon zu lange an der Nadel.

Ich erinnere mich, daß ich echt traurig war, als würde im Hintergrund Schwanengesangfilmmusik spielen, aber ich hab's irgendwie weggedrückt.

Ich hab ihn umarmt, ihm einen Klaps auf die Ohren gegeben, wie ich's früher gemacht hab, als wir klein waren, dann bin ich ausgestiegen, hab mich noch mal umgedreht und ihm zugewinkt.

Nate hat geweint.

Er hat die Tränen beiseite gewischt und zu lächeln versucht, während der Zug aus dem Bahnhof in den dunklen-tiefen-Tunnel fuhr.

Mir war's ganz unheimlich zumute, aber dann hab ich gedacht, was soll's, und ich bin die Treppe rauf und hinaus in die Nacht, eine Nacht, so kalt und knackig und jazzig, wie sie nur das New Yorker West Village aus dem Ärmel zaubern kann. Ich bin zum Washington Square gelaufen, hab ein Fünf-Dollar-Tütchen gekauft, mir einen fetten Joint gedreht, im Dunkeln geraucht und dabei einem

Möchtegern-Richie-Havens zugehört, der mit kaputter Stimme auf einer Gitarre geklimpert und jeden um Knete für Stoff angebettelt hat.

Klingelingelingeling!!
Mama-am-Telefon! Wie besorgt und nervös sie sich angehört hat!
Ob ich Nate gesehen hätte? Ob er bei mir wäre?
Ich hab ihr gesagt, daß ich ihn seit Weihnachten vor drei Wochen nicht gesehen hätte.
Er hatte mit mir zu der irren Silvesterparty im *La Mama* gehen sollen, einem affenscharfen Theaterschuppen, wo die Schauspieler und Schauspielerinnen grundsätzlich nackt rumgelaufen sind. Die Party war obergeil gewesen. Sie hat dich angefetzt und ging dir durch und durch.
(SCHON KOMISCH, der ganze Schotter ist vor fast dreißig Jahren passiert, aber durch das Rauchen und Schreiben kommt's mir vor wie gestern. Frag mich, was letzte Woche los war, und ich müßte passen. Vielleicht, weil das Erinnerungen von vor der Pfeife sind; damals/jetzt war/ist mein Kopf klarer, wie der Judas von Tim Rice gesungen hat.)
Nate hätte die Party jedenfalls super gefunden, aber er ist nicht aufgetaucht.
Ich hab eine freakige Frau getroffen, die Day-Light Moon-Sun geheißen hat.
Sie hat mir einen geblasen, während ich mit Meskalin versetztes Kool-Aid getrunken und Angel Dust geraucht hab.
GEIL!
Mama hat mich gebeten, nach Harlem raufzufahren, um Nate zu suchen, und sie anzurufen, wenn ich was rausgefunden hab.
Ich hatte gerade noch eine Stunde bis zur Arbeit und ein Referat fertigzuschreiben, und Nate hatte versprochen, die Drogenscheiße bleibenzulassen.
Also hab ich mich bloß bei mir in der Gegend umgesehen – null Erfolg – und bin zur Arbeit.

Am gleichen Abend, nach der Arbeit, bin ich dann die Straßen von Harlem rauf und runter, in Kneipen, in Hintergassen, hab Bekannte und Unbekannte gefragt. Bloß einmal hab ich haltgemacht und an der 125th Street Spareribs gegessen. Gegen sechs Uhr früh kam ich dann in der 4th Street West aus der Subway hochmarschiert, verfroren-müde-verhungert-und-sauer.
Ich hatte die ganze Nacht damit zugebracht, die Straßen abzulaufen, aber Fehlanzeige.
Als ich die Treppe hochkam, sah ich auf der anderen Straßenseite was Rotes aufblitzen.
In den Eingang vom Waverley Theater, einem Kino gleich um die Ecke von meiner Bude, das von Studenten der NYU, Kunstfreaks und einer Palette von anderen Irren frequentiert wurde, kauerte so 'ne zusammengekrümmte Gestalt mit Kapuze.
Ich hab gleich gewußt, daß es Nate ist.
Ich hab's an der Art erkannt, wie sein Kopf im Schlaf auf die eine Seite hing.
Ich bin über die Straße gerannt, mein Herz hat geklopft wie ein Vorschlaghammer.
Vielleicht war er auf dem Weg zu mir erfroren. Auf-der-Naht-erwischt.
Er fühlte sich hart und kalt an, aber er war am Leben.
Ich konnte schwach sein Herz schlagen hören, zu atmen schien er nicht mehr. Ich bin zum Münztelefon gerannt und hab den Notruf 911 gewählt.
In fünf Minuten war der Krankenwagen da. Um sechs Uhr früh war anscheinend nicht viel los.
Der Krankenwagen hat ins Kings County Hospital gewollt, aber ich hab darauf bestanden, daß sie uns ins St. Vincent's bringen, gleich die Straße runter. Als ich mir sicher war, daß sich ein Arzt um Nate kümmerte, hab ich Mama angerufen.

DADDY HAT MICH WIE EINE SCHLANGE ANGESTARRT!

Das ist ein Satz aus 'nem Song von so 'n paar Weißen. Soft Cell hieß die Gruppe, glaub ich.
Lorraine hat versucht, sich auf meine Seite zu stellen. Immer wieder hat sie mich gefragt, was passiert wär.
Ich hab es ihr bestimmt neunundneunzigmal gesagt, daß ich es nicht wüßte und daß ich Nate auf der Straße gefunden hätte.
Der Arzt ist rausgekommen, um mit uns zu reden.
Komischerweise hatte Nate keine Überdosis genommen, wie wir's gedacht hatten. Im Gegenteil: Es war nicht das kleinste bißchen Heroin in ihm.
Er war am Aufhören.
Nate lag im Koma. Es stellte sich raus, daß er vielleicht Lungenentzündung hatte.
Eigentlich haben sie nicht gewußt, was ihm fehlte.
Sie haben ihn an eine Herz-Lungen-Maschine gehängt, weil er so schwach war. Ohne sie hätte er nicht atmen können.

DADDY HAT MICH WIE EINE SCHLANGE ANGESTARRT!
»Wenn du mit dem Arsch daheim geblieben wärst, wär das nie passiert!«
WAS?!!
SCHOCK!!!
HORROR!!!
SCHOCK!!!
Der große, der heilige, der reine Cornelius Nathaniel Washington sen. hat ein profanes Wort ausgesprochen!!!
Nicht der Zusammenhang, in dem das Wort aufgetaucht ist, hat uns alle so schockiert, als vielmehr das Wort selber.
ARSCH
Nie im Leben hatte ich gehört, wie dieses Wort meinem Daddy über die Lippen kam!
Gesäß, Hintern, Hinterteil ... Alles andere, nur nicht Arsch!
Ich hab erst gar nicht begriffen, daß er mit mir redet.

Aber sein Messerblick traf mich bis in die Seele, und mir war schlagartig klar, daß der Arsch, den er gemeint hatte, meiner war.
Er hat's noch mal gesagt.
»Wenn du mit dem Arsch daheim geblieben wärst, wär das nie passiert!«

Es war immer klar gewesen, daß ich in das Wohnheim der Columbia University ziehen würde, falls die Uni mich nehmen sollte.
Das Heim hat mitten in Manhattan gelegen, um die 90th Street herum.
Es war teuer, was nicht so schlimm war, weil ich ein Vollstipendium gekriegt hab, aber es lag auch in einem Teil der Stadt, zu dem ich keinen Draht hatte.
Nachdem ich den Job im Kaufhaus Mays bekommen hatte, hab ich Ferguson kennengelernt, der ebenfalls dort gearbeitet hat. Ferguson hatte 'ne Wohnung am Washington Square Park mit 'nem lockeren Mietvertrag, und weil er 'nen Mitbewohner gesucht hat, bin ich eingezogen.
Das Village hab ich gemocht, weil die Leute dort anders waren als diese blindgängerischen, engstirnigen Arschgeigen, aus denen die Studentenwelt an der Columbia University größtenteils zusammengesetzt war.
In der Zeit, als das alles passiert ist, hab ich mir überlegt, an die NYU zu wechseln. Eigentlich wollte ich gar kein Anwalt werden, zuviel Lügerei, und ich interessierte mich mehr für die Massenmedien.
Ich war glücklich, von zu Hause fort zu sein.
Ich war frei.
Wenn das Thema daheim auf den Tisch kam, hab ich mich damit rausgeredet, daß es besser wäre, in der Nähe vom Campus zu wohnen, als von Manhattan aus hin- und herzufahren, weil ich dann näher an meiner Uni sein würde, näher an meinem Job, weil es billiger und sicherer wäre (das hat Mama gefallen) und ich mich mehr auf mein Studium konzentrieren könnte (das hat Daddy gefallen).

Ich wußte genau, daß Daddy der Gedanke gar nicht paßte, weil das heißen würde, daß er nicht mehr jeden einzelnen Atemzug von mir überwachen konnte

ABER

bis dahin hatte er seine Einwände für sich behalten.
Das war typisch Cornelius!
Nate lag auf der Intensivstation, gleich im Zimmer nebenan hing er an 'ner Herz-Lungen-Maschine, und ich war dran schuld, bloß weil ich aus meinem Elternhaus ausgezogen war.
Dabei hab ich doch nur leben wollen!
Mein eigenes Leben.
Freiheit.
Rausfinden, wer und was ich war.
Wenn du bei deinen Eltern wohnst, kriegst du nie raus, wer und was du bist.
Alles in ihrem Haus ist ein Spiegelbild ihrer Entscheidungen.
Sogar die Farbe des Klopapiers.
Ich bin von daheim fort, um die Möglichkeiten abzuchecken.
Ich bin nicht von daheim fort, damit aus meinem Bruder ein Junkie wird und er im St. Vincents Hospital an einer sonderbaren Krankheit stirbt, für die es 1966 noch keinen Namen gegeben hat.
Heute glaub ich, daß mein Bruder im Krankenhaus war, weil er das hatte, was man heute Aids nennt.
Ja, sie behaupten, daß es bis zum Ausbruch der Krankheit acht Jahre dauert und die ganze Scheiße – aber wahr ist, daß sie nicht wissen, wie lang es dauert, bis man Aids kriegt.
Ich weiß nur, daß mein Bruder Nathaniel vor seinem Tod mindestens zweieinhalb Jahre mit Nadeln rumgepfuscht hat – es kann auch länger gewesen sein.

Und am Anfang hat er wahrscheinlich das Besteck von anderen benutzt.

In dem halben Jahr, das er im Koma geblieben ist, haben alle der Menschheit bekannten Krankheiten und ein paar unbekannte dazu in seinem jungen Körper gewütet. Nach ungefähr viereinhalb Monaten war Nate nicht mehr wiederzuerkennen.
Auf seiner Haut sind schuppige, trockene, dunkle Flecken aufgetaucht.
Der Arzt hat gesagt, daß es wundgelegene Stellen sind.

ABER

dann ist aus den wunden Stellen allmählich eine graue-schwarze-pelzige-moosige Art Scheiße gewachsen, auch in Nates Nase und in seiner Kehle.
Pilze haben sie dazu gesagt.
In manchen Nächten hab ich neben seinem Bett gesessen und die Kreatur betrachtet, die früher mein Bruder gewesen war, und ich hab sein angestrengtes, rasselndes, heiseres Schnaufen gehört.
Manchmal hat er einen Hustenanfall bekommen.
Dann mußte ich ihn festhalten, ihm die Maske von der Nase nehmen und versuchen, ihm die Kehle von dem pelzigen-moosigen Pilz zu reinigen, der ihm die Luftröhre verstopfte.
Ich hab gewollt, daß Nate stirbt.

Ich hab's nicht ertragen, ihn so leiden zu sehen.
Die Ärzte haben uns versichert, daß es für ihn durch die Bewußtlosigkeit leichter ist, aber für uns war es die Hölle.
Mama hat unseren Pfarrer ins Krankenhaus kommen lassen, um für Nate zu beten, aber das hat nichts genützt.
Es ist kein Wunder passiert.
Der Bruder, den ich gekannt hatte, war schon tot.

Die Ärzte haben nicht gewußt, was mit ihm los war, darum haben sie ihn nicht behandeln können.
Es war eine aussichtslose Situation.
Wir haben alle gelitten.
Ich hab nicht lernen können.
Ich hab nicht arbeiten können.
Ein halbes Jahr lang haben wir im Krankenhaus gewohnt.

Nachdem Daddy aufgehört hat, mir Nates Zustand vorzuwerfen, hat er angefangen, Mama Vorwürfe zu machen, und dann schließlich sich selber.
Ich weiß nicht, was davon am schlimmsten war.
Es hat mir ins Herz geschnitten, zu sehen, wie mein Vater, früher ein Muster an Disziplin und Stolz, zu einem winselnden, verängstigten Zwerg verkümmerte, der glühend seinen Gott um die Rettung seines Sohns anflehte und ihm sogar sein eigenes Leben anbot, damit sein Jüngster wieder gesund würde.

Ich erinnere mich an die letzte Nacht in Nates Leben.
Dad weinte über dem Bett von Nate, er betete und bibberte.
Mama und Lorraine waren heimgegangen.
Es waren nur noch die Männer der Familie da.
Nate still-kalt-pelzig wie ein schlafender Wolfsmensch.
Daddy flehend-schluchzend-betend.
Ich schaute zu.
Ein stiller Zeuge.
Stumm vom vielen Beten, vom vielen Leugnen.
Ich hab zugesehen, wie die Schultern meines Vaters bebten, und das Stöhnen gehört, das in ihm aufstieg wie Galle aus der Magengrube.
Ich hab Daddy vom Bett weggezogen.
Er hat sich zu mir umgedreht und mich angesehen, als wüßte er gar nicht, wo er war.
Der Kummer hatte ihn schwach gemacht.

Er ist in meinen Armen zusammengebrochen, weinte und brabbelte.
Da ist mir klargeworden, daß ich diesen Fremden in meinen Armen liebte, daß ich ihn immer geliebt hatte.
In dem Moment hab ich Cornelius Nathaniel Washington sen. alles vergeben und gewußt, daß ich etwas tun mußte.
Ich mußte der Sache ein Ende machen.
Mehr Leid sollte kein Mensch aushalten müssen.

GEHEIMNISSE
Meine Geheimnisse sind düster
meine Geheimnisse sind schuldbeladen
ich versuch sie auf Eis zu legen und weit weg zu packen
in die Abteilung meines Lebens mit der Aufschrift TUT WEH.
Meine Geheimnisse tun mir weh …
und sosehr ich versuche, ihnen auf dem Skateboard davonzurollen
in einer Wolke aus gutem Gefühl
lauern sie mir auf
in der Dunkelheit eines Tags
oder einer Nacht
meine Geheimnisse haben Converse-Turnschuhe an
scheiß auf Filas
nie hör ich sie kommen …

Behutsam hab ich meinen geschwächten Vater zu einem Stuhl neben Nates Bett geführt.
Ich hab den anderen Stuhl genommen.
Schweigend haben wir dagehockt wie zwei Frischverliebte, die gerade erst gemerkt haben, daß da was zwischen ihnen ist, das Liebe heißt.
Wir haben dagehockt und die Gestalt angestarrt, die da vor uns lag.
Uns angestrengt, ihren Atem zu hören.
Uns gewünscht, wir könnten es nicht.

Voller Angst vor dem Gedanken, der sich um uns herumwand wie eine Schlange …

der sich um unsere Herzen schlängelte …
der unsere Gedanken zusammenband.
Wir haben nichts geredet.
Mein Vater hat meine Hand genommen.
Seine zitterte wie ein kleiner Spatz, der verletzt ist und nicht fliegen kann und nicht freigelassen werden will.
Das war unsere Verwandlung.
Ich bin zum Vater geworden.
Mein Vater ist zum Sohn geworden.

TRÄNEN

Ich hatte in den Tagen und Monaten davor soviel geweint, daß meine Tränen eigentlich längst hätten versiegt sein müssen, und meine Seele verdorrt, aufgesprungen, durstig …

ABER

TRÄNEN
flossen
sprangen aus meinen Augen
rannen in meinen Mund
und über mein Kinn.
Ich stand auf, hob meinen Vater aus seinem Stuhl.
»Daddy, geh heim.«
Ich hab gewußt, daß er's weiß,
ich hab gewußt, daß er Angst hat,
ich hab gewußt, er will, daß ich's tu,
weil er es nicht fertigbringt.

Daddy ist zum Bett rübergegangen, hat Nate auf die Stirn geküßt und über ihm das Kreuzzeichen gemacht.
Ein Schutz.

Ein Segen.
Daddy ist an mir vorbei, ohne sich noch mal umzudrehen.
Er ging hinaus.
Ich war allein
mit Nate.

Ich hab gewußt, wenn ich's mir zu lang überlege, dann lauf ich aus dem Zimmer und meinem Vater hinterher.
Aber der Gedanke an noch mehr solche Tage, noch mehr solches Leid, noch mehr solche Tränen hat meinen Entschluß gefestigt, und ich wurde ganz ruhig.
Da war ein Wirrwarr aus Drähten und Schläuchen, mit denen Nate an verschiedene Geräte angeschlossen war, und diese Geräte pumpten Leben in seinen Körper und durch ihn hindurch.
Ich wußte über keins davon genug Bescheid, um sicher zu sein, daß es das richtige war.
Ich wollte den sagenhaften Stecker ziehen, um die Lebensfabrik meines Bruders zum Stillstand zu bringen.
Aber es waren drei oder vier da, und ich war mir nicht sicher, welcher der richtige war.
Verflucht!
Nates Kopf lag auf einem Kissen.
Vorsichtig hab ich es unter ihm rausgezogen.
Nate hat leise gestöhnt.
Seine Augen gingen auf, und einen Moment lang hab ich gedacht, er schaut mich an.
O GOTT!!!
Ich war kein Judas.
Ich war kein Kain, der den wehrlosen Abel erschlägt.
Ich hörte den Nate, den ich gekannt hatte, lachen und Witze reißen, wie vorher, wie damals.
Er hatte eine Art gehabt zu sagen »Mann, mach schon!«, die so »angesagt« war, so »in«.
Das war der Speer, den ich brauchte.
»Mann, mach schon!«
Und ich hab's gemacht.

Langsam hab ich Nate das Kissen aufs Gesicht gedrückt, wie einen Wattebausch, den du ganz vorsichtig auf einen schmerzhaften, eitrigen Pickel drückst, weil du weißt, daß er platzen muß, aber Angst hast, daß es weh tut.
Ich hab meinem Bruder das Kissen aufs Gesicht gedrückt.

»Mann, mach schon!«
Durch das Kissen konnte ich sein Gesicht spüren und hab Angst gehabt, ihm weh zu tun.

»Mann, mach schon!«
Die Arme von Nate fingen an, wild rumzufuchteln, und seine Beine zuckten und strampelten. Fast hätte ich aufgehört, weil ich befürchtete, eine Schwester oder ein Pfleger würde mich hören und ins Zimmer gerannt kommen und mich erwischen.

»Mann, mach schon!«
Komisch, und dann haben die fuchtelnden Arme von Nate das Kissen umschlungen und nach meinen Händen gegriffen – anstatt sie wegzureißen, hat er sie nur fester auf sein Gesicht gedrückt, als wollte er mir helfen.
Er hat mir geholfen.

»Mann, mach schon!«
Ich hab gewußt, daß es vorbei ist.
Nate war nicht mehr.
Der Körper ist steif geworden, dann lag er ganz still.
Die Hände, die er auf meine gedrückt hatte, entspannten sich.
Ich hab das Kissen noch ein bißchen länger auf sein Gesicht gehalten, um sicherzugehen.

Dann hab ich das Kissen wieder unter seinen Kopf gelegt.
Als eine Schwester reingerauscht kam, hielt ich Nates Hände. Geweint hab ich da noch nicht, aber sie hat begriffen, daß ich allein sein mußte.

Wenn sie was geahnt hat, hat sie es nie rausgelassen. Nie.
Ich bin dageblieben und hab Nates Hände gehalten.
Hab über das nachgedacht, was passiert war, was uns zu diesem Augenblick gebracht hatte.
Die Millionen Augenblicke, die wir miteinander verbracht hatten, seit ich mich erinnern konnte.
Ich hab dieses Gesicht, das ich da vor mir sah, in mich aufgesogen, hab versucht, in diesem fremden Nate den zu sehen, an den ich mich erinnerte.

Die Schwester muß meine Familie angerufen haben, denn als die Sonne rauskam, waren sie da.
Mein Vater hat mich vom Bett weggeführt, in den Gang hinaus, hat mir eine Tasse heiße Schokolade geholt, mich an seine Brust gedrückt.
Da hab ich geweint.
Geweint wie ein Kind.
Ein müdes, verletztes Kind.
Mutter hat geschwiegen. Wie erloschen.
Lorraine hat es am schlimmsten aufgenommen. Sie ist hysterisch geworden.

Die nächsten Tage waren schlimmer. Die Beerdigung am schlimmsten.
Davon hab ich dir schon erzählt.
Sie mußten Lorraine wegbringen.

Die lange Fahrt nach North Carolina runter, zu dem alten Haus von Großmutter und dem Familiengrab, war brutal.

* * 27. MAERZ * 1991 * 23.30 UHR * *

Eins mußt du verstehen.
Ich war kein fünfzehn- oder sechzehnjähriger Straßenjunge, der mit der Pfeife angefangen hat, weil er versucht hat,

»ätzend« zu sein, oder weil er nach 'nem neuen Kick gesucht hat.
Ich war vierzig, als ich mit der Pfeife angefangen hab.
Es kam wie 'ne Sackgasse nach einer langen Autobahn von Ereignissen.
Ereignissen, die das Fundament meines Lebens – was ich mein Leben nannte – mit dem Meißel und dem Stemmeisen bearbeitet haben.

Die Leute sehen mich auf der Treppe zu meinem Wohnhaus sitzen, und ich weiß, was sie denken.
»Dreckiger … stinkiger … Crack-Head.«
Ich seh's in ihren Augen.
Vor allem den Mütteraugen.
Augen, die beten,
daß sie nicht zu sehen brauchen,
wie ihr Kind dasitzt,
so wie ich hier sitze.

* * 29. MAERZ * 1991 * 23.00 UHR * *

Hab heute nachmittag diesen fürchterlich entsetzlichen Traum gehabt … hat mich überrascht.
Ich träum nicht mehr so viel, seit die Pfeife zu meiner täglichen Begleiterin geworden ist.
Ich rauche zur Zeit nicht so viel.
Es wird allmählich teurer.
Der Monat ist bald zu Ende … Mir geht die Kohle aus …
Muß mich einschränken … sparen.
Ich schränke die Raucherei ein … bin klarer … erinnere mich an meine Träume … Kann wieder leichter einen Gedanken fassen, was meistens keine so große Sache ist …

Hab diesen schrecklichen Traum gehabt.
Diesen bösen Traum.

Ich bin überzeugt, daß das Böse die Scheiße der Schöpfung ist ...
Er hat von Lorraine gehandelt, meiner Schwester.
In dem Traum sitzt Lorraine auf einem Riesennest ... es sieht so aus, als wär's achtzig oder neunzig Meter hoch.
Lorraine ist daran festgeklebt ... kann nicht weg.
Das Nest ist aus Knochen gemacht ... weißen, ausgebleichten Knochen.
Dieses riesige Aufgetürmte-Knochen-Nest
... und obendrauf sitzt lächelnd Lorraine ... wie 'ne geisteskranke Mona Lisa.
Ich versuche, auf das Knochennest zu klettern, um zu ihr zu kommen und sie zu befreien.
Je höher ich klettere, um so höher und schneller wächst das Nest.
Lorraine lächelt, als würd's ihr Spaß machen.
Auf einmal fängt Lorraine zu ächzen an, als versuchte sie, einen großen Haufen Kacke aus sich rauszudrücken ... das Ächzen wird lauter ... schriller ... und dann schreit sie, schreit ...
Mit all ihrer Kraft versucht sie, sich aus dem Knochennest zu befreien.
Und ich versuche, Lorraine zu erreichen.
Und sie schreit, krallt die Hände in die Luft ... versucht immer noch, sich aus dem Nest zu befreien.
Unter ihr kommt etwas Riesiges, Weißes heraus ...
Es stinkt.
Zuerst denke ich, das weiße Knochennest wächst wieder unter Lorraine ... aber die stinkende weiße Masse, die aus Lorraines Arsch herauskommt, ist lebendig.
Sie stinkt wie Scheiße aus dem Bauch von 'nem Toten.
Lorraine schreit ... kämpft ... greift in die Luft ...
Und dann gerät das Nest aus dem Gleichgewicht, und Lorraine fällt kopfüber in einen seichten Graben voller weißer Regenwürmer ...

der Sturz hat Lorraine nicht aus dem Nest befreit … aus dem stinkenden-weißen-sickernden Etwas, das aus ihrem Arsch quillt.
Das weiße-sickernde Etwas ist ein Kopf … ein riesiger weißer Kopf …
Ganz ausgewachsen … das ist kein Kleinkind.
Immer mehr von dem Kopf quillt raus … richtet sich auf …
Ich kann seine Züge erkennen … es sind meine … es ist mein Kopf … mein Gesicht.
Lorraine brüllt sich weißes Blut aus Mund und Nase.
Das stinkende, weiße Ich kommt, vollständig ausgewachsen, aus ihrem Arsch heraus …
Ein nackter-stinkender-weißer Riese … entsetzlich.
Vergeblich versucht die arme, gequälte Lorraine, von dem Nest wegzukriechen … das weiße Ich-Ungeheuer zieht sie zurück, frißt sie auf, den Kopf zuerst … bei jedem schrecklichen Bissen schießt weißes Blut heraus … bis fast nichts mehr von ihr da ist.
Das letzte Bein ragt aus dem, was von Lorraines Hinterteil noch übrig ist.
Entsetzlich.
Das riesige, weiße Ich-Ungeheuer blickt auf mein winziges Ich herunter.
Es kann mich nicht als es selber erkannt haben, weil es anfängt, mich zu jagen.
Das stinkende-riesenhafte-weiße Ich-Ungeheuer mit dem großen Fuß ist drauf und dran, mich zu zerquetschen.
Da bin ich aufgewacht.
Schweißnaß.
Früher hat Mama meine Träume gedeutet.
Ihr den zu erzählen hätte ich Angst.
Will nicht mal dran denken, was er bedeutet, bedeuten muß.
Ich bin zu sehr von Lorraine abhängig.
Ich fresse ihre Zeit und ihre Energie auf.

 Vielleicht hat der Traum was damit zu tun, was mir Lorraine erzählt hat, als ich sie das letzte Mal gesehen hab.

Hab gedacht, daß sie wohl nie fortgeht ... dabei hätt ich froh sein sollen, sie zu sehen.
Zuerst war ich's auch.
Ich hatte sie seit letztem September nicht mehr gesehen, als sie und ihr schwanzloser Mann mich nach North Carolina fuhren, um Mama zu besuchen ... dachte, sie kommt zu mir, um mir ... Geld zu geben.
Sie hat verflucht noch mal wissen wollen, was in North Carolina los war.
Warum Mama nicht drüber reden will.
Das war, nachdem sie mich angeschrien hat, weil in der Wohnung so viele Möbel fehlen. Kopfschüttelnd ist sie von Zimmer zu Zimmer gegangen ... hat über die schönen Möbel von Mama gejammert.
Sie hat zu heulen angefangen ... ich hasse es, wenn Lorraine heult.
»Du mußt dich zusammenreißen, Junior«, hat sie gesagt und dabei auf die Stelle gestarrt, wo früher die dreiteilige Sitzgarnitur von Mama stand, stolz wie ein Wachsoldat im Dienst.
»Ich bekomm ein Kind, Junior ... Hast du gehört? ... Ich bekomm ein Kind, hab ich gesagt!«
Sah nicht so aus, als ob sie glücklich wär, ein Kind zu bekommen, geheult hat sie, und nur so drauflosgeredet.
»Ich hab meine Versetzung beantragt ... Ich will nicht, daß mein Kind in dieser versauten Stadt groß wird ...«
Als sie das gesagt hat, hat sie mich ganz hart angesehen, als wär's meine Schuld, daß die Stadt so versaut ist.
»Du mußt dich zusammenreißen, Junior ... ich und Kenneth sind bald nicht mehr da, um dir zu helfen ...« Das einzige, was mir dazu einfiel, war, sie zu fragen, wann das alles passieren soll.
Sie hat es nicht genau gewußt. In ein paar Monaten, denke sie. Sie wolle umgezogen und eingerichtet sein, bevor das

Kind kommt, und das sei Ende Oktober, Anfang November ... Jahre weit hin ... Tüten voll Zeit, um mich zusammenzureißen ...
Lorraine hat noch ein bißchen geheult ... ist in der Wohnung rumspaziert, schniefend, die Hände ringend wie so 'ne Lady Macbeth, die Blut abwischt ... keine Ahnung, warum sie geheult hat.
Ich bin derjenige, der heulen müßte!
Sie hat doch diesen Vollidioten Kenneth!
Wen hab ich?
Will nicht mal dran denken ... Will nicht dran denken, es ist so ganz-weit-weg ...
In acht Monaten kann viel passieren ... In acht Monaten könnte ich sogar clean werden ...
Ich könnte ...
Werd ich's???
Wer weiß.
Ich hab versucht, mit Lorraine noch ein bißchen über das Kind zu reden.
Ich wollte ihr gratulieren, aber sie hat bloß an ihrer Lippe gesaugt, mich böse angeschaut, mir blitzschnell einen Kuß gegeben, ihr Taschentuch genommen ... und sich aus dem Staub gemacht. Einfach so ... hat mir nicht mal Kohle dagelassen!
Hat mich ein halbes Jahr nicht gesehen und führt sich so auf. Ich weiß nicht, was mit dem Mädel los ist.

Ich muß jetzt ins *Centa-Renta* – die Pepsi-Uhr auf der anderen Straßenseite schreit mich an, daß es Zeit ist, ein paar Steine loszuschlagen.
Ich muß heute abend ein paar Steine losschlagen, damit ich meine tägliche Ration kriege.
Für heute ist's genug mit Klarheit und mit Träumen.

Fällt mir heute schwer, zum Stift zu greifen.
Beichten ist gut für die Seele ... aber zu welchem Preis?
Ich wünschte, ich könnte an Gott schreiben ... dabei weiß ich gar nicht, ob ich überhaupt noch an Gott glaube.
Wenn ich's täte, hätte ich nicht zugelassen, daß mir diese ganze Scheiße passiert.
Hätte schon längst nach ihm gerufen.
Ich ruf nach der Pfeife.
Die Gedanken an Gott bedrohen mich ... geben mir das Gefühl, noch nichtsnutziger zu sein, als ich's sowieso schon bin.
Ich brauche jemand, der mich abcheckt, bevor ich mich seiner majestätischen, reinen Heiligkeit stelle.
Vielleicht glaub ich noch an Gott.
Ich kann ihm nicht gegenübertreten.
Ich brauche jemand wie Nate, dem ich diese Ereignisse beschreiben kann ... jemand, den ich an der Hand durch den Garten meiner Sünden führen kann ... dem ich begreiflich machen kann, daß das nicht alles meine Schuld war ... daß es nicht immer so war ...
Ich wünsch mir, ich hätte einen Zwillingsbruder, mit dem ich diese dunklen Geheimnisse teilen könnte. Jemanden genau wie mich ... nicht so kaputt wie ich. Ein Zwillings-Ich-wie-ich-früher-mal-war ...
Ich wünschte, er wär jetzt an der Tür ... ich würd ihn reinlassen ... wir würden auf dem Boden sitzen ... ich würd ihm langsam diese ganze Dunkelheit erklären.
Er wär das reine Selbst, das ich mal war.
Der Star, der ich nie sein werde.
Der Bruder, den Lorraine gehabt hat.
Ich vermiß das Ich-wie-ich-früher-mal-war ... das war ein super Typ.
Er hat zugehört.
Ruhig ...
Er wär schockiert, weil er von der ganzen Düsterkeit nichts

weiß. Diese Düsterkeit wär ihm fremd, wie sie's für mich auch mal war.
Er würde zuhören, es verstehen ... Ich könnte ihm die Sachen schreiben, die ich nicht sagen kann, es wär mir egal, wenn er's lesen würde, weil ich weiß, daß er's verstünde.
Er würde nicht urteilen.

Ich weiß echt nicht, warum ich das schreibe, für wen ich das schreibe ... für mich ... für die Welt???
Im Moment schreib ich für dich ... mein früheres Selbst ... meinen Zwilling ... meinen Bruder ...
Das weiße Papier.
Die weißen Seiten erstrecken sich endlos vor mir.
Ich fülle sie, und zack! bin ich nicht allein.
Ein Wort ... ein Gedanke lebt mit mir ... tröstet mich ... fordert mich heraus ... beunruhigt mich und füllt ein Bedürfnis aus wie das Wohlsein.
Also, ja, ich red weiter mit dir, ich erzähl dir weiter meine Geheimnisse, und ich werde nicht lügen.
Ich lüge jeden Tag, deswegen lüge ich dich *nicht* an.
»*... don't dream it ... be it ...*« Rocky-Horror-Scheiße, aber wahr ... ausnahmsweise.
Denk's und mach's so, Cornelius ...
Ich brauch dich, Cornelius ...
Ich brauch dich, mein vollkommenes Selbst ...
Ich brauch dich, mein unschuldiges Selbst ...
Ich kann nicht weitermachen, wenn du nicht bei mir sitzt und mir die Hand führst.
Ich brauch dich ...

*** * 17. APRIL * 1991 * 17.00 UHR * ***

Ich habe eine Zeitlang nichts geschrieben.
Ich bin weg gewesen.
Beim Prassen.

Das mach ich normalerweise einmal pro Monat.
Am Anfang des Monats, wenn ich meinen Scheck bekommen hab.
Die letzte Woche des Monats ist so scheußlich.
Das ist die Zeit, in der ich fast keine Kohle hab.
Es geht mir schlecht, weil ich nicht high werden kann, außer ich mach Terror.
Terror – das sind die Dinger, die ich dreh, um Knete fürs Essen und hauptsächlich fürs Rauchen zu kriegen – wenn ich kein Scheck-Geld oder Lorraine-Geld oder Mama-Geld mehr habe.

Weitere Geheimnisse
Manchmal, wenn ich über das nachdenke, was ich gemacht hab, um Geld zum Rauchen zu kriegen, lach ich. Normalerweise lach ich, während das gute Gefühl mir in den Kopf zischt und die Geräusche in meinem Gehirn abbrechen.

DIIIIIIIIIIIIIIIINNNNNNGGGGGG........
DIIIIIIIIIIIIIIIINNNNNNGGGGGG........

Die Welt wirbelt
steht auf dem Kopf
das Diiiiiiiiiiiiiiiinnnnnngggggg fängt an
und ich lache über das, was ich gemacht hab, um wieder zu diesem guten Gefühl zu kommen.

Weil ich von Natur aus kein Ganove bin, fällt mir Gewalt schwer.

DARUM

versuch ich persönliche Auseinandersetzungen oder körperliche Gewalt zu vermeiden.
Ich versuch's.
Aber manchmal, hauptsächlich im Winter,

wenn ich die Schnauze gestrichen voll hab vom Betteln und es so kalt ist,
daß du nur eins willst, und das ist, schnell an die Knete ranzukommen und aus der Kälte raus,
hab ich ein paar Leuten gedroht, sie abzumurksen.
Ich wollte ihnen bloß Angst einjagen.
Normalerweise alten weißen Damen oder Herren oder einem von diesen dämlich aussehenden weißen Studententypen.
Jungen weißen Frauen geh ich aus Dankbarkeit gegenüber Pia aus dem Weg; das war 'ne junge Weiße, die mit mir befreundet war.
Sie hat mir vor einigen Jahren viel geholfen, in den Jahren, als ich aus der Armee raus war.
Von Pia erzähle ich dir später mehr.
Jungen weißen Frauen tu ich jedenfalls nichts, weil ich's Pia schuldig bin.

Schwarzen, ob jung oder alt, ob männlich oder weiblich, tu ich nichts aus zwei Gründen:

1. Es wär politisch nicht in Ordnung.
Mit einem Verbrechen schwarz-gegen-schwarz wäre ich niemals einverstanden,
weil es ein Ausdruck von Feigheit ist.
Leuten meinesgleichen was anzutun, weil leichter an sie ranzukommen ist.
Leute meinesgleichen umzubringen, weil ihr Leben weniger wert ist.
Du kriegst weniger Knast, wenn du einen Schwarzen umbringst.
Weil du den anderen hilfst, die Konkurrenz auszuschalten.
Du wirst der Oberhund von dem Haufen.
Kuschst immer noch vor dem weißen Mann.
Bist immer noch sein Lakai.
Bist immer noch sein Hausnigger, oder vielleicht sollte ich

 besser sagen
sein Nachbarschaftsnigger.
Es gibt Leute, die würden sagen, daß das, was ich mir antu, ein Verbrechen ist.
Aber ich will es so.
Ich tu's selber.
Ich versuch niemand anderem weh zu tun.
Ich versuch's.

2. Alle Schwarzen sind **VERRÜCKT!!!**
Sie sind komplett von der Rolle.
Ich wäre selber dran, bevor ich »Huh« sagen könnte.
Selbst wenn ich mir 'ne alte schwarze Dame aussuchte, würde sie sich wahrscheinlich
eine Uzi schnappen oder einen Backstein und mir die Scheiße aus dem Leib schießen oder eins über die Rübe geben, daß ich die Englein singen höre.
Die jungen »Jo-Jo«-Jungs und -Mädels sind alle kleine Gangster und würden mich auseinandernehmen und wieder zusammenbauen, wenn ich sie bloß anschau.
Das tun sie sowieso die ganze Zeit, ohne jeden Anlaß, der Himmel bewahre, daß ich sie noch provoziere!
Und vielleicht
bin ich auch feige.

* * 17. APRIL * 1991 * 21.00 UHR * *

Im Zug auf dem Rückweg von Lorraine.
Als Kind hab ich die Subway geliebt ... hat früher zehn Cent gekostet.
Ich, Lorraine und Nate sind jeden Samstagnachmittag mit der Subway zur Hoyt Street runtergefahren.
Unsere Kirche war mitten in Brooklyn ... Am Samstagnachmittag war Probe für den Kinderchor.
Wir konnten zwar nicht singen, sind aber trotzdem hin.

Daddy hat's glücklich gemacht, und Mama hatte 'n paar Stunden ihre Ruhe.
Mit der Subway zurückzufahren war damals ein Abenteuer.
An den Haltestellen sind alle möglichen Leute ein- und ausgestiegen.
Völlig Fremde haben sich miteinander unterhalten.
Die Subway war super, um Leute kennenzulernen.
Immer war ein Besoffener dabei, der jedesmal hingeknallt ist, wenn der Zug anhielt. Dann haben alle im Waggon gebrüllt vor Lachen.
Sogar die Nonnen.
Heutzutage unterhält sich keiner mehr.
Mit der Subway zu fahren ist echt 'n Folter-Alptraum.
Da setzt du dein Leben aufs Spiel.
Aber mich macht keiner an ... ich bin ein wesentlicher Bestandteil von dem Alptraum.
Ich find das zum Lachen.
Die Leute haben so 'ne Angst.
Sind zu eingeschüchtert, um dir in die Augen zu sehen.
Komm bloß keinem zu nah, steig um Gottes willen keinem auf den Fuß, es könnte dir ja einer die Scheiße aus'm Leib schießen ...

ABER

anmachen tut mich keiner.
Ich krieg immer einen Sitzplatz.
Ich krieg viel Platz.
Bei jeder Subwayfahrt werd ich daran erinnert, was ich bin.
Die Leute sehen mich kommen, weichen vor mir zurück, als wär ich Dracula oder so.
Muß schon wüst aussehen ... weiß es nicht ... hab keinen Spiegel.
Vor 'ner Weile hab ich das Spiegeltürchen an meinem Arzneischrank abgebrochen und für fünf Dollar verkauft.

Ich schau mich nicht jeden Tag an.
So schlimm kann ich aber gar nicht aussehen.
Ich weiß, daß ich nicht stinke … nicht *so* stinke …
Ich weiß, daß meine Klamotten versaut sind und daß ich dünner bin als Spike Lee, und da kann ich bloß noch lachen, weil an mir früher ganz schön was dran war!
Über einsachtzig groß!
Ich hab nie 'nen schönen Körper gehabt, aber wenn ich 'ne Shorts oder 'ne Badehose angehabt hab, haben mir die Leute nachgeschaut.
Die Zungen haben denen rausgehangen.
Fickbar … so hat Quandza mich immer genannt. (Von Quandza erzähl ich dir später.) Gut fickbar …
Jetzt sind die einzigen Ladies, die mir näherkommen, Crack-Miezen und so Kirchenladies, die meine Seele retten wollen.
Ich müßte mehr essen, aber ich hab nie Hunger.
Ich freß Steine.
Sie fressen mich.
Bei lebendigem Leib.
Ich spür direkt, daß ich immer weniger werde … Stück für Stück … so wie mein Verstand.
Mein Verstand war mal 'n Juwel.
Jetzt ist er hauptsächlich aus Glas wie meine Pfeife.
Wie meine Pfeife ist er voller Rauch.
Ich hab mir vorgenommen, meinen Verstand durchzulüften.
Drum schreib ich das, um die Rauchschwaden wegzublasen.
Ich bin froh, daß ich zu schreiben angefangen hab.
Das zwingt mich zum Denken.
Das füllt meine Zeit aus.
Das macht das Warten auf den nächsten Kick erträglicher.
Das hat mich dazu gebracht, daß ich an Leute denke, die ich eigentlich unbedingt vergessen wollte.
Immer hab ich geglaubt, ich könnte meine Erinnerungen an Leute in 'ne Art persönliche Pandorabüchse einsper-

ren, aber die ist jetzt übergelaufen. Und die Erinnerungen ziehen mich immer tiefer runter in diese verrückte Spirale meiner Schuld.

Es ist irre.

Einen Tag fang ich zu überlegen an, über jemand zu schreiben, und am nächsten Tag, wenn ich unterwegs bin, um Knete fürs Rauchen anzuschaffen, kommt jemand zu mir her, legt etwas in meinen weißen Becher. Und das ist dann das Totengebimmel für den Menschen, über den ich hab schreiben wollen.

Wie dieses rothaarige Mädchen, das mir gegenübersitzt.

Rotschöpfe machen mich nervös und fahrig.

Ich konnte mich nicht erinnern, warum, bis ich gestern nacht zurückgedacht hab, an Pia, und was mit ihr passiert ist.

Aber gestern nacht war ich noch nicht soweit, über Pia zu schreiben, darum hab ich die Gedanken an sie, die Zwillinge, Dukey, weit zurück in die Schatten meines Gedächtnisses geschoben. Und wer steigt dann am letzten Halt ein – ausgerechnet diese Pia-ähnliche-rothaarige-weiße Tussi!

Der Zug hält an.

Sie steigt aus.

Gut.

Ich bin noch nicht soweit, über Pia zu reden.

Dieser goofyhafte-schiefzahnige-Hippie-haarige alte Kerl, der gerade eingestiegen ist, hat ein *Hair*-T-Shirt an.

Ich habe seit Ewigkeiten kein *Hair*-T-Shirt mehr gesehen.

Hair versetzt mich an den Tag zurück.

In die guten alten Tage …

»… my body is walkin' in space …«

Ich hab immer in *Hair* mitspielen wollen.

Auf die Bühne gehen und mich ganz ausziehen.

Dafür bezahlt werden.

Muß ein Riesenfez gewesen sein.

 Ich hab *Hair* gesehen.
1969.
Ich bin mit Quandza hin, dieser hellhäutigen-breithüftigen Tussi, durch die ich Boston kennengelernt hab, meine Traumstadt.
Quandza hat mich in die Vorstellung von *Hair* mitgenommen. Ich fand's toll.
Am Ende hab ich auf der Bühne getanzt.
Hab einen Joint mit 'ner hippiemäßigen Schwarzen geteilt, die nichts außer ihren Titten angehabt hat.
Ja, die gute alte Quandza … das gute alte Boston … von Boston erzähl ich dir noch …

Gestern nacht hab ich Crack geraucht.
Ich mußte an das Gesicht von Michael Jackson denken.
Dann ist mir dieser Song in den Kopf geschossen … dieser Song aus *Hair* … und ausgerechnet jetzt kommt der Hippietyp mit diesem *Hair*-T-Shirt rein … Echte Gleichzeitigkeit … Gestern nacht hab ich geraucht, dabei an das Gesicht von Michael Jackson gedacht, und dieser Song ist mir in den Kopf geschossen: *»… trippin' from mainline to mainline …«* Von Schuß zu Schuß … Ich hab diesen Trip vor mir gesehen, der jetzt Michaels Gesicht ist … Von Schatten zu Schatten …
»… trippin' from mainline to mainline …«
Ich hab den ganzen Tag darauf gewartet, stoned zu werden.
Dabei versuch ich, mich zusammenzureißen.
Ich warte.
Die Belohnung fürs Warten ist der jungfräulichste … vollkommenste … heiligste … erste Kick!
Ich nehme meinen schuldigen Glasschwanz in den Mund, sein erhitzter Schaft führt zu der bauchigen Fotze am Ende, seine Fotzenhaare aus Aluminium enthalten die Weißheit des Geistes, des Körpers – das Seelenheil … Es ist mir scheißegal! Ich nuckle gern dran.
Die Weißheit bringt mich zum Frösteln …

Das gute Gefühl tröstet mich mit elektrischen Hitzenadeln ... manchmal tut es weh.
Nicht so sehr wie die Wirklichkeit bei Tageslicht.
Die Wirklichkeit tut scheißweh.
Die einzige Möglichkeit, die Wirklichkeit zu überstehen, ist, wenn man zum Schattengespenst wird.
Die ganz echt Reichen und die ganz echt Armen haben bloß diese Zaubergabe gemeinsam. Sie sind die Herren über das Reich der Schattengespenster.
Den echt Armen gehört nichts außer der Gabe des Heiligen Geistes.
Den echt Reichen gehört alles.
Das Ausmaß ihrer Reichtümer, das sind die Schatten ... Zahlen auf einem Computerbildschirm ... sie haben nie alles davon gesehen ... sie können nie alles davon berühren ... sie haben Schatten geerbt, gekauft.
Sie überleben.
Prachtvoll.
Wir ganz echt Armen, wir überleben auch ... grauenvoll.
Als Arbeitsratten.
Die Katzen dazwischen sind deutlich sichtbar.
Sie können nicht zu Schattengespenstern werden.
Jeder sieht sie.
Die ganze Zeit über ... in überfüllten Zügen, Flugzeugen und Bussen, auf überfüllten Autobahnen und Stadtstraßen.
Sie sind überall.
Sie kaufen.
Sie zahlen.
Die deutlich sichtbaren Arbeitsratten und die Katzen überleben – mit Mühe und Not. In ihrem Feuereifer, echt reiche Oberhunde zu werden, werden sie umgebracht, ausgeraubt, gerichtlich verfolgt, in Unfälle verwickelt, vergewaltigt ...
Die echt armen Leute siehst du nie ... du siehst nur den Beweis, daß es sie gibt, daß sie irgendwo am Werk sind.
Du liest darüber in den Zeitungen, siehst es in den Nach-

richten ... siehst den Schrecken ihres Lebens ... ja, Millionen von uns hängen rum, liegen rum, sterben auf den Straßen. Niemand nimmt uns zur Kenntnis ... niemand sieht uns ... sonst würde ja jemand was dagegen unternehmen. Schattengespenster – die neue Stadtguerilla.
Verkleidung ... Unsichtbarkeit ...
Ja, Hinweise auf die Gespenster-Superreichen, die siehst du.
Amerika!!!
Der leibhaftige Beweis.
Sein plündernder Imperialismus ...
Aber die echt Reichen siehst du nicht ... bloß im Fernsehen, im Film, in der Zeitung.
Das Ghetto besuchen sie nie. Es gibt keine echt reichen Schwarzen, aber Michael Jackson ist auf dem besten Weg, darum hab ich ihn vorhin erwähnt. Als ich gestern nacht stoned war, hab ich über diese ganze Scheiße nachgedacht und durch den weißen High-Nebel eine Vision von Michael Jackson gehabt.
Mit-weißem-Gesicht-und-allem.
Das Feuer der Weißheit salbt meinen Verstand, erhebt mich zu einem Propheten der Pfeife.
Einem Elias des Rauchs.
Ich hab Visionen.
Affenscharf.
Als ich gestern nacht über die Schattengespenster nachgedacht hab und richtig traurig wurde, als ich begriffen hab, daß es keine echt reichen Schwarzen gibt, ist Michael Jackson in einer Vision zu mir gekommen.
Ich hab gelacht.
Michael hat geflennt.
Seine Klamotten bestanden aus Geldscheinen.
Millionen und Milliarden ...
Sein Gesicht war kaputt ... Ich lag auf dem Rücken am Boden ... hab ihn über mir an der Decke gesehen ... er hat nicht getanzt ... er hat nicht gekreischt ... Michael hat geflennt.

Ich hab gebrüllt!
Es war zu komisch ... darum rauch ich so gern ... alles wird so furchtbar komisch ... ich muß lachen ... ich muß es einfach.
Es ist die einzige Möglichkeit, mit dem fertig zu werden, was ich aus mir hab werden lassen.
Ich hab 'ne ganze Menge Scheiß machen müssen, bloß um rauchen zu können.
Schlimme Sachen, scheußliche Sachen, Sachen, die wehtaten, die ich von der Videokassette meines Lebens zu löschen versucht hab und die mich nur noch zum Lachen bringen ...
Wenn ich mich an Sachen erinnere, die ich gemacht hab, um genug zum Rauchen zu haben, kann ich bloß lachen.
Für die Pfeife hab ich meinen Schwanz verkauft – das bringt mich zum Lachen, weil es eine Zeit gegeben hat, in der ich meinen Schwanz allen gegeben hätte, die's ihm gut besorgt hätten.
Vielleicht ist das die Lösung.
Es liegt am Gefühl.
Die, die mich bezahlt haben, um an meinem Schwanz zu lutschen, müssen ein gutes Gefühl gekriegt haben, sonst hätten sie sich nie von ihrem Geld getrennt.
Ja! Geliebt hab ich das Gefühl von ihren warmen feuchten Mündern um meinen Schwanz ...

ABER

daran hab ich gar nicht gedacht.
Meine Gedanken waren nicht bei der Sache.
Ich hab daran gedacht, zu wem ich gehen könnte, um ein paar mehr Steine für die Pfeife zu kriegen, jetzt, wo ich wieder Geld hatte.
Die Erinnerung an diese trüben Seelen (Abartige hätte Daddy sie genannt), die geil an meinem Schwanz würgten, während sie sich vor mir auf den Knien einen abrub-

belten, und die für das Ganze auch noch fünfundsiebzig Dollar löhnten, bringt mich zum Lachen!
Ich lache, weil ich hätte reich werden können.
Es gibt eine Menge Schwanzbläser auf der Welt – von denen jeder für ein bißchen gutes Gefühl mit harter Münze bezahlt.
Ich lache und lache ...
Mein Lachen hallt in dieser lärmenden, überfüllten Straßenschlucht wider wie ein verlorengegangenes Echo.
Ich lache und sehe, daß ich und der Holzkopf auf den Knien vor mir eins sind.
SCHWANZBLÄSER.
Ich lache, weil mir der Job einfällt, den ich hatte, als ich mit dem Rauchen angefangen hab.
Ich hab als Kellner in einem Hotel an der 48th Street gearbeitet.
An den Namen von dem Laden erinnere ich mich nicht.
Erst war es ein super Job. Jeden Tag hab ich Trinkgeld gekriegt (Geld, das die Kunden für mich dagelassen haben, weil ihnen mein Service gefallen hat oder wegen der Witze, die ich ihnen erzählt hab, wenn ich ihnen ihr Hühnerfrikassee-mit-Sahnesoße-auf-Reis serviert hab), und das hat geheißen, daß ich jeden Abend genug Kohle hatte, um direkt zu dem Pfeifenmann zu gehen und eine tägliche Ration gutes Gefühl zu bekommen.
Ich hab von fünfzehn bis dreiundzwanzig Uhr gearbeitet, bin um Mitternacht heimgekommen und hatte die ganze Nacht zum Rauchen, bis es wieder Zeit war, zur Arbeit zu gehen. Es war in Ordnung, wenn ich vier Tage Dienst hatte ... nach vier Tagen Arbeit hätte ich dann zusammenklappen können. Die nächsten zwei, drei Tage durchschlafen.

ABER

als das Geschäft besser gelaufen ist, hatte ich sechs Tage Dienst ...

ICH BIN KAPUTTGEGANGEN!!!
ICH HAB NICHTS GEGESSEN!!!
ICH HAB NICHT SCHLAFEN KÖNNEN!!!

WEIL …

Die Pfeife ist ein grimmiger, harter Arbeitgeber. Sie erwartet totale Hingabe und Aufmerksamkeit von ihren Sklaven. Die Pfeife ersetzt das natürliche Bedürfnis nach Essen und Schlaf durch einen Mega-Lust-Durst nach der milchigleichten Süße, die aus ihren klebrigen, verkalkten Öffnungen strömt.
Wenn die Pfeife eine herzlose Spinne ist, die rauchige Fäden um die gewundenen Äste meines Gehirns webt, dann ist meine Seele die saftige fette Fliege, umgarnt, hypnotisiert, willig darauf wartend, verschlungen zu werden. Stück … für … Stück …
Keine Liebe ist tiefer … oder stärker …
Keine Fotze enger oder nässer …
Kein Geld ist genug …

ICH HAB NICHT SCHLAFEN KÖNNEN …
Schlafmangel zehrt.
Ich hab zu halluzinieren angefangen, wenn ich fünf Tage am Stück gearbeitet und nachts nicht geschlafen hab.
Weil ich die ganze Nacht geraucht hab.
Affenscharfe Halluzinationen!
Ich hab Hühnersuppe-mit-Nudeln in eine Schüssel geschöpft, und plötzlich waren die Nudeln vierzig-klapprige-weiße-Diana-Ross-die-sich-aus-der-Schöpfkelle-geschlängelt-haben-in-die-Suppenschüssel-geshimmyt-sind-und-laut-geschrien-haben: *»Stop in the name of love!!!«*
Natürlich hab ich die Schöpfkelle und die Schüssel fallen lassen und gejubelt vor Freude und Entsetzen!
Eine weiße Judenlady mit blaugrauem Haar hat sich in eine meiner Nischen gesetzt.
Sie hat eine von diesen blaugrauen Fuchsstolas getragen,

die an einem Ende Fuchs- oder Chinchillaköpfe mit Zähnen haben und am anderen Klauen und Füße.
Diese Dame hat mir ihre Stola gegeben und mich gebeten, sie aufzuhängen.
Ich weiß, daß sie sie mir gegeben haben muß, aber für mich hat es so ausgesehen, als wäre ihr das blau-graue-glasäugige Fuchsding aus den Händen gesprungen und würde mich anfauchen und anbellen.
Ich hab das Chinchilla-Fuchs-Ding zu Boden gekämpft, gekreischt wie ein Irokese auf dem Kriegspfad und mein Bestes versucht, um den glasäugigen-zähnefletschenden Teufel zu Tode zu trampeln.
Die blaugraue Judenlady war fassungslos.
Sie hat mich angezeigt.
Und natürlich bin ich gefeuert worden.
Das war damals Mitte der 80er … glaube ich …
Es muß so um diese Zeit gewesen sein, weil ich damals diese ganzen sonderbaren Jobs gemacht hab.
Um Geld zum Leben zu haben (hab ich mir gesagt).
Daß ich süchtig war, wollte ich mir nicht eingestehen.
Die Pfeife war für mich ein Zeitvertreib.
Sie war nämlich nicht immer meine Vollzeitbeschäftigung.
Ich war nicht in sie verliebt.
Ich hatte nur einen Narren an ihr gefressen.
Ich hatte eine Affäre mit ihr.
Verheiratet waren wir noch nicht.

Ich bin Küchenboy gewesen, Telefonverkäufer, Versicherungsvertreter (ganze zwei Tage lang), Garderobenmann usw. Alles leichte Jobs, pseudo-anständige Jobs, die ein paar Wochen gedauert haben, vielleicht einen Monat.
Damals hab ich versucht, bloß an den Wochenenden zu rauchen …

immer öfter bin ich am Wochenende versumpft und bin erst am Dienstagnachmittag wieder aufgetaucht. Dann hab ich gemerkt, daß ich anderthalb Tage in der Arbeit gefehlt hatte, und wieder war mir ein Job flöten gegangen. Was ich nie begriffen hab, ist, warum ich dann doch wieder damit angefangen hab.
Dabei bin ich wirklich hart mit mir ins Gericht gegangen. Ich hab mich selbst zerfleischt, aber wenn dann die ganze Scheiße rausgekommen ist, die ich gebaut hatte, war ich schlecht drauf, so schlecht, daß ich wieder hab high werden müssen, und der ganze Mist ging von vorne los.
Jetzt bin ich verloren, **UND** es würde mich viel Energie kosten, wieder gefunden zu werden.
Ich weiß es ... ich hab's versucht.
Vielleicht nicht fest genug ... aber ich bin immerhin ein Erfolg.
Ein Erfolg als Süchtiger.
Verlobt und verheiratet mit ein paar Steinen.
Ein treuer und wahrhaftiger Sklave.
Einmal letztes Jahr oder im Jahr davor – ich hab kein Geld gehabt und war im *Centa-Renta* noch nicht als Klein-Dealer tätig – hab ich mich einem Dealer für sechs Steine verkauft.
Sein Preis war eine Woche pro Stein.
Wo er hin ist, bin auch ich hin.
Bei ihm war ich immer high, aber ich hab dafür arbeiten müssen. Sein Haus putzen. Ihm das Essen kochen. Seine Klamotten waschen. Sein Auto saubermachen. Seine Besorgungen erledigen. Seine Freundin unterhalten, und das war das Schlimmste.
Seine Freundin – sie hat sich, glaube ich, Rubber genannt – war nämlich so 'ne Art S/M-Freak.
Sie hätte Mitleid mit mir, hat sie gesagt, und gab mir jede Nacht in ihrer Maske 'ne Drogentherapie, die darin bestand, daß sie mir, bevor ich hab rauchen dürfen, volle

fünf Minuten lang mit ihrer neunschwänzigen Katze den nackten Arsch versohlt hat.
Ich hab sie's machen lassen. Zum Teufel, ich hatte keine andere Wahl. Ich war Sklave.
Sie hat mir gesagt, daß ich aufhören würde, wenn ich mit dem Rauchen Schmerzen assoziiere.
Ich hab weiter geraucht, und sie hat mir weiter den Arsch versohlt.
Fest ... es hat geblutet.
Rubber war total abartig.
Sie hat mir den Arsch versohlt und sich gleichzeitig mit dem Finger gevögelt.
Ich war froh, als meine sechs Wochen vorbei waren und ihr Freund mich freigelassen hat.

Ich erinnere mich an diese ganzen Sachen, während ich in dem Zug von Lorraine zu mir nach Hause sitze.
Ich hab dir vorhin schon gesagt, daß ich gepraßt und meine ganze Kohle ausgegeben hatte, drum war ich zu Lorraine gefahren, um welche zu kriegen.
Kenneth, ihr Mann, war nicht da.
Sie hat mir ein bißchen Geld gegeben.
Ein Pfeifenmann in ihrem Block kennt mich. Natürlich bin ich zu ihm und hab was gekauft.
Ich sitze also im Zug und lache beim Schreiben und Mich-Erinnern.
Ich bin so mutig.
Vor den Augen aller Fahrgäste zünde ich meine Pfeife an.
Dieser dämlich aussehende Schwarze, der die *Essence* liest, macht sich beim Zuschauen fast ins Hemd.
Ich lache!
Ich sehe seine Gedanken wie Untertitel in einem ausländischen Film über seine Stirn fliegen.
»Hilfe! Ich sitz neben 'nem Crack-Head! Was wird der bloß machen?!«

Lorraine hat mich dasselbe gefragt.

»Was willst du denn machen? … Du bringst dich um … Willst du das vielleicht?«
Ich hab sie angeschaut.
Meine kleine Schwester.
Meine süße, kleine Schwester, jetzt eine verheiratete Fraudie-ein-Kind-erwartet.
Ich hab meine Hand auf ihren Bauch gelegt und ein Michael-Jackson-Lächeln aufgesetzt.
Wirkungsvoll.
Leer.
Beruhigend überflüssig.
Lorraine seufzt und gibt mir fünfundzwanzig Dollar.
Sagt, daß es das letzte Mal ist.
Sagt, daß Kenneth nicht will, daß ich noch mal vorbeikomme.
Sagt, daß Mama sich Sorgen um mich macht.
Mein Daddy Cornelius sen. macht sich um niemanden mehr Sorgen.
Das braucht er nicht.
Er ist tot.
Er ist circa zwei Jahre nach Nate gestorben.
Daddy ist über das, was mit Nate passiert ist, nie weggekommen.
Das hat er nie gesagt, aber Daddy hatte, glaube ich, das Gefühl, daß sein Gott ihn betrogen oder im Stich gelassen hat.
Jedenfalls hat Daddy nach der Beerdigung von Nate aufgehört, zur Kirche zu gehen.
Ein halbes Jahr später hat er aufgehört, zur Arbeit zu gehen.
Hat sich geweigert, aufzustehen.
Ist einfach in seinem Zimmer geblieben.
Im Bett.
Hat sich von Mama das Essen bringen lassen.
Hat keinen sehen wollen.
Hat zu reden aufgehört.
Eines Dienstagabends hat er einfach ganz aufgehört.

Tot.
Herzanfall, hat der Doktor gesagt.
Noch eine Beerdigung.
Noch ein Riß in meinem Familiengewebe.
Scheiße! Nicht bloß ein Riß … ein richtiges Scheiß-Loch.
Ein heruntergerissener Heiliger-Tempel-Vorhang.
Ende.
Bruder-Vater-Ehemann.
Meine Mutter ist nach North Carolina gezogen.
Lorraine hat geheiratet.
Ich hab die Pfeife entdeckt.

Ich soll dir vom Prassen erzählen und von den Crack-Häusern, und das werd ich jetzt.
Ich weiß, daß ich abschweife, aber ich kann meine Gedanken bloß fassen, wie sie mir kommen.

* 18. APRIL * 1991 * MITTERNACHT *

In diesem Viertel kenne ich hauptsächlich drei solcher Häuser oder Stellen.
Wahrscheinlich gibt's mehr.
Verschwiegene Plätze, die bloß die Eingeweihten kennen.
Am liebsten rauch ich immer noch ganz allein für mich in meiner Wohnung.
Als ich so '85 oder '86 mit dem Rauchen angefangen hab, hab ich sogar nur drinnen geraucht, weil ich nicht wollte, daß jemand mitkriegt, was mit mir los ist.
Das war die Zeit, in der ich's abgestritten hab.
Das war ein jungfräuliches Rauchen.
Der erste Trip.
Der beste.
Jetzt rauch ich überall.
Es ist mir scheißegal.
Mein Lieblingsplatz zum Rauchen draußen ist das *Centa-Renta.*

So nenn ich es.
In meiner Kindheit hat es Gemeindezentrum geheißen. Wir sind dort nach der Schule hin und haben Billard oder Domino gespielt ... Hausaufgaben gemacht ... Skelly oder Karten gespielt ... rumgehangen und mit den Mädels hinter den Vorhängen auf der Bühne heimlich gefummelt und geknutscht, wo samstags nachts Zaubershows und Filme vorgeführt worden sind, während wir im Zuschauerraum, der unter der Woche ausgeräumt und zu einem Basket-, Hand- oder Volleyballfeld wurde, Oh und Ah machten.
Als wir älter wurden, haben wir auf dem Klo heimlich Zigaretten und Joints und Wein und Fotzen und Schwänze probiert.
Jetzt ist das Gemeindezentrum tot.
Geschlossen und verfallen.
Durch den Bundeskrieg-gegen-die-Städte von diesem Teufel Reagan um die Ecke gebracht.
Die US-Regierung wird am Jüngsten Tag für so manches geradestehen müssen.

Jetzt geht's nur noch um Orte zum Prassen.
Das Gemeindezentrum hat 1983 dichtgemacht.
In einer kalten Winternacht 1985 wurde das Gebäude von den Solo-Peppermint-Kings (einem Trupp von Dealern und Rauchern) in Besitz genommen. Der Legende nach ist Tee-Rhone, einer von den Solo-Peppermint-Kings, in das Zentrum eingebrochen und hat sich dort häuslich eingerichtet, nachdem er von seiner Mami daheim rausgeschmissen worden war, als sie seine nächtlichen Aktivitäten entdeckte.
In der Nacht hat er dann eine Pfeifen-Einweihungsparty gegeben, und es war wieder ein neuer Platz da.
Im *Centa-Renta* geht immer die Post ab.
Rund um die Uhr, wie's so schön heißt.
An den Wochenenden ist am meisten los.
Man kann dort was kaufen und konsumieren.

Im *Centa-Renta* gibt's massenhaft Platz mit vielen Ecken, wo man ungestört allein rauchen kann oder mit Freunden oder einer Mieze, und größtenteils ist es sogar ziemlich sauber.
Bloß ein paar verbotene Bezirke gibt's, wo man besser nicht hingeht, wie die Klos, wo die Vampir-Zombies rumhängen.
Ich nenn sie Vampir-Zombies, weil ihr Gehirn zerbombt ist von all dem Zeug, mit dem sie sich vollpumpen.
Einen Vampir-Zombie riechst du immer, bevor du ihn siehst.
Ihre Arschlöcher sind von wochenalter, verkrusteter Scheiße verstopft.
Wortwörtlich.
Sie scheren sich nicht um Klopapier.
Pisse ist monatelang die einzige Flüssigkeit, die in die Nähe ihrer Klamotten und ihrer Haut kommt.
Ich geb der Pfeife nicht die Schuld, weil – he! ich rauch ja auch und bin trotzdem sauber. Einigermaßen …
(Meine Mutter wär da anderer Meinung, aber die ist in North Carolina.)
Normalerweise haben sie keine Bleibe.
Sie sehen wild aus. Dreckig-staubig-grau.
Ihr Gehirn ist wie Weingummi.
Das sind die echt Gefährlichen.
Sie tun alles, um sich mit Crack zuzudröhnen.
ALLES!!!
Sie schießen, stechen, beißen, beschimpfen dich, bis du ihnen Geld gibst, nur damit sie dich in Ruhe lassen.
Ich gehör nicht zu den Vampir-Zombies.
Noch nicht.
Darum versuch ich, diese ganze Scheiße aufzuschreiben.
Um meine Gehirnzellen in Bewegung zu halten.
Um einen Fluß-in-Gang-zu-halten, du weißt schon.

Das *Centa-Renta* ist mein Lieblingsort, weil es ein Teil von meiner Geschichte ist.

Ein Teil von mir.

An diesem Ort hab ich als Kind viele glückliche Stunden verbracht …

… und mich gefragt, welches Leben vor mir liegt.

Manchmal, wenn ich hier hereinspaziere und vor lauter Schuldgefühlen den Rappel kriege und nicht durch Mutter Pfeife von meiner Verzweiflung erlöst worden bin, sitze ich in einer Ecke und weine dunkle-geheime Tränen.

Sehnsuchtstränen.

Könnt-ich-doch-würd-ich-doch-wär-ich-doch-Tränen.

NEIN! ICH BIN NICHT STOLZ AUF MEINE LAGE!!!

Ich nehm sie hin …

Ich glaub nicht, daß ich so spät in meinem Leben noch etwas an meiner Lage ändern kann …

Ich bin vierundvierzig oder fünfundvierzig …

Der Funken ist erloschen …

Die Reifen sind zerfetzt …

Die Quelle ist längst versiegt …

Ich nehm's hin.

Nach dem Rauchen ist alles vergeben und vergessen, beim Anblick und beim Klang von einen Diiinnng-Dooonnng-Babyyy-Trip.

Das *Sexpo* ist der Ort, wo ich hingehe, wenn ich knapp bei Kasse bin und Teilen angesagt ist.

Ich geh auch hin, wenn mir nach Liebe ist und mein Körper ein bißchen eine weibliche Zunge braucht.

Das *Sexpo* war früher eine jamaikanische Kaschemme. Also eine Art erotisch-exotischer Spätnachtsladen, wo du das beste Essen-das-du-bei-deiner-Mama-nie-gekriegt-hast bestellen und essen kannst, wo du Reggae und Soul und Funk hören kannst, Bier und Wein und Schnaps trinken, Joints rauchen, jeden vollquatschen, den du willst oder der dir zuhören will, dich entspannen und die Nacht rumbringen, bis die Sonne aufgeht und das Montagmorgengefühl kommt.

Das *Sexpo* hatte bloß am Wochenende auf, obwohl man

 durch das Guckloch-in-der-Tür Stoff kaufen konnte – rund um die Uhr.

Das *Sexpo* war nicht allzu weit von der Haltestelle Euclid Avenue. Die Leute sind von überall gekommen, um dort rumzuhängen.

Sogar Weiße.

Du hast eine Gasse reingehen müssen, dann ein paar Stufen runter, die nach Pisse gestunken und zu der Sei-bloß-locker-Tür geführt haben, wo dich ein paar Augen abcheckten, um zu sehen, ob du cool genug warst, reingelassen zu werden.

Sobald du drin warst … He! Das ist deine Party! Zum-Sterben-gut!

Ein paar sind dann auch gestorben.

Die Gras-Kriege Ende der 70er und Anfang der 80er haben viele Opfer gefordert, junge Männer und auch ein paar Frauen.

Als der Preis für Gras gestiegen und der Preis für Kokain gefallen ist, sind an die Stelle von Messern und Macheten Magnums und Uzis getreten. Und an die Stelle von den Hippies Zombies, weil die Drogenbosse sich duelliert haben, um ihre Reviere in der Gegend zu behaupten.

Damals sind diese Kämpfe hinter verschlossenen Türen ausgetragen worden, in Läden wie dem *Sexpo*. Noch fanden sie nicht auf den Straßen statt.

Solange die Nigger sich gegenseitig umbrachten, ließ die Polizei die Sache laufen, aber nachdem bei einem Feuergefecht im Drogenkrieg eine Weiße aus Boston umgekommen war, gab's im *Sexpo* eine Razzia. Nachdem sie's kurz und klein geschlagen hatten, wurde es dichtgemacht.

Das neue *Sexpo* ist erst vor zwei Sommern entstanden. Im Winter ist es dunkel, feucht und kalt. Ein bißchen Wärme und Licht kommt aus Mülleimern, in denen ein Feuer brennt. Man liegt auf Pappkartonsofas und lutscht.

Im Sommer ist das *Sexpo* dunkel, staubig und heiß. Sonnenstrahlen fallen durch die eingeschlagenen, zertrüm-

merten Bretter, mit denen es vernagelt ist, Kerzenflammen und aufflackernde Feuerzeuge und Streichhölzer beleuchten wie Glühwürmchen unsere fiebrigen, schwitzenden Gesichter, während wir glotzäugig dasitzen und lutschen.
Die Sache ist, daß zwei so billig lutschen können wie einer.
Das Doppel-Lutsch-*Sexpo.*
Wir wechseln uns oben ab.
Oben ist die Pfeife.
Wenn du nicht oben bist, dann lutschst du unten.
Das gehört zu dem Deal.
Wenn die Puppe, mit der ich zusammen bin, oben ist, dann bin ich unten bei ihr, lutsche ihr die Fotze trocken, während sie an den Titten von Mama Pfeife lutscht.
Wenn ich oben bin ... dann, Baby ... ... Bay-bee ... wird mein Schwanz naß und die Pfeife wird naß, und ich komme und komme und gehe und komme und es kommt mir und es geht miiir Diiinnng ... Babyyyyyy...... bitte ... bitte ... giiib's miiir ...
So was gibt's in der ganzen weiten Welt nicht mehr, diesseits nicht und jenseits nicht ...
Ich könnte sterben.
Gleich hier.
In einer Doppel-Lutsch-Symphonie.

Den schlimmsten Ort hab ich bis zum Schluß aufgehoben.
Dieser Ort hat keinen Namen.
Ich schäme mich, wenn ich an diesen Ort denke.
Es ist eigentlich kein Ort.
Es ist Erics Wohnung.
Dorthin geh ich bloß, wenn ich verzweifelt bin und ganz unten.
Dieser Ort kratzt den Schorf von meiner Schuld.
Ich will nicht mal drüber schreiben ...

ich hab mir vorgenommen, auf den Seiten hier nicht zu lügen.
Ich will meine Seele ausschütten …
wie Öl …
auf dem Altar dieser Seiten.
Die Wahrheit tut weh …

* * 19. APRIL * 1991 * 7.30 UHR * *

Ich hab seit zwei Tagen nicht geraucht.
Ich versuch mich ein bißchen zusammenzureißen.
Ich versuch's.
Es fällt mir schwer zu begründen, warum ich das bißchen Geld, das ich noch hab, auch noch ausgeben will, wo ich erst vor zwei Tagen beim Prassen war …
Vom Prassen hab ich dir noch nicht erzählt.
Das kommt noch.
Ich arbeite dran.
Es ist zu früh für diese Scheiß-Schreiberei.
Aber irgendwas muß ich machen.
Muß meine Zeit ausfüllen.
Ich hab die ganze Nacht Jo-Jo gespielt.
»Soll ich? Soll ich nicht? … Auf einen Trip? … Nein! … Auf einen Trip? … Nein … nein … nein!!! ??? … Nein.«
Die zehn Dollar, die ich von Lorraine übrig hab, hätte ich fast verbrannt, um ja kein Geld mehr zu haben.
Das hätte aber alles nur noch schlimmer gemacht …
Weil früher oder später geh ich durch die Tür da und find einen Platz und einen Glasschwanz, in dem das gute-gute Gefühl steckt, und dann kann ich wieder lutschen.
Ist bloß eine Frage der Zeit.
Wenn ich kein Geld hab, dann gibt's nur noch Terror machen oder Schlimmeres – die Wohnung von Eric.

Ich hasse diese Scheiß-Fotze Eric!!!
Das letzte Mal, wo ich geschrieben hab, wollt ich dir gerade von Erics Bude erzählen, hab's aber nicht fertiggebracht.
Jedesmal wenn ich an Eric denke, krieg ich 'nen ganz schlimmen Anfall von meinem Schuld-Rappel.
Schuld-Rappel sag ich dazu, weil ich jedesmal, wenn ich an was Übles denke, das ich in meinem Leben gemacht hab, Schuldgefühle kriege.
Das Riesenausmaß meiner Schuld macht mich verrückt.
VERRÜCKT.
Es tut mir körperlich weh.
Mir klopft das Herz.
Bald platzt mir der Kopf.
Ich hab Beulen an der Stirn, weil ich meinen Kopf gegen die Wand gedonnert hab, um der Schuld weh zu tun.
Wenn ich der Schuld weh tun kann, dann hört der Rappel vielleicht auf, *mir* weh zu tun. In meinem Leben gibt es mehrere Ereignisse in Breitwand, bei denen mein Schuld-Rappel aufbrüllt wie ein verwundeter-blutender-ausgehungerter Löwe, wild, nervös und jederzeit bereit, meine panierte Psyche in klitzekleine Stücke zu zerreißen.
Mein Schuld-Rappel.
Mann, der packt mich immer, wenn mir Nate einfällt und was ich ihm angetan hab ...
Wenn ich an Pia denk und was ich ihr angetan hab ...
Wenn ich an Eric denk und was ich mir von ihm hab antun lassen ...
Von Nate hab ich dir erzählt.
Von Pia werd ich dir erzählen.
Von Eric erzähl ich dir gleich.
Das einzige, was den Schuld-Rappel in Schach hält, ist die Pfeife, Gott segne sie.
Die Friedenspfeife.
Sie labt und beruhigt meine Seele wie Weihwasser, das eine Wiese mit Gänseblümchen benetzt.

Ich muß mir noch ein bißchen Crack besorgen. Aber nicht jetzt.
Erst Eric.

Eric Meyers hab ich irgendwann im Winter 1989 kennengelernt.
Genau kann ich mich nicht erinnern.
Ich war noch nicht lang am Rauchen, aber es wurde allmählich zur Gewohnheit, und da hab ich mir Sorgen gemacht.
Ich konnte nicht begreifen, was mich auf das zutrieb, was ich damals für mein Verhängnis gehalten habe.
Es war, nachdem ich das erste Mal gepraßt hatte.
Ich war entsetzt über all die Zeit und das Geld, die ich darauf verwendete, mir das Hirn zuzudröhnen.
Und da bin ich zu dem Schluß gelangt, daß ich Hilfe brauche.
ICH WOLLTE NIE UND NIMMER SÜCHTIG WERDEN!!!
Ich wollte kein dreckiger-stinkiger Vampir-Zombie werden.
Ich bin zu der Beratungsstelle in der Crescent Street.
Dort haben sie mir Eric Meyers empfohlen – einen Drogentherapeuten.
Als ich den Namen Eric Meyers gehört hab, dachte ich, das ist ein weißer, junger Jude, was für mich in Ordnung war, weil ich und die Juden immer echt gut miteinander ausgekommen sind.
Aber als ich dann ins Büro von Eric Meyers spaziert bin, hab ich 'nen Schock gekriegt, weil er ein Schwarzer war.
Um die siebenunddreißig, einsachtzig groß, kräftig gebaut.
Ich hab mich hingesetzt und mit ihm zu reden angefangen.
Als ich an dem ersten Tag von Eric fort bin, war ich so glücklich.
Ich hab gedacht, das ist meine Rettung.
Ich hab gewußt, ich komme wieder in Ordnung.

Eric war mir nah, irgendwie hat er mich an Nate erinnert. Ab da bin ich regelmäßig zu seinen Sitzungen.
Anfangs war ich in 'ner Gruppe mit drei, vier Leuten, aber als ich dann selbstbewußter wurde, hab ich mich einer Gruppe von fünfzehn, zwanzig Leuten angeschlossen.
Wir sind rumgehockt und haben über uns geredet und warum wir rauchen oder sniffen oder fixen.
Wir haben versucht, unsere Probleme zu analysieren, uns gegenseitig zu helfen, Lösungen dafür zu finden und aus unseren Antworten Kraft zu schöpfen.
Außerdem haben wir Kassetten aufgenommen. Die haben wir dann zu Hause abgespielt, ganz früh morgens, wenn alles um dich herum still ist und dein Körper und dein Geist unruhig werden und deine Seele so verängstigt, daß sie drauf und dran ist, sich wieder zu verirren.
Nach einem halben Jahr, in dem ich fast jeden Tag zur Sitzung bin, war ich praktisch clean.
Ich war immer noch ab und zu auf 'n Trip, aber längst nicht so oft wie vor den Sitzungen, ganz zu schweigen von dem, wie ich jetzt hinlange.
Ich flenne, während ich das schreibe.
Flenne …
Flenne wütende Könnt-ich-doch-würd-ich-doch-wär-ich-doch-Tränen …
Nur ein paar Monate, mehr hätte ich nicht gebraucht, um in ein neues Leben abzuzischen.
Ich schau mich in dem kahlen, schmuddeligen, düsteren Loch um, das mein Zuhause ist, und flenne.
Damals hat noch ein Feuer in mir gebrannt …
Könnt-ich-doch-würd-ich-doch-wär-ich-doch: ein König hätt ich sein können … nicht ein armer Schlucker-ohne-einen-Pfennig, der am Tropf von 'ner Tussi hängt, die keinen halben Furz auf mich gibt.
WENN NUR...

Eric und ich sind uns nähergekommen. Echt näher.
Er hat mir seine Telefonnummer und seine Adresse gege-

ben und mir gesagt, ich soll ihn anrufen, wenn mir danach ist.
An dem Abend, als ich Eric schließlich angerufen hab, war mir nicht besonders danach, aber ich hab mich einsam gefühlt.
Die Pfeife hatte ein Riesenloch in meinem Leben ausgefüllt, und in dem Moment, wo ich versuchte, ohne sie auszukommen, hab ich mich umgeschaut und gemerkt, was ich alles *nicht* hatte.
Ich hatte eigentlich keine Familie.
Ich hatte keine Freundin, keine richtigen Freunde.
Also hab ich Eric angerufen.
Ich wollte einfach reden und nicht allein sein.
Ich hab Eric angerufen, und er meinte, ich soll rüberkommen.
Er hat nicht so weit von mir gewohnt.
Seine Wohnung war im Cypress-Hills-Block, ganz in der Nähe von dem Block, wo ich gewohnt hab.
Die Wohnung war nett eingerichtet: große Stereoanlage, Videorecorder, Fernseher, ein paar Möbel.
Eric hatte ein Zuhause.
Als ich mir seine Bude so angeschaut hab, wollte ich die ganzen Sachen auch wieder haben.
Ich hab mich hingehockt, und wir fingen zu reden an.
Er hat mir einen Drink gemixt, Wodka Orange, glaub ich, dann ging er ins Schlafzimmer und zog sich statt der Jeans so 'ne Art Laufshorts an.
Als Eric wieder aus dem Schlafzimmer kam, war er obenrum nackt. Und unter den Laufshorts war deutlich der größte Schwanz zu sehen, den ich je an einem Mann, Jungen, Hund oder Pferd gesehen hab.
Schockierend.
Ich hab immer drauf glotzen müssen.
Ich hab gewußt, er merkt, daß ich hinstarre, aber ich konnte einfach nicht anders.
Eric hat sich mir gegenüber in so 'ne Art Fellsessel gehockt

und langsam die Oberschenkel auf- und zugemacht. Es sah so aus, als ob sein Schwanz atmen würde.
Ich war entsetzt und fasziniert zugleich.
Und dann hat er mir was zum Kiffen angeboten!
DER TOTALE WAHNSINN!!!
Da hockt mein Drogentherapeut und bietet mir Drogen an!!!
Eric hat gemeint, ich wäre jetzt stärker.
Er hat mir erzählt, daß Marihuana mir nichts tun würde, ich sollte es als so 'ne Art geselliges Rauchen ansehen, und Crack-Rauchen wär 'n ungeselliges Rauchen.
Dann hat er Musik angemacht und einen Joint gedreht.
Und zu rauchen angefangen.
Ich hab Eric vertraut.
Er hatte mir geholfen, und ich hab ihn gemocht, darum hab ich den Joint angenommen.
Wir haben noch drei geraucht.
Alles war wunderbar. Ich hab mich gefühlt wie ein normaler Mensch. Hab das Gefühl gehabt, was zu teilen ... das Leben vielleicht. Ich hab das Gefühl gehabt, zu leben.
Eric hat mich angelächelt.
An der Riesenschlange, die in seine Shorts gezwängt war, hab ich sehen können, daß er von mir angeturnt war.
Es war widerlich.
Peinlich.
Phantastisch.
Lächelnd hat Eric seine Hose aufgebunden und das Monster freigelassen.
Ganz von allein hat es sich hochgereckt wie eine tanzbereite Kobra.
In dem Moment hätte ich gehen sollen, aber ich hab mich nicht rühren können.
Ich wollte meinen Blick losreißen, Eric ins Gesicht boxen und zur Tür rausrennen.
Aber ich hab bloß dagehockt und das Ding angestarrt.
Es war kein Schwanz mehr. Es hat gelebt.
Es hat mit mir gesprochen.

»Gefall ich dir?«
Die Stimme war belegt und schwer.
»Willst du mich rauchen?«
Ich hab den Mund aufgemacht, um es zu verfluchen, aber meine Kehle war wie zugeschnürt … verschlossen.
»So ist's recht … sperr den Mund auf … ganz weit …«
Ich hab zwar nicht gesehen, daß es sich bewegt hat, aber plötzlich hat es direkt vor mir gestanden.
Das Schwanzmonster war in meinem Gesicht. Hat mich angeglotzt.
»Sperr deinen Mund auf … weiter …«
Ich hab den Mund aufgesperrt, um zu schreien – das weiß ich genau, aber es ist kein Laut rausgekommen.
Mein Mund ist von was Dick-Fleischig-Hartem bis zur Nase aufgerissen worden.
Das Monster war in meinem Mund.
Ich hab's gepackt, um es wegzuschieben.
Ich hab große Hände und konnte es damit nicht mal umklammern.
Mein Hals tat weh.
Das Monster ist in meinen Mund rein- und wieder aus ihm rausgeglitten und dabei immer schneller geworden.
Eric stöhnte, und es klang wie aus einer anderen Dimension und einer anderen Zeit.
Jemand hat Musik gemacht … Ich hab überlegt, warum.
Das Monster war in meinem Mund und hat mir den Atem genommen.
»Komm, hol Luft.«
Ich hab gehört, wie Eric das gesagt hat. Es muß Eric gewesen sein, der's gesagt hat, weil das Monster in meinem Mund war und wie ein Derby-Sieger auf meiner Kehle geritten ist.
Meine Gedanken waren wie zermahlene Kiesel auf einer Sandbank. Man meint sie zu sehen, aber größtenteils sind sie unsichtbar.
Eric hat was vom Regal genommen, angezündet, inhaliert und den Rauch in mein Gesicht geblasen.

Den süßen Geruch hab ich erkannt.
MEIN DROGENTHERAPEUT RAUCHTE CRACK!!!
Diesmal hab ich geschrien.
Ich bin aufgesprungen.
Durch die Tür in die Nacht hinaus geflüchtet. Immer noch schreiend.
Lavaheiße Tränen heulend … Heulsuse.
Eric war Judas, Dracula, Satan.
Alles Böse auf einmal.
Eine Woche lang bin ich nicht aus meiner Wohnung.
Hab gekotzt … geheult.
Mich in einem Krater aus Selbstmitleid gesuhlt.
Dann endlich bin ich raus und hab meine Mutter per R-Gespräch angerufen.
Als ich ihre Stimme hörte, hab ich geflennt.
Ich hab sie angebettelt, mir Geld zu schicken, damit ich zu ihr kommen kann.
Ich hab ihr gesagt, daß ich sie unbedingt sehen müßte. Bei ihr sein müßte.
Mama hat mich beruhigt, mir gut zugeredet.
Sie hat zu mir gesagt, ich solle mich zusammenreißen und heimgehen.
Sie würde Lorraine anrufen.
Lorraine würde sich um alles kümmern.
Ich hab Tschüs gesagt und eingehängt.
Dann bin ich 'ne Weile um meinen Wohnblock rumgegangen, bevor ich in meine Wohnung zurück konnte.
Ich weiß noch, wie froh ich in dem Moment gewesen wäre, ein Radio zu haben, um Musik hören zu können, aber meine Stereoanlage hatte ich schon Monate zuvor verkauft, als ich pleite war und die Pfeife nach mir rief.
Jetzt rief die Pfeife wieder nach mir.
Die Pfeife redet mit mir. Wie die Stimme Gottes.
So wie Gott mit Moses und Abraham geredet hat und mit Jesus und Mohammed und all den Propheten von damals.
Die Pfeife redet mit mir …
Darum wollte ich nicht allein sein.

Darum wollte ich bei meiner Mama sein.
Darum wollte ich ein Radio haben ...
Um die Stimme der Pfeife zu übertönen.

Schließlich ist Lorraine gekommen. Sie ging nervös in der Küche auf und ab. Ihre Hände zitterten.
»Mama kann sich keine Hin- und Rückfahrkarte für dich leisten, aber sie will dich sehen ... Sie macht sich Sorgen um dich. Ich solle dir kein Bargeld geben, hat sie mir gesagt. Ich hätte eigentlich zur Penn Station gehen und dir ein Ticket kaufen sollen, aber dafür hab ich keine Zeit, Junior. Du bist ein erwachsener Mann. Bestimmte Sachen müßtest du eigentlich selber erledigen können ...«
Je älter Lorraine wurde, desto mehr ähnelte sie Daddy.
Sie legte hundert Dollar auf den Tisch.
»Das reicht dir für die Hinfahrt nach Wilson ... Kauf dir was zum Anziehen ... Ich weiß, daß du nicht viel hast, und ich will nicht, daß Mama dich so sieht.«
Wenn Lorraine bei mir war, konnte ich nie reden.
Ich hab sie immer nur angeschaut, und dann wuchs das Schuldgefühl in mir wie Nesselfieberbeulen auf meiner Haut.
Ich war ihr älterer Bruder.
Ich hätte mich um *sie* kümmern sollen.
»Junior ... Bitte gib das Geld nicht fürs Rauchen aus ... fahr zu Mama und bleib bei ihr, vielleicht biegt sie dich wieder zurecht ... aber es hängt von dir ab. Wenn du das Geld verrauchst, dann weiß ich, daß wir dir piepegal sind ... Dann weiß ich, daß ich keinen Bruder mehr hab ... Das ist Geld von deiner Mama ... Wenn du's verrauchst, dann denk dran, daß du deine Mama verrauchst ...«
Ich hab ihr erzählen wollen, daß ich mit dem Rauchen schon aufgehört hätte.
Im letzten halben Jahr hatte sie gesagt, daß ich mich verändert hätte und wieder fast wie früher wäre, aber ich hatte keinem erzählen wollen, daß ich aufgehört hätte, bis

es tatsächlich so war. Wenn ich Lorraine von meinem halben Jahr Therapie erzählt hätte, hätte ich ihr auch von Eric erzählen müssen.
Also hab ich nichts gesagt.
Lorraine ist in der Wohnung rumgelaufen, hat da Staub gewischt, dort was abgewaschen. Viel zum Abstauben oder Abwaschen war sowieso nicht da.
Die Wohnung ist praktisch leer bis auf ein altes Sofa im Wohnzimmer, ein Bett, das ich im Sperrmüll gefunden hab, und den alten Küchentisch, den Mama dagelassen hat, als sie nach Süden umgezogen ist.
Lorraine hat ihren Mantel genommen, mich auf die Stirn geküßt und ist gegangen.
Ich hab das Geld auf dem Tisch gelassen.
Ich hab's nicht ansehen können.
Am liebsten wäre ich Lorraine nachgerannt und hätte es ihr wieder in die Hand gedrückt.
Ich hatte Angst, mit dem Geld allein zu bleiben.
Und gerade da hab ich Eric gebraucht.
Gerade da hab ich jemand gebraucht, der stärker war als ich und mit mir redete, damit ich die kommenden Treibsandstunden überstand.
Wäre mein Kassettenrecorder nicht längst verkauft gewesen, hätte ich eine meiner Therapiekassetten laufen lassen können, um wieder Kraft zu bekommen.
Die Pfeife hat mich ausgelacht.
Ausgelacht, weil ich vor ihr weggelaufen war, um Hilfe zu holen, und ausgerechnet die Hilfe, die ich gefunden hatte, mich mit einem Lächeln wieder zu ihr zurückbrachte.
Zuerst war ich nahe dran auszurasten, aber dann fiel mir was ein.
Mir fiel ein, für was das Geld da war.
Auf einmal hab ich gewußt, was ich tun mußte.
Ich hab gelacht. Es war so einfach.
Ich würde das Geld nehmen, die Subway zur Penn Station nehmen, in einen Zug steigen und Mama besuchen.

Heute abend.
Scheiß auf die Klamotten! Ich würde welche kaufen, wenn ich dort war.
Mama würde sich so freuen, mich zu sehen. Dort würde ich sicher sein.
Ich war aufgeregt.
Eigentlich hatte ich fast nichts zu packen.
Ich bin ins Badezimmer gerannt, hab mich gewaschen, das bißchen Unterwäsche und andere Klamotten, die ich noch gehabt hab, in eine Einkaufstüte gestopft, das Geld vom Tisch genommen, es in meinem Schuh versteckt, ein Licht angelassen, die Wohnung abgeschlossen und bin aus dem Haus gelaufen.
Ich hab mich gefühlt, als würde ich aus dem Gefängnis von Alcatraz entlassen.
Die zwölf Blocks zur Euclid Avenue bin ich zu Fuß gegangen. Dort hab ich den Zug der Linie A genommen in Richtung Penn Station.

* * 19. APRIL * 1991 * 17.00 UHR * *

Ich hab mit dem Schreiben aufhören müssen.
Ich war müde, und das war ein gutes Zeichen.
Ich hab etwa sieben Stunden geschlafen und bin hungrig aufgewacht – auch ein gutes Zeichen.
Mein Appetit war für eine Zeitlang wieder da.
Keine Angst, ich werde nicht abschweifen.
Ich werde mein Kapitel über Eric abschließen.

Die Fahrt mit der Subway hat ewig gedauert.
Ich wollte, daß sie mich zur Penn Station bringt, bevor die Pfeife mich wieder anmacht.
Ich hab gewußt, daß sie mich ziemlich bald wieder anmachen würde.
Ich hatte seit zwei Wochen nicht geraucht.

Solange ich die Sitzungen besucht hatte, war ich in Ordnung.
Ich hätte Eric anrufen können, und er hätte mich durchgebracht, aber mit Eric hatte ich seit der Nacht mit der Schlange nicht mehr geredet, und ich hatte auch bestimmt nicht vor, ihn wieder anzurufen.
NIE WIEDER!
An der Station Washington and Clinton ist dieses Paar zugestiegen.
Sie waren sehr jung, sehr auffallend.
Sie haben sich direkt mir gegenüber hingesetzt.
Ein Blick auf sie, und ich hab's gewußt.
Es waren Crack-Kids.
Sie waren gestrichen voll.
Die Augen sind ihnen rausgequollen.
Die Kiefer waren fest zusammengepreßt ... Die Zähne fast ineinander verbissen.
Waren absolut zugeknallt. Mußten gerade eben Crack geraucht haben.
Ich hab den Rauch an ihnen fast riechen können.
Sie haben nicht miteinander geredet, sondern einfach nur geradeaus gestarrt, manchmal auf ihre Klamotten geguckt, einen klitzekleinen Fussel abgezupft, ihn ernsthaft und genau untersucht und dann weggeschnippt.
Ein Pfeifenritual.
Die erste Paranoia.
Wenn du Crack rauchst, schaust du dir immer deine Klamotten an, um sicherzugehen, daß von dem Crack nichts dran hängengeblieben ist.
Du darfst dir nicht das kleinste Stückchen entgehen lassen.
Es muß geraucht werden ... und zwar alles.
Sie haben mich bloß einmal angeschaut und sind in Lachen ausgebrochen.
»Cornelius!«
Schnell hab ich meinen Kopf rumgeworfen, weil ich dachte, jemand hat mich gerufen.
»Cornelius! Was machst du denn ... Echt, was machst du

denn? Du hast hundert Dollar in der Tasche … Weißt du, was für 'nen großen Brocken du für hundert Dollar kriegst? … Du brauchst es ja gar nicht alles selber zu nehmen … das meiste davon kannst du verkaufen … Ja! Du könntest in deiner Wohnung ein paar ruhige Deals machen! Du und ein paar von den Crack-Heads, die du kennst … Schau dir die Kids gegenüber an … die sind voll drauf!!! … Schau dir ihre Augen an!!! … Cornelius, die Pfeife ist süß heute! … Du hast ein paar super Trips verpaßt! … Red doch mit den Kids … sie können dir sagen, wo du hin mußt …«
So hat die Pfeife gerufen.
Laut.
Und es hat mir total eingeleuchtet.
Die Pfeife war so überzeugend.
So ehrlich.
So praktisch.
Die Pfeife kannte mich.
Die Pfeife log mich nicht an.
Ich bin ausgestiegen.
Ungefähr fünf Minuten lang hab ich überlegt, ob ich mich unter den nächste Subway schmeißen soll.
Damit ein für allemal Schluß ist.
Ich hatte das Kämpfen und Davonlaufen satt.
Ich konnte das Pfeifengeschwätz nicht abschalten.
Ich wollt's nicht.

Ich war an der Station Hoyt Street, gar nicht weit von der Wohnung von Lorraine.
Ich bin die Subway-Treppe raufgerannt.
Bin zur Wohnung von Lorraine und hab Sturm geläutet.
Keine Reaktion.
Hab geläutet und wieder geläutet.
Keine Reaktion.
Die Haustür von Lorraine war zwei Meter fünfzig massive Eiche.

Ich hab überlegt, ob ich das Geld unter der Tür durchschieben soll, aber ich wußte, das wär dumm.
Verschenkt.
Ich hab geschrien und geflucht und gegen die Tür getreten, dabei wie blöd auf die Klingel gedrückt, aber keine Antwort bekommen.
Ich hab zum Fenster raufgerufen.
»Lorraiiiiiiinnne!!!!!...... Lorrrraaaiiiiiiiinnnnne!!!!«
Da ist ein Fenster aufgegangen.
»Du Armleuchter, hör zu brüllen auf, oder ich stopf dir das Maul!«
Das war nicht Lorraine.
Ich weiß nicht mal, wer's war, hab nicht zurückgeschaut.
Ich war schon dabei, von dem Haus fortzugehen.
Ich war fertig.
Echt fertig.
Ich war's müde, müde zu sein.
War's müde, stark sein zu wollen.
Ich bin ziellos um den Block gelaufen, ohne zu wissen oder wissen zu wollen, wohin.
Dann hat das Gelächter angefangen.
Erst hab ich gedacht, daß ich lache, aber ich war's nicht.
Ich war zu fertig.
Es war ein böses, teuflisches Lachen, das von den Häusern ringsum widerhallte, wie Ohrfeigen, rechts und links, wohin ich den Kopf auch drehte.
Die Pfeife hat über mich gelacht.
Hat mir einen Galgenstrick um den Hals gelacht.
Hat mir eine Fessel um die Füße gelacht.
Hat wie ein Angler gelacht, der seine Beute einholt, die gedacht hat, sie ist davongekommen.
Ich hab vor der Bude von dem Pfeifenmann gestanden, der im Viertel von Lorraine gewohnt hat.
Ich hab geläutet.
Natürlich ist die Tür mit einem Summen aufgegangen.
Ich bin reingegangen.
Das übrige ist seine Geschichte gegen meine Geschichte.

Das Mama-Geld hat vielleicht zwei Tage gehalten.
Ich hab geraucht und geraucht und geraucht und geraucht ...
Geflennt-geraucht-geflennt-geraucht-gelacht-geraucht ...
Schuld-Rauchen war das.
Prassen.
So ist das, Prassen.
Rauchen, bis nichts mehr da ist.
Nichts in deiner Tasche.
Nichts in deinem Kopf.
Vergessen.
Entschlossenheit ... wenigstens bis zum nächstenmal.

Am Ende der Woche war ich ein zitterndes-bibberndes-aufgedrehtes-wirres-Bündel-aus-zersägten-Nerven.
Ich bin zu Eric gegangen.
Das hab ich tun müssen.
Er war der einzige Mensch in meinem Bekanntenkreis, der sich freute, mich zu Gesicht zu bekommen.
Ich hatte eine ganze Woche lang nur in meinem Kopf gelebt.
Ich mußte endlich wieder eine Stimme hören.
Eine Stimme, die nicht die der Pfeife war.
Eine menschliche Stimme, die mit mir redet.
Eine menschliche Stimme, die nicht über mich lacht, mich nicht anschreit und nicht verflucht.
»Geh auf die Straße raus! Du dreckiger-stinkiger-verfickter-Scheiß-Arsch-Crack-Head!!!«
Ich brauchte jemand, der die Arme um mich legt.
Ich brauchte jemand, der mich berührt.
Egal, was es mich kostet.
So gepraßt hatte ich noch nie.
Ich hatte mich zu 'nem Gletscher geraucht.
Ich hab Wärme gebraucht.
War wie aus Eis.
Vereist.
Ich hatte Angst.

So weit war ich noch nie gegangen.
Ich kam mir vor wie ein Düsenflugzeug, das durch einen Zeitlupenfilm flitzt.
Die Autos, die Häuser, die Leute waren wie kriechender Schleim, als ich durch sie durchgezischt bin.
Ich bin schneller gelaufen, als ich denken konnte.
Ich war jenseits von allem Denken.
Und bestimmt jenseits von allem Sprechen.
Ich hab nicht mal gewußt, daß ich bei Eric war, bis er die Tür aufmachte.
Er hat meine rausgequollenen Augen gesehen und Bescheid gewußt.
Ich hab nichts gesagt. Ich konnte nicht.
Eric hat mich mit reingenommen.
Er hat mich voll angezogen in ein heißes Bad gesteckt.
Zähneklappernd bin ich im warmen Wasser gelegen und hab mit Glotzaugen geradeaus gestiert.
Bin in Paranoia ersoffen.
Voller Angst vor dem Wasser, voller Angst vor Eric, voller Angst vor dem Leben.
Eric hat einen Waschlappen genommen und das heiße Wasser auf meiner Stirn ausgedrückt.
Immer wieder.
Hat meinen Verstand getauft. Meine Angst weggeschmolzen. Meine Seele gewärmt.
In diesem Augenblick ist Eric zur Sonne geworden.
Ich war Pluto, die dunkelste, kälteste, entfernteste von allen Welten, und die Sonne hatte mich gefunden.
Sie zog mich näher an ihre Feuerstrahlen.
Wärmte mich.
Schmolz den Eisbergsarg weg, in den ich mich eingeschlossen hatte.
Ich hab geschwitzt.
Die Sonne brannte mein Hemd weg, ließ im Feuer ihrer Atomstrahlen meine Hose und meine Unterwäsche verglühen.

Ich schwamm in einem Vulkansee, und die Sonnenstrahlen berührten wie Fangarme jeden Teil meines Körpers. Meine Brust, meinen Bauch, meinen Arsch, meine Schenkel, meine Beine, meine Füße, meinen Schwanz.
Sie wärmten mich, erregten mich, ließen mich hart werden, segneten mich ... retteten mich.
Ich bin über der Badewanne geschwebt wie ein Astronaut beim Weltraumspaziergang.
Ich hab auf meinen nackten Körper im Wasser geschaut.
Ich hab gesehen, wie Eric meinen Körper wusch und küßte.
Ich hab ihn beobachtet, wie er die Vorhaut von meinem Schwanz vor- und zurückschob, vor und zurück auf dem steif gewordenen Schaft.
Schneller, immer schneller. Ich sah, wie Eric meinen Schwanz pumpte, so wie ein Jugendlicher ungeduldig Soda aus einem Automaten pumpt.
Der Schaum in meinem Bauch ist gestiegen ... und gestiegen ...
Bis knapp vor die Entladung.
Plötzlich hat Eric aufgehört.
Mein Körper ist unwillkürlich zusammengezuckt, so ein Schock war das, als Eric mich losgelassen hat.
Wütend hab ich die Augen aufgemacht, um ihn zu beschimpfen, weil er mich foppte.
Eric war nicht da.
Ich bin aus der Wanne gestiegen und auf wackligen Beinen ins Schlafzimmer getappt.
Eric stand vor dem Tisch.
Mit der Pfeife in der Hand. Darunter die Flamme.
»Der hat alles da, was du brauchst!«
Das war die Stimme der Pfeife, die mich zu Eric hinzog.
Er hat sich nicht umgedreht, weil er gewußt hat, daß ich komme.
»Du könntest doch hier wohnen. Eric liebt dich!«
Ich mußte lächeln, als die Pfeife das sagte. Ich hab meine

Hände auf Erics Schultern gelegt, ihn umgedreht, damit er mich anschaut.
Eric lächelte, bot mir aber nicht die Pfeife an.
Ich hab gewußt, was er will.
Ich hab gewußt, was ich will.
Ich hab nach der Pfeife gelangt.
Er lächelte und hielt sie von mir weg.
»Spiel mit.«
Der Meister sagte mir, was ich tun sollte.
Ich bin Eric ums Bett rum gefolgt.
Hab mich hingesetzt, als er sich hingesetzt hat.
Hab mich ausgestreckt und neben ihn gelegt.
Hab zu ihm rübergelangt, um mir die Pfeife zu schnappen.
Jetzt wußte er doch bestimmt, daß ich ihm gehorche.
Jetzt mußte ich doch meinen Lohn kriegen.
Eric hat noch dünner gelächelt und die Pfeife über seinen Kopf gehalten.
Ich hab mich auf den Bauch umgedreht.
Schneller als ein Lächeln war Eric auf mir, hat sich auf mich gesetzt wie auf ein Jahrmarktpony.
Er lachte. Und ich hab mitgelacht.
»Ich will tiefseetauchen gehen ... Nimmst du mich in deiner Taucherglocke mit nach unten?« flüsterte Eric mir drängend ins Ohr.
Ich hab nicht genau gewußt, was er meint.
Sein meterlanger Schwanz rieb sich steif an dem Spalt an meinem Hintern.
Eric hat die Pfeife angezündet und zwei tiefe Züge genommen.
Das Zimmer roch nach Pfefferminz.
»Ich will tauchen gehen!« Seine Stimme wurde drängender.
»Gib mir einen Zug und wir gehen tauchen.«
Erwartungsvoll hab ich gelacht und nach der Pfeife gelangt.
»Nein!«
Eric riß mir die Pfeife weg.

»Erst versprechen!«
Der rauhe Atem an meinem Ohr, der Schwanz wie Sandpapier an meinem Rücken.
»Versprich's ihm! Versprich ihm alles! Das Paradies liegt in seiner Hand!«
Eine Stimme an meinem Ohr. Eine Stimme in meinem Hirn.
Beide bedrohlich, drängend.
Mein Verlangen nach der Pfeife war stärker als meine Angst vor dem Schwanz.
»Ich ... versprech's ...«
Eine Hand, die naß vor irgend 'nem Öl war, hat sich einen Weg in meine Arschritze gebahnt.
Zwei forsche Finger schoben sich grob in meinen jungfräulichen Anus.
Der Schmerz ließ mich erstarren.
Die Pfeife war an meinen Lippen.
»Du hast's versprochen!«
Die Stimme von Eric war die eines Dämons. Ich hab nichts gesagt.
Mein Verstand oder ein Teil meines Verstands hat gebrüllt wie ein Wahnsinniger.
»Nein! Nein! Nein! Nein!«
Immer wieder.
Ich war das Meer, in das Eric tauchen wollte. Meine Wellen wogten davon.

IN MIR ...

Noch bevor ich hab denken-schreien-protestieren können ... war Eric in mir.
Blitz und Donner zugleich ... rissen mich entzwei ...

ERSTER SCHMERZ

Ich weiß, ich muß geblutet haben.
Ich hoffe, er hatte ein Kondom übergezogen.
Die Pfeife war in meinem Mund.
Sie war angezündet.

Der Rauch rauschte in meine Lungen, die nach Entkommen röchelten.
Und diesen Augenblick lang war es egal, daß ich käuflich war, daß ich eine Sünde beging …
Daß ich erniedrigt wurde.
Verdorben.
Einen Augenblick lang war ich hingerissen … aber nur einen Augenblick lang.
Die Pfeife ist grausam, weil sie dir nur so wenig Zeit läßt.
Ihre Wirkung ist nur momentan; maximal drei Minuten.
Darum willst du immer mehr … und mehr … und mehr …
Ich bin in dem Moment runtergedonnert, als Eric in mir runtergedonnert ist.
Ich hab versucht, ihn abzuschütteln, aber das hat ihn nur noch tiefer in mich reingedrückt.
Wieder hat er mir die Pfeife in den Mund geschoben und sie angezündet.
Mich mit der Pfeife gefickt; mit seinem Schwanz gefickt.
Er hat mich doppelt gefickt.
Immer wieder, immer schneller, in meinen Arsch und wieder raus, meinen Mund, meinen Arsch … Arsch … Mund, dann ein Rauschen in meinem Kopf und ein pulsierender Druck in meiner Magengegend.
Eric stöhnte und stöhnte, stieß immer tiefer in mich rein, packte mich um den Kopf, stöhnte und schrie. Und ich saugte an der Pfeife, völlig von der Rolle.
Hab versucht umzuschalten.
Den Alptraum fortzurauchen.
Hab vergessen, wer ich war.
Vielleicht war ich eigentlich eine Frau.
Ich hab gebetet, eine zu sein.

Endlich ist Eric aus mir raus.
Es war mir egal.
Ich hab's nicht gemerkt.
Ich hatte die Pfeife.

Ich hab geraucht, um zu vergessen. Um die Scham nicht mehr zu spüren.
Ich bin vom Bett runter.
Mit weichen Knien.
Hab einen Zug genommen, um die Schmerzen nicht mehr zu spüren.
Mit dem Gefühl, in mir ist was zerrissen.
Hab geblutet.
Hab die Pfeife mit ins Bad genommen und dort versucht, so viel wie möglich von dem ekligen Zeug wegzuwaschen –
BlutundSamenundÖlundSchamundSchmerzundmich-undEric.
Hab noch einen Zug genommen.
Bin ins Schlafzimmer zurück. Eric lag immer noch im Bett.
Er hat mich nicht angesehen.
Er hat nichts gesagt.
Hab meine nassen Kleider gefunden. Hab weitergeraucht. Hab mich angezogen. Bin zur Wohnungstür gegangen. An der Tür hat Eric mir eine Tüte gegeben, vollgestopft mit Crack. Ich hab nichts gesagt. Nicht mal danke.
Hab weitergeraucht. Bis ich zu Hause war.
Hab mich in die Badewanne gehockt und geraucht und geraucht und geraucht und geraucht und geraucht und geraucht …
Prassen!
Prassen!
Vergessen!

So ist das mit Eric und mir. Ich geh nicht mehr zu seinen Sitzungen.
Ich ruf ihn nie an …

ABER

Wenn es mich überkommt und ich kein Geld hab … oder es nicht ausgeben will … oder down bin … steh ich

plötzlich vor Erics Tür, und dann machen wir sie wieder, diese schmutzigen wortlosen Bewegungen.
Er kriegt, was er will.
Ich krieg, was ich will.
So sieht der Deal aus.
Ich lüg mir was in die Tasche.
Ich sag mir, daß es egal ist.
Ich weiß nicht, wen ich mehr hasse.
Mich oder Eric.

* * 22. APRIL * 1991 * 15.00 UHR * *

Du weißt jetzt, was Prassen ist.
Ich hab Tausende von Dollar verraucht.
Ich hab im Namen der Pfeife Tausende von Dollar verschenkt.
Einmal hab ich 'n bißchen Knete als Schmerzensgeld gekriegt.
Da war ich bei Glatteis vor meinem Wohnblock hingeknallt und hatte mir den Knöchel gebrochen.
Die Stadt hätte Sand streuen sollen, hat's aber nicht getan.
Da hab ich geklagt. Lorraine hatte mich auf die Idee gebracht, hat mir geholfen, die ganzen Formulare auszufüllen.
Ich war so glücklich, als ich recht bekommen hab. Sie haben mir dreitausend Dollar zugesprochen.
Es gab so viel, was ich mit dem Geld hab machen wollen.
Ich legte Listen von Sachen an, die ich für meine Wohnung kaufen wollte.
Möbel und eine Stereoanlage … Sachen für ein richtiges Zuhause.
Normale Sachen, die einem das Leben angenehmer machen.
Einen Toaster und ein Bügelbrett. Bettlaken und Kissenbezüge. Klopapier, Glühbirnen.
Selbstverständliche Sachen.

Meiner Mama wollte ich tausend Dollar geben für ihre Mühe in all den Jahren, und Lorraine tausend, weil sie mir geholfen hatte, den Antrag auf das Geld zu stellen.
Aber wie's der Zufall wollte, ist der Scheck gekommen, als Lorraine gerade mit Kenneth in North Carolina zu Besuch bei seinen Eltern war, und weil das so nah bei Mama ist, wollten sie auch bei ihr vorbeischauen.
Ich war also allein.
Da hockte ich nun in der Wohnung, mit einem Scheck über dreitausend Dollar. Ich hatte keine Papiere, keinen Ausweis, darum konnte ich den Scheck nicht einlösen. Vor Jahren hatte ich mal ein Spar- und Girokonto gehabt, es aber so lang nicht mehr benutzt, daß es wahrscheinlich längst aufgelöst war. Und meine ganzen wichtigen Papiere lagen zur Sicherheit bei Lorraine.
Weil ich nicht an das Geld denken wollte, hab ich den Scheck genommen und in die alte Schuhschachtel gesteckt, zu dem Bild von mir wie-ich-früher-mal-war.
Aus-den-Augen-aus-dem-Sinn.

Eine Woche verging.
Demnächst würde in meiner Kasse Ebbe sein.
Ich war entschlossen, den Scheck nicht anzurühren.
Ich war brav gewesen, hatte kein Geld fürs Rauchen ausgegeben.
Natürlich *hatte* ich geraucht ...

ABER

um mir mein Laster leisten zu können, hatte ich einen Job im *Centa-Renta* angenommen.
Die Solo-Peppermint-Kings, die das *Centa-Renta* managten, waren Freunde aus meiner Kindheit und hatten mir diesen Job verschafft. Ich mußte mit den Kunden reden, die ins *Centa-Renta* kamen.
Es kann nämlich sein, daß in einem Haus viele Dealer verkaufen, das hängt davon ab, wie groß das Haus ist und

wie groß das Geschäftsvolumen. Meistens verkaufen die Dealer nicht selber direkt an die User, sondern beschäftigen Boten, Süchtige wie mich. Wir kriegen das Crack von ihnen, bringen es den Kunden und geben hinterher das Geld den Dealern. Zum Lohn für ihre Dienste kriegen die Boten Steine umsonst oder Geld, wenn sie schlau sind.

Ich konnte einem User zum Beispiel sagen, fünfundzwanzig Dollar und einen Stein für meine Mühe, und dann bin ich zu einem Dealer, bei dem ich gewußt hab, er verkauft mir die Ware für, sagen wir, fünfzehn oder zwanzig Dollar, hatte also mindestens fünf Dollar für mich. Mit dem Dealer konnte ich dann noch einen Extra-Deal machen; für jedes fünfte Tütchen, das ich für ihn verkauft hab, hab ich eins umsonst gekriegt.

Wenn du's richtig anstellst, kannst du als Bote arbeiten und rauchen und kriegst die Steine praktisch umsonst; aber weil das Leben mit der Pfeife ganz anderen Regeln und Zwängen folgt, läuft's praktisch nie so, besonders nicht bei 'nem Süchtigen.

Die erfolgreichsten Dealer rauchen **NIE**.

Sie **LIEFERN** bloß.

Darin liegt ihre Macht.

Ihr Hauptziel ist **KOHLE**.

Die meisten Boten sind abhängig und haben bloß ein Ziel, und das ist die Pfeife. Knete ist nur wichtig, weil man dadurch an sein Ziel rankommt. Die Pfeife.

Süchtige ermorden nie jemand wegen Geld. Sie morden oder stehlen oder schlagen sich, um Geld zu kriegen oder etwas, das sich zu Geld machen läßt, denn nur das wollen die Dealer für ihre Drogen.

Wenn du kein Geld hast und es auch nicht mit Gewalt beschaffen kannst, kannst du Wertgegenstände verhökern. Darum hab ich auch keine Möbel oder Klamotten mehr. Ich hab sie verhökert oder verkauft, damit ich wieder Geld für die Pfeife hatte.

Um den Scheck nicht anzurühren, hatte ich mir also den Job gesucht, als Crack-Bote im *Centa-Renta*. Ein, zwei Tage lang ist alles super gelaufen.
Ich war high, ich war glücklich.
Es hatte sich rumgesprochen, daß ich Rocks hatte, also sind ein paar User regelmäßig zu mir gekommen und haben mich belabert, daß ich ihnen was verkaufe.
Wenn du Rocks hast, bist du in einer Machtposition.
Es ist wie bei einem Gangster mit 'ner Uzi. Der kann machen, was er will. Ein Süchtiger mit Rocks ist wie ein Herrscher. Er kann in jeder denkbaren Form von anderen Süchtigen Bezahlung verlangen. Du kannst zum Beispiel Leute bestrafen, die dir in der Vergangenheit unrecht getan haben, indem du sie demütigst oder, noch schlimmer, sie dazu zwingst, sich in der Öffentlichkeit bloß für einen Trip selber zu demütigen.
Ich hab zwei fünfzigjährige Männer mit Familie dazu gezwungen, sich im Hauptraum vom *Centa-Renta* vor anderen Usern (was haben wir gelacht!) gegenseitig einen zu blasen, bloß weil einer von beiden mich ein paar Monate vorher mit einem Messer bedroht und mir meine Rocks geklaut hatte. Mir konnten die beiden nichts tun, weil ich beschützt wurde. Wenn du für einen Dealer arbeitest, stehst du nämlich unter seinem Schutz, und wenn einer mit den Rocks von diesem Dealer Scheiße baut, dann kriegt er Feuer unter den Arsch.
Bildlich gesprochen oder im wahrsten Sinne des Wortes. Richtiges Feuer oder Maschinengewehrfeuer.
Beides ist schlimm genug.
Einmal hab ich ein Mädchen (sie gefiel mir, hatte mir aber was gepfiffen, als ich blank war) gezwungen, sich hinzuhocken, zu scheißen und ihre eigene Scheiße zu fressen, bevor ich ihr eins von meinen Rocks gegeben hab.
Und das hat sie gemacht.
Vor anderen Leuten.
Was haben wir gelacht.
Das Crack-Rauchen kennt keine Würde.

Bote war ich gern.
Die Macht, die man dabei hat, war berauschend.
Was Selbstachtung ist, hatte ich längst vergessen.
Ich hab mir angeschaut, was ich tat, und mir gesagt: »Mensch, ich kann als Dealer arbeiten! Das läuft ganz easy! Ich hab ein bißchen Geld, also kauf ich einfach Rocks für ein paar hundert Dollar und verscherble sie! Rauchen werd ich sie natürlich nicht, das schwör ich!«
Allerdings hatte ich ein Problem.
Dealer nehmen keine Schecks an.
Wenigstens nicht von Crack-Heads.
Im *Centa-Renta* war ein Dealer mit Namen Spartacus. Spartacus kenne ich seit der dritten Klasse, als ich ihm immer bei seinen Hausaufgaben geholfen hab – ab und zu hatte er mir schon mit einem Stück Rocks ausgeholfen, wenn ich down war. Er gehörte auch zu den Dealern, für die ich Bote war, und war einer von denen, denen ich halbwegs getraut hab. Ich dachte mir, wenn ich Spartacus den Scheck zeige, damit er weiß, daß ich Geld hab, schießt er mir Rocks für ein paar hundert Dollar vor.
Du kannst dir vorstellen, daß mir diese »Geschäftsidee« gekommen ist, als ich gerade mit der Pfeife beim Drachensteigen war!
Ich also zu mir nach Hause, den Scheck aus seinem Versteck geholt und ihn in meinen Schuh gesteckt.
Dann bin ich zum *Centa-Renta* zurück. Spartacus saß in seinem »Büro«, einer abgelegenen Ecke dort, wo sich früher die Bühne des Gemeindezentrums befunden hatte. Ich hab ihm den Scheck gezeigt und ihm gesagt, was ich will.
Erst hat er nichts gesagt. Hat mich bloß angestarrt. Dann hat er in seine Tasche gelangt und mir fünf Tütchen gegeben (Rocks im Wert von fünfzig Dollar). Er sagte, er könne mir gerade nicht mehr vorschießen, weil er den Rest verkaufen müßte, um wieder »investieren« (neue Rocks kaufen) zu können. Ich solle heimgehen, den Scheck sicher verstecken und keinem davon erzählen,

was wir vorhätten. Am Abend wolle er dann bei mir vorbeischauen. Und dann hat er mir noch eingeschärft, daß ich ja allein sein soll, wenn er kommt.
Mann! Ich hab mich gefühlt wie ein Zwerg mit einem Dreißig-Zentimeter-Schwanz!
Zum erstenmal seit vielen Jahren bin ich aufrecht und stolz nach Hause gegangen!
Ich hab mir gesagt: »Mensch, das läuft ja verdammt einfach! Ich hätte mich schon vor Jahren aufs Dealen verlegen sollen! Die Zeiten, wo ich der Dumme war, sind vorbei!«
Ich hab mich so gut gefühlt, daß ich sofort vergessen hab, was ich mir gerade vorgenommen hatte!
Die Pfeife fing an zu reden. Wir sind zu dem Schluß gekommen, daß zur Feier des Tages unbedingt eine geraucht werden muß.
Auf dem Heimweg hab ich dann auch noch diese Zuckermieze Lee-Ann gesehen, ein Mädchen aus dem Viertel, das zu den ganz großen Usern gehört hat, aber immer noch nach ein bißchen was aussah. Ich hab sie auf eine Runde R+B (Rauchen und Blasen) zu mir eingeladen; natürlich hat sie meine Einladung angenommen. Bis ich zwei Stunden später Lee-Ann vor die Tür gesetzt hab, hatten wir fast drei von den Tütchen aufgeraucht.
Ich hab sie vor die Tür gesetzt, weil sie mehr geraucht als geblasen hatte, und so war's nicht abgemacht.
Lee-Ann stand dann fast eine halbe Stunde vor meiner Tür und schrie und klopfte, bevor sie schließlich wegging. Ich hab drinnen gesessen, ihr zugehört und dabei den Rest von dem dritten Tütchen geraucht.
Natürlich hab ich gelacht.

Ich dachte, Spartacus kommt nicht mehr, weil's schon viel zu spät war.
Schließlich, so gegen fünf Uhr morgens, als ich gerade das letzte von den fünf Tütchen angesteckt hab, hat's an meiner Tür geklopft. Ich war vor Schreck total von der

Rolle, weil ich vergessen hatte, daß Spartacus kommen wollte. In meiner Paranoia ließ ich mich erst mal auf den Boden fallen. Um fünf Uhr morgens hatte noch nie jemand an meine Tür geklopft!
»Cornelius??? Cornelius!!!«
Jemand flüsterte drängend meinen Namen durch das Guckloch unter dem Klopfer. Ich kroch näher zur Tür hin.
»Cornelius!!! Mach die beschissene Tür auf!!! Ich bin's, Spartacus!!!«
Ich hab gelacht. Spartacus? Was zum Teufel war ein Spartacus?
Erst hab ich noch ein bißchen weiter gelacht.
Dann ist es mir wieder eingefallen.
Spartacus ... Rocks.
Ich hab die Tür aufgemacht.
Da stand Spartacus, mit einem jungen Typen, den ich nie vorher gesehen hatte. Der junge Typ hatte eine Golfschlägertasche dabei.
Sie sind beide an mir vorbei, bevor mir überhaupt klar geworden war, ob ich sie reinlassen soll oder nicht.
Spartacus hat gelächelt und ganz freundlich getan.
Er hat sich entschuldigt, daß er so spät dran war.
Gesagt, ich müsse ihm einen großen Gefallen tun.
Ich hab gelacht! *Ich* sollte *ihm* einen Gefallen tun!!!
Er sagte, er hätte mir die anderen fünf Tütchen nicht mitbringen können, weil ihm der Stoff ausgegangen sei, bevor er genug »Investitionsgeld« zusammen hatte, und eine neue Lieferung könne er folglich auch nicht kriegen.
Und dann sagte er, ich solle ihm tausend Dollar leihen.
Ich hab gelacht. Ihm gesagt, daß ich keine tausend Dollar hätte.
Spartacus kam zu mir und führte mich in die Küche. Ganz leise sagte er, ich solle den Scheck auf seinen Namen überschreiben, dann würde er am Morgen auf seine Bank gehen, den Scheck für mich einlösen, mir eintausendneunhundert Dollar gleich bringen und am Abend dann, wenn er mit dem »Investieren« fertig wäre, die restlichen

tausend Dollar plus dreißig Prozent Zinsen. Er redete mir gut zu, lächelte mich freundlich an, sagte, daß ich ihm vertrauen könne, daß wir vor langer Zeit zusammen gespielt hätten und daß ich ihm echt aushelfen würde, und vielleicht hätt ich »ja« sagen sollen, aber in meinem Kopf fingen die Alarmglocken zu schrillen an, und plötzlich hab ich das Gesicht von Lorraine und die Augen von Mama gesehen.

Ich hab Spartacus geantwortet, daß ich mit meiner Schwester ausgemacht hätte, daß sie den Scheck für mich einlösen würde, wenn sie wieder in der Stadt war. Er hat mich gefragt, wann sie zurückkäme. Ich hab ihm geantwortet, daß ich's nicht wüßte.

Spartacus hat mir den Rücken zugedreht, als ob er nachdenken würde. Dann hat er sich umgedreht und mich noch mal gebeten, ihm zu helfen; er sagte, daß ich ihm vertrauen müßte, weil er mir mit den fünf Tütchen vertraut hätte.

Mein Verstand raste. Ich mußte aus einer Situation raus, die allmählich brenzlig wurde. Den Typen im anderen Zimmer kannte ich nicht. Daß Spartacus mir weh tun könnte, dachte ich eigentlich nicht, aber bei Dealern weiß man nie, vor allem, wenn's um Geld geht.

Na, hat er gemeint, wenn ich ihm nicht helfen könnte oder wollte, dann hätte er keine Wahl, als die Tütchen zurückzunehmen, die er mir vorgeschossen hatte.

Mein Herz, mein Mund, mein Kopf, mein Arsch sind auf den Boden gerutscht und durch das Betontreppenhaus sechs Stockwerke tief in den Keller gekracht.

Ich hab Spartacus bloß angestarrt.

Ich kam mir vor wie ein blinder Wurm, der gerade von einem Adler geschnappt worden ist.

»Scheiße-was-wird-er-jetzt-mit-mir-machen?« schoß es mir durchs Gehirn wie schmieriger Durchfall.

Ich hörte, wie ich zu Spartacus sagte, daß ich sie geraucht hätte.

Spartacus hat gelächelt.

Er hat seine Hand ausgestreckt. Seine Geldhand.

Ich hab den Kopf geschüttelt.
Spartacus ging ins Wohnzimmer zurück.
Ich bin geblieben, wo ich war.
Mein Verstand hat versucht, in meinem Gehirn ein paar Verbindungen hinzukriegen, aber durch die Pfeife waren sie alle kurzgeschlossen; sie blinkten in meinem Kopf wie uralte Christbaumlichter.
Ich hörte, wie Spartacus mit seinem Kompagnon redete, von dem mir der Name nicht mehr einfällt.
»Cornelius ... komm hierher, Mann ...«
Ich hab versucht, aus seiner Stimme was rauszulesen. Sie klang freundlich, sie klang vernünftig, also bin ich ins Wohnzimmer zurückgegangen. Spartacus stand mitten im Zimmer, mit dem Gesicht zu mir. Daneben stand Dingsda und schwang eine absolut furchterregende Maschinenpistole.
Spartacus sah mich ... kam zu mir rüber, umarmte mich, küßte mich wie ein Vater auf die Stirn; er hatte sogar Tränen in den Augen. Er sagte mir, daß Dingsda sein Dealer sei und daß er nicht von hier fortgehen würde, bis er sein Geld hätte. Außerdem hätte er, Spartacus, alles für mich getan, was er konnte, und er würde jetzt aus der Wohnung gehen und vielleicht könnten ich und Dingsda uns dann irgendwie einigen. Und bevor ich noch hab »Spartacus!« schreien können, so laut, daß es die ganze Galaxie hört, ist er rausgegangen und hat leise die Tür hinter sich zugemacht.
Also, da waren wir.
Ich und Dingsda.
Ich hab nicht gelacht.
Ich war mit den Nerven fertig. Völlig von der Rolle.
Es war die totale Paranoia. Ich dachte, ich krieg mich nicht mehr ein vor Angst.
Ich hab mir in die Hose gepißt.
Dingsda hat seine Waffe am Kolben gepackt und mir mit dem Griff voll eins übergezogen. Ich ging zu Boden, meine Lippe war geplatzt, zwei Vorderzähne rausgeschla-

gen. Bevor ich wieder aufstehen konnte, stieß er mich in den Rücken, schlug mich auf die Rippen, knallte mir wieder eine ins Gesicht; und während ich auf dem Boden lag, blutend und so voller Angst, daß ich nicht mal schreien konnte, hat er mir den Lauf von seiner Maschinenpistole in den Mund geschoben und mir gesagt, was ich tun sollte. Ich sollte den Scheck holen, ihn auf Samuel Jude Avery (so heißt Spartacus richtig) überschreiben, und wenn er es mir noch mal sagen müßte, würde er mir in den Mund ballern und meine Leiche aus dem Fenster schmeißen.

Er hat mich gefragt, ob ich kapiert hätte.

Ich hab geblinzelt.

Er hat mich aufstehen lassen und mich mit der Schnauze der Maschinenpistole vor sich hergestoßen.

Ich hab mir überlegt, aus dem Fenster zu springen, um den Scheck nicht rausrücken zu müssen, aber wir waren im sechsten Stock, und bei meinem Glück hätte ich wahrscheinlich überlebt, wär aber für immer gelähmt gewesen.

Ich hab den Scheck geholt.

Ich hab ihn unterschrieben.

Dingsda hat den Scheck genommen, mir mit der Pistole eins auf die Schläfe gegeben und mich k.o. geschlagen.

Ein paar Stunden später bin ich aufgewacht.

Die Schmerzen fuhren in meinem Körper Schleifen wie Schlittschuhläufer im Benzedrin-Rausch.

Es hörte sich an, als ob es draußen regnen würde, aber ich hab nichts sehen können, weil meine Augen vom Blut verklebt waren. Ich hab das getrocknete Blut abgekratzt und versucht aufzustehen. Dabei nahm ich im Augenwinkel ein weißes Glitzern wahr.

Auf dem blanken Boden lagen fünf kleine, aber vollgefüllte Tütchen.

Mein Herz fing zu klopfen an.

Ich bin zur Wohnungstür gerannt und hab sie abgeschlossen. Hab die Tütchen an meine Brust gedrückt und bin ins Bad gerannt, meine Pfeife und mein Nirwana umklammernd; hab die Tür abgeschlossen und geraucht und geraucht. Nicht mal das Blut hab ich abgewischt. Ich hab mich dumm und dämlich geraucht.

Ich geh immer noch ins *Centa-Renta*. Spartacus seh ich auch noch. Ich deale sogar manchmal noch für ihn. Aber wir reden nie über den Vorfall, und den Dingsda hab ich nie wiedergesehen. Als Lorraine zurückkam, hat sie mich gefragt, ob ich meinen Scheck bekommen hätte. Ich hab gelogen und nein gesagt. Sie hat dann viele, viele Briefe an die Stadt geschrieben und mir gesagt, die Stadt hätte zurückgeschrieben, ich müßte den Scheck längst haben. Ich hab ihr gesagt, daß vielleicht jemand meinen Briefkasten aufgebrochen und ihn gestohlen hätte. Dann ist sie eines Abends weinend zu mir rübergekommen. Sie hat nichts gesagt, bloß ihren Geldbeutel aufgemacht und ein vergilbtes Stück Papier voller roter Flecken rausgezogen. Schließlich hat sie noch ein bißchen geheult und ist aus der Wohnung gerannt. Ich hab mich auf meinen Stuhl gesetzt, konnte mir keinen Reim drauf machen. Dann bückte ich mich, hob das vergilbte, bräunliche Stück Papier auf. Fast hätte ich gelacht. Es war mein Scheck. Ausgezahlt. Mein Dreitausend-Dollar-Scheck, mit Tinte von meiner Hand unterschrieben. Mit Tinte gegengezeichnet von Samuel Jude Avery und mit meinem Blut befleckt. Ich hab mich immer gefragt, wie er seiner Bank das Blut erklärt hat.

Lorraine hat mich monatelang nicht wieder besucht.

* * 3. MAI * 1991 * 23.30 UHR * *

Im Zug auf dem Heimweg von Lorraine

Heute hat Lorraine Geburtstag.
Sie hat eine Party gemacht und mich nur unter der Be-

 dingung eingeladen, daß ich sie nicht in Verlegenheit bringe.
Ich durfte nicht im Arsch sein.
Die letzten paar Tage hab ich alles ziemlich leicht genommen, was gar nicht einfach war, weil ich Geld hab.
Das Komische dabei ist, daß ich mich toll fühle.
Die Party läuft noch, aber ich bin früher gegangen.
Lorraine hat einen Super-Job in der Stadt; sie ist Chefsekretärin bei einem großen und wichtigen Anlagen- und Versicherungskonzern. Zu ihrer Party hatte sie eine Menge Kollegen eingeladen, und weil ich ihr älterer (und einzig lebender) Bruder bin, hat sie mich allen vorgestellt.
Die meisten von ihnen waren Weiße.
Lorraines Mann gehört zu den Mittelklasse-Möchtegern-Aufsteigern unter den Niggern, und als ich vor der Haustür stand, hat ihn fast der Schlag getroffen. Ich möchte wissen, warum Lorraine ihm nicht gesagt hatte, daß ich komme.
Ich hab nämlich mit dem Vorwärtskommen kein Problem. Zu meiner Zeit war ich der ehrgeizigste Schwarze, den New York je hervorgebracht hat. Ich war auf dem Weg nach oben, Marke Weltraumfähre. Aber ich kann's nicht leiden, wenn diese Nigger so tun, als wären sie erleuchtet, und dann meinen, sie müßten deshalb selber noch weißer werden als das Licht.
Schätzungsweise bin ich der letzte Mensch auf der Welt, dem es zusteht, über das Bewußtsein der Schwarzen zu dozieren, besonders weil man den Zustand, in dem ich mich befinde, als das genaue Gegenteil zu allem Positiven ansehen könnte, das man über die Schwarzen sagen kann.

ABER

HE!
Die Weißen haben die abscheulichsten Verbrechen gegen die Schwarzen, die Juden, die Araber, sich selber, die Indianer, die Asiaten begangen, eigentlich gegen jeden, und trotzdem sind sie die Chefs auf der Welt! Also kann

ich verdammt noch mal sagen, was ich denke, und kümmer mich nicht die Bohne drum, wem's nicht paßt!
Bloß weil ich ein Crack-Head bin, heißt das noch lange nicht, daß ich keine Meinung hab.
Du wärst überrascht und schockiert: Ein paar Crack-Heads sind sogar Chefs in diesem Land!
Es gibt Crack-Heads, die sind Kirchenchefs und Schulchefs, die steuern Busse und Jets!
Crack-Heads gibt's überall!
Es ist bloß so, daß diese »wichtigen« Crack-Heads das Geld haben, sich selber ihre Sucht schmackhaft zu machen (so wie Milliardäre, die Alkoholiker oder Kokser sind), und es sich leisten können, ihren Zustand unter ihren Klamotten zu verbergen.
Solche Leute heißen bei mir Süchtige-die-funktionieren; und so einer bin ich auch. Eric genauso – und schau dir an, womit der sein Geld verdient!

Auf der Party hab ich mich bestens amüsiert.
Ich bin zu früh gekommen und hab mir ein paar Klamotten von Kenneth ausgeliehen, damit ich nicht gar so daneben aussehe und es Lorraine nicht peinlich ist.
Ich hatte ein bißchen Geld gespart, mir die Haare schneiden lassen und Lorraine eine Geburtstagskarte und eine Schachtel Pralinen gekauft.
Sie hatte mich schon vor Wochen zu der Fete eingeladen und mir Karten geschickt, damit ich's nicht vergesse.
Lorraine versucht mich auf den rechten Weg zu bringen.
Ich liebe Lorraine.
Sie glaubt, daß ich nur mit den richtigen Leuten zu verkehren brauche, und schon schlag ich die Hacken zusammen und bin wieder daheim und weg von meiner Zauberland-Drogen-Welt.
Lorraine will ihren großen Bruder zurückhaben.
Ich liebe Lorraine.
Ihr Baby soll in einem halben Jahr zur Welt kommen, und sie will, daß es eine richtige Familie hat.

 Es ist schwer, einen Crack-Head in der Familie zu haben.
Auf uns kann man sich nicht verlassen.
Wir sind niemandem eine Hilfe und können's auch nicht sein. Nicht mal unseren eigenen Kindern.
Wir nehmen nur.
Oft.
Wir sind nicht für dich da.
Wir sind nicht für uns selber da.
Wir sind nur für die Pfeife da.
Alles und jeder, der uns auf unserem Weg zur Pfeife in die Quere kommt, wird zum Feind.

Lorraine hat ein paar nette Freunde; sie hat auch ein paar Arschlöcher als Freunde.
Da war so 'n fünfundfünfzigjähriger weißer Büromanagertyp, der mit zwei Dutzend Rosen und einer Magnumflasche Schampus bewaffnet aufgekreuzt ist. Lorraine trinkt nicht. Er hat den Korken trotzdem knallen lassen und war mit seiner Flasche sofort Mittelpunkt der Fete. *»Talkin' loud an' sayin' nothing«*, wie es in diesem Song heißt. Der Typ gehörte zu den Leuten, die dich danach fragen, wo du deinen Anzug gekauft hast, damit sie mit ihrem eigenen angeben und dir sagen können, daß er von Armani oder Hermès ist. Sie fragen dich, mit was du dein Geld verdienst, damit sie dir mit blitzenden Augen verraten können, wieviel Dollar sie im vergangenen Jahr gemacht haben. Ich frag mich, warum der Typ sich überhaupt die Mühe gemacht hat, zu der Party zu kommen. Leute wie er mögen normalerweise keine Schwarzen, aber meine Schwester ist ein Juwel, alle mögen sie, sogar Arschlöcher.
Jedenfalls hat der Idiot die Party aufgemischt wie Madonna persönlich – jeden gedemütigt und sich dabei in seiner Überlegenheit gesonnt. Schließlich war ich an der Reihe. Er hat einen Blick auf meinen geliehenen Anzug geworfen, mich für meinen Geschmack gelobt und mich gefragt, wo ich die tollen Klamotten her hätte. Ich hab einen Schluck

von dem Schampus genommen und ihm gesagt, ich hätte sie auf der Straße gefunden.

Er hat lauthals gelacht, mir auf den Rücken geklopft und mich zu einem Wunder erklärt. Dann ließ er einen fünfminütigen Monolog darüber vom Stapel, wie schön es sei, eine 26karätige, diamantbesetzte Cartier-Uhr zu besitzen. Ich besitze keine Uhr, darum hat er mich nicht nach meiner fragen können – statt dessen hat er gefragt, womit ich mein Geld verdiene. Ich hab noch einen Schluck Sekt genommen und ihm erzählt, daß ich von Beruf Crack-Abhängiger bin. Als ich das sagte, nippte er gerade an seinem Sekt. Er hat sich natürlich verschluckt und gehustet, bis ihm die Brille von der Nase fiel.

Er hat sie lauthals lachend aufgefangen, mir wieder auf den Rücken geklopft und Kenneth herübergewinkt. Ihm hat er dann brüllend vor Lachen mitgeteilt, was ich ihm mitgeteilt hatte, und sich dann beinahe totgelacht.

Kenneth hat es nicht so lustig gefunden.

Er hat mich angeschaut, als wär ich eine Made, die aus dem frisch servierten Schweinebraten gekrochen ist.

Kenneth führte mich ins Schlafzimmer und sagte, ich würde ihn in Verlegenheit bringen und sollte gehen, bevor ich den Abend ganz verdorben hätte. Ich hab ihm gesagt, daß er kein Recht hätte, verlegen zu sein, weil es nicht seine Party wär, und daß ich erst gehen würde, wenn ich Lust dazu hätte.

Und ich hatte noch längst keine Lust, ich hab mich super amüsiert! Es waren ein paar schwarze Mädels da, aber die meisten waren weiße Sekretärinnen-Typen mit riesengroßen Lockenfrisuren. Eine Matrone mit Phyllis-Diller-Frisur ließ sich über die Segnungen der Stadtteilsanierung aus; sie und ihre Mitbewohnerin (vermutlich ihre Freundin), ebenfalls eine schwarze Matrone, hätten sich etwa zwei Meilen von hier entfernt, mitten in Brooklyn, für 'n Appel und 'n Ei ein Brownstone-Haus gekauft. Sie hätten es schön hergerichtet, und mittlerweile wär's eine halbe Million Dollar wert, aber wegen der Rezession könnten sie's unmöglich verkaufen. Die beiden waren von einem Quartett aus multikulturellen Aufsteigern umringt, die mitleidig mit der Zunge schnalzten und den Kopf schüttelten. »Schrecklich, diese Rezession!« haben sie gesagt. Wie konnte diese Rezession es aber auch wagen, ihnen das gottgegebene Recht aller Amerikaner zu verweigern, soviel Geld zu machen wie nur möglich? Dann hat die schwarze Matrone erst recht losgelegt; daß nämlich die schlechte Wirtschaftslage auch für das Ansteigen der Verbrechensrate verantwortlich sei und daß sie als Schwarze sich für ihre Leute schämt, weil der größte Teil davon auf deren Konto ginge; und daß sie es für die Pflicht unserer schwarzen Führer halte, sich bei unseren weißen Mitbürgern für all das zu entschuldigen, was diese abartigen Kriminellen täten, und den Weißen zu versichern, daß die große Mehrheit der Schwarzen gottesfürchtige und anständige menschliche Wesen seien.

Ich hab ihr gesagt, sie sei übergeschnappt und völlig bescheuert.

Die ganze Party kam zum Stillstand. Die Gabeln blieben mitten in der Luft hängen.

Alle schauten mich an.

Ich fragte die Matrone: »Hat sich je ein Weißer in der US-Regierung für die Sklaverei entschuldigt? Hat die US-Regierung je irgendeine Art Wiedergutmachung geleistet oder sie auch nur angeboten für die Milliarden und Abermilliarden Dollar, die unsere Vorfahren eingebüßt haben, weil sie aus unserem Heimatland verschleppt worden sind?«

Und dann sagte ich: »Endlich gibt die Regierung den Indianern was von ihrem Land zurück, so wie es ihre verdammte Schuldigkeit ist, aber was ist denn den Schwarzen jemals zurückgegeben worden, außer Sozialleistungen, Integrationsprogramme, Wohnblocks, wo wir wie Vieh zusammengepfercht sind, und sogenannte Programme zur Chancengleichheit, die von Anfang an keine

war?« Tja, Bay-bee! Es war so still, du hättest eine Schabe furzen hören!
Lorraine hat mich angelächelt. Sie hatte was Stolzes im Blick. Das hat mich ermutigt, und ich hab weitergeredet. Ich hab gesagt: »Verbrechen und andere Untaten, die von sogenannten schwarzen Kriminellen verübt werden, sind die unbewußten Reaktionen von Menschen, denen jahrhundertelang die Würde aberkannt wurde, und zwar von einer selbstgerechten, bösartigen, feindlichen sogenannten Gastnation.«
Der weiße Mr.-Laut-Lach ist entrüstet dazwischengefahren: »Was ist mit den anderen Einwanderern, die nach Amerika gekommen sind und ebenfalls verfolgt wurden, die aber durch harte Arbeit und Bildung schließlich Erfolg hatten und diesem Land etwas zurückgeben?«
Die Köpfe schnellten zu mir zurück wie bei Zuschauern eines Tennisspiels. Ich hab einen Schluck Schampus genommen und meinen Blick über all die erwartungsvollen Gesichter gleiten lassen, die mich anstarrten, als wär ich die Wiedergeburt von Malcolm X. Ein paar schauten entsetzt, ein paar belustigt, andere wieder schienen mich anzufeuern: »Mach schon, Junge! Zeig's ihm!«
Und das hab ich.
Ich hab noch einen Schluck genommen und weitergeredet: »Die Schwarzen sind nie als Einwanderer in dieses Land gekommen. Wir sind nie freiwillig gekommen. Wir wurden geraubt, in Ketten gelegt und in diesem fremden Land ausgesetzt. Wir wurden absichtlich von unseren Stammesgenossen getrennt und mit Angehörigen fremder Stämme zusammengebracht, damit wir nicht miteinander reden und für unsere gemeinsamen Interessen kämpfen konnten, denn das hätte für die Sklavenhalter den Tod bedeutet. Und jetzt, Jahrhunderte später, können wir immer noch nicht miteinander reden und für unsere gemeinsamen Interessen kämpfen. Die Schwarzen haben die Sklaverei nie überwunden. Die Weißen wollen das auch nicht, es wäre gar nicht in ihrem Interesse. Dabei haben

selbst ohne die Bildung für unsere Massen, für die wir demonstrieren und kämpfen mußten, die paar von uns, die sich befreien konnten und etwas aus ihrem Leben gemacht haben, großartige Erfolge gehabt. Wir sind ein dominanter Faktor in der amerikanischen Kultur. Ob Musik, Sport, Entertainment, Wissenschaft und Literatur – wo man auch hinschaut, sind Schwarze prägend. Sie sollten also Gott lieber für unser ›kleines‹ kriminelles Potential danken. Wenn jeder Schwarze in diesem Land plötzlich Bewußtsein entwickeln würde und das Richtige täte, dann würden wir, verflucht noch mal, die Macht übernehmen, und ihr Typen hättet nicht die geringste Chance gegen uns, und das wißt ihr auch, darum macht ihr gemeinsame Sache, um uns unten zu halten.« Ich hab noch ein bißchen Schampus getrunken – ich war noch nicht fertig.
Ich hab zur Küchentür geschaut, wo Lorraine und Kenneth standen. Lorraine weinte leise, es waren Tränen des Stolzes. Sogar Kenneth hat mich angeschaut, als wär ich ein neuer Mensch. Die schwarze Matrone ist sogar aufgestanden und hat mir ihre Hand hingestreckt; sie freue sich, meine Bekanntschaft zu machen. Ich hab mich eigentlich gut gefühlt, hab vor mich hin gelächelt. Vielleicht gab's ja doch ein Leben nach der Pfeife.
»Aber was ist mit den dreckigen, stinkigen Drogensüchtigen, die die Stadt zugrunde richten? Es ist mir gleich, was Sie sagen! Die Sklaverei hat nichts damit zu tun, was die jetzt machen! Es ist eine Schande, und es gibt keine Entschuldigung dafür! Jemand sollte sie alle mit Benzin übergießen und ein Streichholz dranhalten!« Der weiße Mr.-Laut-Lach-Supermann hat nicht gelacht. Er hat geschwitzt und schaute mit bösen Glupschaugen hinter der beschlagenen Brille hervor.
Ich machte einen Schritt auf ihn zu, bereit, mit Worten mein Dasein, mein Lebensrecht vor ihm zu rechtfertigen, als ich einen Blick von Lorraine auffing. Ihre Augen waren ängstlich. Sie schüttelte unmerklich den Kopf. Nein. Meine Schwester kennt mich, dachte ich.

Sie hat gewußt, daß ich kurz davor war, aus meiner Verkleidung zu springen und meine wahre Identität zu enthüllen, mitsamt dem ganzen beängstigenden, von den Medien verzerrten Drumherum, und zwar vor versammelter Mannschaft. Dem weißen Mr.-Laut-Lach hatte ich schon erzählt, daß ich an der Pfeife hänge, und er hatte es mit einem Lachen weggewischt – und wenn Lorraine mich nicht aufgehalten hätte, hätte ich ihm nicht nur noch mal erzählt, daß ich crackabhängig bin, sondern ich hätte ihm auch erzählt, wie es dazu gekommen ist.

ABER

nichts, was ich hätte erzählen können, hätte mein Leben vor ihm oder seinesgleichen gerechtfertigt. Ich hätte nur die Geburtstagsparty von meiner Schwester kaputtgemacht und vielleicht ihrer gerade erst begonnenen Karriere geschadet; einer Karriere, die sie gewollt hat, und, weil ein Baby unterwegs war, auch dringend brauchte. Die Idioten unter ihren Arbeitskollegen und Vorgesetzten hätten die Sache mit ihrem älteren Bruder erfahren und sie nach dem beurteilt, wie ich mich verhalten hatte. Und sie wären zu dem Schluß gekommen, daß sie aus demselben Stoff geschneidert war.
Erst da ist mir aufgegangen, wie sehr meine Familie wegen mir und dem Leben, das ich führte, gelitten hat. Ich war wirklich das schwarze Schaf, die Leiche im Keller, der Alptraum-Verwandte, von dem keiner außerhalb der Familie was zu wissen braucht. Ich hab verstanden, warum Kenneth mich nicht dahaben wollte. Ich hatte Mitleid mit ihnen. Ich hatte Mitleid mit mir selbst. Also beschloß ich, wie man so schön sagt, die Kirche im Dorf zu lassen, hab den weißen Mr.-Laut-Lach angeblickt, den Kopf geschüttelt und nichts gesagt.
Langsam kam die Unterhaltung wieder in Gang.
Ich bin zu Kenneth rüber und hab ihn um den leichten Stoffmantel gebeten, den er mir für den Heimweg leihen

 wollte. Obwohl schon Mai ist, ist es doch noch irgendwie kühl.
Da hat mich Kenneth umarmt!
Das erste Mal, seit ich ihn kenne, hat er mir so was wie brüderliche Wärme entgegengebracht.
Ich hätte beinahe geweint.
»Du hast viel zuviel im Hirn, um dich weiter so zerstören ... Wir müssen mal miteinander reden.« Er schüttelte mir fest die Hand und half mir in seinen Mantel.
Lorraine fiel mir um den Hals, gab mir einen dicken Kuß, hielt mich auf Armeslänge von sich, schüttelte den Kopf und sagte: »Danke.« Und dann hat sie mir noch ein Ich-liebe-dich-Lächeln geschenkt.
Ich bin zu Mr.-Laut-Lach rübergegangen, hab ihm die Hand gegeben, mich von den anderen Gästen verabschiedet und trat in die kühle, aber Wärme verheißende New Yorker Frühlingsnacht hinaus.

Darum sitze ich hier im Zug. Und fahre nach Hause, anstatt auf der Party zu sein.
Wenn ich geblieben wäre und meine Meinung gesagt hätte, wäre Lorraines Party echt aus den Fugen geraten. Es hätte einen Aufstand gegeben.
Die Ansichten von diesem weißen Mr.-Laut-Lach darüber, was man mit Drogenabhängigen und Kriminellen machen soll, sind im übrigen nicht besonders originell. Diese Meinung vertreten viele Leute, Schwarze und Weiße; und vielleicht ist ja sogar was dran.

ABER

wenn man alle Süchtigen und Dealer verbrennt, ist das Problem nicht gelöst. Die schwarzen Dealer und User stehen am Drogentotempfahl ganz unten. Wer wirklich den Ton angibt, sind die Jungs von der weißen Regierung, die die Drogen ins Land reinlassen. Die schwarzen Dealer sind bloß moderne Sklavenaufseher, die für ihre weißen

Sklavenhalter arbeiten. Das schwarze Ghetto ist an die Stelle von den Südstaatenplantagen getreten, und statt an richtige Ketten sind wir Ghetto-Bewohner an Drogen gekettet, an Sozialhilfe, Hoffnungslosigkeit, Verbrechen. Diese Umgebung und das, was sie hervorbringt, wird von den weißen Jungs an den Schalthebeln der Macht geschaffen und gesteuert.

Es ist eine Sache zwischen Schwarzen und Weißen!

Nein! Scheiße!

Es ist eine Frage von Armut!

Es ist eine Frage von Besitzlosigkeit!

Die Armen sind die Nigger der Welt!

Die einzige Schuld, die ich meinen Brüdern und Schwestern gebe, wenn sie dealen und Verbrechen begehen, ist, daß sie nicht merken, wie sie von den Weißen gelenkt werden, als wären sie Marionetten.

Das ist nicht etwas, das ich gelesen oder gehört hab. Ich weiß es einfach.

Ich bin auch eine Marionette.

Meine Tragik liegt darin, daß ich weiß, daß ich eine bin – daß ich's immer gewußt hab.

Es war kein Schwarzer, der mich auf Kokain oder Crack gebracht hat.

Als ich mit dem großen C in Berührung gekommen bin, haben sich die meisten Schwarzen den Stoff gar nicht leisten können. Er war im Viertel nicht zu kriegen. Shit war angesagt, dann Heroin, erst dann das große C. Wenigstens war's in meinem Viertel so.

Ich kann bloß über meine eigene Erfahrung reden.

Der weiße Junge, der mich an die Angel gekriegt hat, hat bloß ein Ziel gehabt.

Geld.

Er hat gewußt, wenn er mich und andere wie mich an die Angel kriegt, werden wir eine unerschöpfliche Geldquelle für ihn.

Die US-Regierung könnte mit den Drogen in einem halben Jahr Schluß machen, wenn sie wollte.

 Sie könnte die ganzen Verbrechen, die damit zusammenhängen, loswerden, wenn sie wollte.
Sie wird bald was dagegen tun.
Die schwarzen Jung-Dealer, die ihre Viertel terrorisieren, machen ihren Job zu gut. Wie üblich kümmern sich die Weißen nicht darum, was mit den Schwarzen passiert, solange es in den schwarzen Vierteln passiert. Wenn die Schwarzen ihre Ghettos kaputtmachen und niederbrennen, übernehmen die weißen Makler mit Freuden und für so-gut-wie-nichts, was übrig ist. Dann sanieren sie und verkaufen die Grundstücke an andere Weiße oder noch besser an aufwärtsstrebende Schwarze-Japsen-Asiaten-Chinesen, und zwar für Mega-Knete. Diejenigen, die bei dem Deal zu kurz kommen, sind wie üblich die Armen. Sie sind zu arm, um aus dem amerikanischen Traum Kapital zu schlagen, und werden rausgeworfen und in ein anderes Ghetto, weiter weg von den In-Vierteln, umgesiedelt.

ABER

wenn die Gewalt in die weißen Viertel überschwappt, wie es jetzt der Fall ist, und in die Schulen eindringt, wie es jetzt der Fall ist, dann fangen in den Köpfen der weißen Jungs von der Regierung die Alarmglocken zu läuten an, weil die Nigger nämlich die große Knete in Gefahr bringen.
Das große Geschäft …
Handel kann sich bei Instabilität nicht entwickeln. Instabilität verschreckt das große Geschäft; und bevor die weißen Jungs zuschauen, wie ihre Kohle aus den Großstädten abzischt, weil die zu Schlachtfeldern im Drogenkrieg geworden sind, ändern sie lieber von Grund auf das Bild.
Es wird nicht mehr lange dauern, und die US-Regierung legalisiert die Drogen. Dann richtet sie Drogenläden oder -büros ein, wo registrierte Süchtige die Drogen kriegen

können, die sie wollen, und auch die Ausbildung und Therapie, die sie bitter nötig haben. Außerdem wird die Regierung ein Waffenkontrollgesetz verabschieden. Sie wird die Drogenbarone einsperren und ihr Vermögen, ihre Waffen und Drogen einziehen, weil das in ihrem Interesse liegt.

Nichts von dieser verrückten Drogen-Verbrechens-Gewalt-Scheiße wird verschwinden, bevor die US-Regierung alles Obengenannte tut und noch mehr.

Die Verbrechen und Waffen und Morde und Verwüstungen im Zusammenhang mit Drogen haben alle mit Geld zu tun.

Die Leute zahlen eben **'NE MENGE KOHLE**, um zu kriegen, was ihnen jemand verbietet – nämlich Drogen.

ABER

wenn die Regierung die Drogen freigibt und ihren Verkauf kontrolliert, spielen automatisch bestimmte finanzielle Faktoren keine Rolle mehr (die Kosten für den Schmuggel, die Kosten für die Drogenaufbereitung, die Kosten, um die Regierungsbehörden zum Schweigen zu bringen und von ihnen gedeckt zu werden), und die ganze verrückte Scheiße hört auf. Die jungen schwarzen Drogendealer müssen dann in die Schule zurück und lernen, was anderes zu machen. Mit ihrer Karriere ist es vorbei, weil sich mit dem Drogenhandel kein Geld mehr machen läßt.

Wie es mit der Prohibition und dem Alkohol war, so wird's auch mit den Drogen kommen.

Heute abend ist für mich so 'ne Art Durchbruch.

Zum erstenmal seit Jahren denk ich, daß ich vielleicht 'nen Grund hab, mit der ganzen Scheiße aufzuhören und mein Leben in Ordnung zu bringen. Zu sehen, wie die Leute auf Lorraines Party auf mein verkleidetes Ich reagiert haben, auf die neuen Klamotten, den Haarschnitt, den klaren Verstand, hat mir echt ein Gefühl von Macht gegeben. Sie haben mir zugehört, als wär ich jemand Wichtiges.

ES WAR EIN GUTES GEFÜHL.

Ich glaub, ich kann in diesem Leben noch was anfangen, bevor es zu spät ist, aber was, weiß ich nicht. Wenn keine Rezession wäre und die Jobs nicht so knapp, würd ich mich vielleicht aufraffen und mir einen suchen.
Mensch! Ich brauch bloß meine zwei Vorderzähne wieder, und ich wär Jesse Jackson!
Ich weiß, das Schwerste für mich oder überhaupt jeden Süchtigen ist, daß man den Willen hat, etwas zu verändern. Ist alles eine Frage des Verstandes.
Ich hab auch gute Tage. Tage, wo die Verzweiflung nicht so schlimm ist und die Stimme der Pfeife leiser wird. Und aus irgend'nem Grund ist es auch leichter für mich, wenn's warm ist. Die Sonne gibt mir gleich ein bißchen Zuversicht, wenn ich's schaffe, tagsüber wach zu bleiben und sie zu genießen.
In mir rührt sich was.
Vielleicht komm ich wieder in Ordnung.
Vielleicht gibt's so was wie Hoffnung.

Ich muß dir zuerst erzählen, wie's mit der Pfeife angefangen hat, bevor ich dir von Pia erzähle. Meine Mutter will wegen dem Vorfall mit Pia nichts mehr von mir wissen, und das ist wahrscheinlich der größte Schuld-Rappel, den ich im Moment mit mir rumschleppe; vielleicht größer als die Scheiße mit Eric. Die Zeit, als ich zu rauchen angefangen hab, gehört zu dem Teil meines Lebens, den ich die Übergangsjahre nenne, die Jahre gleich nach dem Tod von Nate.
Es hat mal 'ne Zeit gegeben, in der die Grenzen dessen, was ich gemacht hab, ganz genau abgesteckt waren. Ich lebte in einem bestimmten Rahmen, aus dem einige Sachen einfach ausgeschlossen waren.

Heute würd ich alles machen, je nachdem, wie stark mein Verlangen nach der Pfeife ist.
Wenn ich jetzt Leute auf der Straße treffe, alte Nachbarn, die mich schon als Kind gekannt haben, schauen sie durch mich hindurch, erkennen in mir gar nicht mehr den goldenen Wunderknaben, der ich mal war.
Ich hab mich verändert.
Ich bin durch stürmische-vom-Blitz-durchzuckte-trübe Gewässer geschwommen, um meine Übergangsjahre hinter mich zu bringen und auf die andere Seite meines Lebens zu gelangen.
Jemand hat mir gesagt ... es war, glaub ich, 'n Geschichtslehrer, den ich irgendwo kennengelernt hab ... daß die Schiffe mit den gefangenen Afrikanern die Mittelpassage über den Atlantik durchqueren mußten, um nach Amerika zu kommen. Das war angeblich der gefährlichste Teil der Fahrt ... viele der Gefangenen sind gestorben ... muß 'ne schlimme Überfahrt gewesen sein. Bei mir ist es eigentlich nicht anders – meine Übergangsjahre, meine Mittelpassage, sind auch die schwerste Zeit in meinem Leben. Und ich bin noch mittendrin. In der Hoffnung, eines Tages auf der anderen Seite rauszukommen und bereit zu sein für die Weisheit des Alters, der Jahre in der Dämmerung.
Irgendwo zwischen jetzt und dann muß ich mir ein Leben einrichten ... ein Leben ohne die Pfeife.

Ich kann nicht mehr schreiben.
Ich bin müde.
Ich will schlafen.
Das ist ein gutes Zeichen.

* * 20. MAI * 1991 * 15.35 UHR * *

Bevor ich anfang, dir von meinen Übergangsjahren zu erzählen, muß ich dich erst wieder auf den neuesten Stand

 bringen und dir sagen, was passiert ist, seit ich das letzte Mal geschrieben hab.
Etwa eine Woche nach ihrer Geburtstagsparty hat Lorraine bei mir reingeschaut. Sie war total aufgeregt.
Sie wird nach San Francisco versetzt.
Sie geben ihr 'ne Gehaltserhöhung und 'n Haus.
Erst wollte sie nicht, wegen dem Job von Kenneth, aber die Sache ist zu gut, um sie sich entgehen zu lassen. Und Kenneth ist total dafür.
Er findet da drüben auch was.
Ich hab immer gebetet, daß das nicht passiert, seit Lorraine davon gesprochen hat …
Ich war egoistisch …
Egoistische Gebete werden nicht erhört.
Drum passiert's jetzt.
Sie ziehen fort, um das Kind in einer Gegend großzuziehen, wo immer die Sonne scheint.
Bevor Lorraine wegzieht, bringt sie mir mein Mietbuch und andere wichtige Unterlagen vorbei …
Dann muß ich anfangen, meine Miete selber zu bezahlen.
Schon bei dem Gedanken, daß ich jetzt die Verantwortung übernehmen soll, mach ich mir vor Angst ins Hemd.
Ich trau mir selber nicht genug, um auf mich aufzupassen … Noch nicht.
Damit muß ich aber unbedingt fertig werden, weil ich dann ganz allein hier bin (ausgenommen die Nachbarn, die ich schon Ewigkeiten kenne).
Ich könnte einem von ihnen mein Mietbuch geben und die Gespenster vom Sozialamt dazu bringen, mein Wohngeld an sie zu schicken, damit sie für mich bezahlen, wie Lorraine es immer gemacht hat.
Vielleicht krieg ich die Gespenster vom Sozialamt ja dazu, es direkt an die Hausbesitzer zu schicken, ich weiß nicht, ob die das machen.
Das muß ich rauskriegen. Lieber wär's mir, sie würden das Geld an Leute schicken, die ich kenne … denen ich vertraue.

Aber kann ich ihnen vertrauen?
Stecken sie vielleicht bloß mein Geld ein und bezahlen meine Miete nicht?
Der Gedanke, obdachlos zu werden, ist einfach zu gräßlich, um drüber nachzudenken.
Der richtige Weg ins Vampir-Zombie-Land.

Lorraine wird wohl erst im August aus der Stadt fortziehen. Da hab ich ein bißchen Zeit, um alles zu überlegen und zu planen.
Planen ...
Das ist verdammt noch mal zum Lachen!
Seit weiß Gott wann hab ich keinen Plan mehr für mein Leben gemacht.
Aber irgendwas werd ich tun müssen.
Vielleicht sollte ich mir ein paar Mitbewohner suchen. Die Wohnung ist zu groß für einen allein.
Plötzlich steck ich voller Vielleiiiiiichts ...
vielleiiicht sollt ich mir einen Mitbewohner suchen
vielleiiicht sollt ich mir eine Freundin suchen
vielleiiicht sollt ich heiraten
vielleiiicht sollt ich mit der Pfeife Schluß machen
vielleiiiiiicht
vielleiiiiiicht
Ich bin todkrank vor lauter Vielleiiiiiichts!!!
Um die Wahrheit zu sagen ...
Eigentlich will ich gar nichts machen.
Ich sollte aufhören, über diese Lorraine-Scheiße zu schreiben, weil sie mich down macht.
Eeeeeeeecht down!
Ich hab noch ein paar Rocks übrig, aber die sind für heut abend.
Vor fünf Tagen hab ich ein bißchen Kohle bekommen.
Ich rauche jetzt mit Methode.
Ich kauf mir genug für einmal am Tag, aber nur zu bestimmten Zeiten.

 Ich versuch mit meinem Geld auszukommen und nicht auf Pump zu leben.
Mein Geld kommt am 1. und am 15. jeden Monats ... Ich brauch mehr Geld.
Vielleicht sollt ich mir 'nen Job suchen.
Aber alle sagen, es gibt keine, warum soll ich mir dann die Mühe machen zu suchen?
Ich weiß, daß ich mich nach Lorraines Party echt high gefühlt hab ... Hatte das Gefühl, als könnt ich mich aufrappeln und 'ne andere Richtung einschlagen, aber ich hab darauf gezählt, daß Lorraine da ist und mir dabei hilft ... aber jetzt ... vielleicht sollte ich mit ihr mitgehen ...
Das wär keine gute Idee.
Sie kriegt bald ein Kind und kann keinen Klotz am Bein gebrauchen.
Daß Lorraine wegzieht, hat in mir echt einiges ins Rollen gebracht.
Ich weiß, daß ich mein Leben selber in der Hand hab ...

ABER

ich weiß nicht ...
ich
weiß
nicht ...
Das einzige, was ich außer dem Rauchen einigermaßen regelmäßig tu, ist, daß ich das Tagebuch hier schreibe.
Ich weiß schon nicht mehr, warum überhaupt.
Ich und die Pfeife.
Ich und das Papier.
Zwei Ps in einem Pott.
Ich schau mir dieses leere weiße Papier an und seufze ...
Vielleicht gibt's mir irgendwie das Gefühl zu leben, wenn ich es vollschreibe ... das Gefühl zu arbeiten.
Wenn ich ein paar Zeilen voller Gedanken und Gefühle geschrieben hab, dann leb ich vielleicht

und ... und ...
Ich weiß es verdammt noch mal nicht!!!
Der Schuld-Rappel steht in der Ecke rum, beobachtet mich und wartet auf ein Zeichen, damit er auf mich losgehen kann ... Je mehr ich schreibe, um so dreckiger geht's mir.
WENN LORRAINE DOCH BLOSS KEINEN SCHEISSJOB HÄTTE!!!
WARUM MUSS SIE BLOSS WEG???!!!
WEISS SIE DENN NICHT, DASS ICH SIE BRAUCHE!!!???
WEISS SIE'S VERDAMMT NOCH MAL WIRKLICH NICHT!!!???
Ich bin echt ratlos, was ich machen soll.
Wenn ich doch bloß zwanzig Jahre jünger wär.
Es ist doch zum Lachen, daß ich mit dreiundvierzig keine Zukunft hab.
Nicht mal ein Fünkchen davon.
Ich brauch was zum Rauchen.
Ich hab immer gesagt, daß ich irgendwas brauch, aber jetzt weiß ich, was ich brauch.
Ich brauch was zum Rauchen.
Aber ich werd wohl warten müssen.
Ich muß einen Willen entwickeln.
Anders kann ich nicht überleben.
Wenn ich keinen Willen aufbaue ...
Dann sterb ich.
Ich schreib weiter.
Das hilft mir, die Zeit rumzubringen.
Wenn es dunkel wird ... jeden Abend das gleiche ... zünde ich meine Kerze an, um mein gutes Gefühl anzuzünden ... dann der erste Zug ... erst dann ...

Die Übergangsjahre ...
Der Tod von Nate.
Dann der Tod von Daddy.
Wir haben Daddy neben Nate im Familiengrab in North Carolina beigesetzt.

Nach dem Begräbnis von Daddy hat Mama sich entschlossen, in North Carolina zu bleiben.
In der alten Wohnung haben ihr zu viele Erinnerungen rumgespukt.
Mama hat Daddy wirklich geliebt.
Es ist komisch.
Ich hab nie gesehen, daß sie sich geküßt oder umarmt haben, aber eine Art Nähe zwischen den beiden hab ich immer gespürt.
Es war so, als wär Mama das bessere Ich von Daddy.
Ich mein, nicht besser ... sondern sanfter ... ruhiger.
Nach dem Tod von Daddy waren die Augen von Mama immer feucht.
Zum Beispiel bin ich in ihr Zimmer, um ihr eine Tasse Kaffee zu bringen, und hab sie beim Weinen überrascht.
Dann hat sie versucht zu lächeln und sich die Augen gerieben, als hätte sie einen Fussel drin.
Aber ich hab gewußt, daß es ihr das Herz gebrochen hatte.
Wenn Mama nicht umgezogen wäre, wär sie gestorben.
Ich glaube dran, daß Leute an gebrochenem Herzen sterben können.
Manche Sachen sind einfach zuviel, als daß man sich wieder hochrappelt.
Das Haus, das wir im Osten von New York gehabt hatten, war zu voll mit Horrorgeschichten und Erinnerungen, darum ist Mama in North Carolina geblieben.

Ich und Lorraine sind beide in New York geblieben.
Das war das Komischste daran.
Lorraine war siebzehn.
Sie war im Juni davor gerade mit der High-School fertig geworden.
Wir waren alle zu ihrer Abschlußfeier gegangen.
Dabei ist Daddy zum letztenmal unter Leute.
In der Woche darauf ist er gestorben.
Mama hat kurz nach dem Tod von Nate ans Wohnungsamt geschrieben, um eine andere Wohnung zu kriegen.

Sie dachte, wenn wir alle woanders hinziehen, könnte die Familie vielleicht noch mal ein neues Leben anfangen.
Sie hat gehofft, daß ein Umzug Daddy aufmuntert, aber Daddy ist gestorben, bevor die Genehmigung zum Umzug kam ... Sie kam zwei Tage später ... An den Tag erinnere ich mich noch genau.
Mama hat den Brief aufgemacht und zu lachen angefangen wie eine Verrückte.
Ich kam aus meinem Zimmer gestürmt, um zu sehen, was los ist.
Sie hat gelacht und gelacht und dann angefangen, mit den Fingernägeln an den Wänden entlangzufahren, als wollte sie die Farbe abkratzen. Ich hab sie gepackt und ins Wohnzimmer geführt.
Dann ist der Damm gebrochen.
Mama, die den ganzen Alptraum mit Nate und jetzt Daddy überstanden und sich immer total zusammengerissen hatte, ist auf einmal völlig ausgerastet. Sie hat geheult und gestöhnt, wieder geheult und dann gelacht. Es war klar, daß ich nichts machen konnte, um sie zu trösten, also bin ich aus der Wohnung und ins Gemeindezentrum rüber, Hilfe holen. Ich war froh, daß Lorraine nicht da war und Mama in dem Zustand sah.

Der Umzugstag war in der gleichen Woche wie die Beerdigung von Daddy. Ich hab das Wohnungsamt angerufen und ihnen gesagt, daß wir umziehen, sobald wir aus North Carolina zurück sind. Sie waren freundlich, hilfsbereit und verständnisvoll.
In dem grünen Pontiac Jahrgang '63, den Daddy gekauft und in dem er mir das Fahren beigebracht hatte, hab ich Lorraine zusammen mit den Sachen von Mama runtergefahren. Mama ist in dem Leichenauto mit dem Sarg mitgefahren.
Das Begräbnis war keine große Sache.
Daddy hatte nicht mehr viele Verwandte. Die Eltern waren

beide tot, und die eine Schwester haben wir nicht auftreiben können.
Wir sind zum Gottesdienst, und auf dem Rückweg zu dem Haus von Großmutter hat Mama mir gesagt, daß sie in North Carolina bleiben wolle, und ich solle mich um Lorraine kümmern.
Das Haus von Großmutter sollte ihr neues Zuhause werden.
Großmutter (die Mutter von Mama) war schon vor Jahren gestorben, als wir noch klein waren, aber es hatte immer das Haus von Großmutter geheißen.
Erst wollte Lorraine bei Mama bleiben – sie dachte, man darf Mama nicht allein lassen. Aber Mama hat Lorraine überzeugt, daß sie in New York größere Chancen hätte. Außerdem sollte im September ihr kaufmännischer Lehrgang an der New York University anfangen.
Ich glaube, Mama wollte alleine trauern.
Für sie war es wichtig, sich einmal gehenzulassen und die ganze unterdrückte Wut und den Schmerz auszuleben, die sie in diesen drei harten Jahren ausgehalten hatte.
Wir haben ein letztes Familienessen gemacht.
Mama hat uns gesegnet, uns tausend Dollar geschenkt, uns beide geküßt und uns nachgewinkt.
Ich war völlig benommen, als wir nach New York zurückfuhren.
Wir haben kein Wort geredet, ich und Lorraine.
Wir waren beide in unsere Gedanken vergraben.
Irgendwie haben wir es geschafft, durch die nächsten paar Wochen zu kommen.
Wir haben in der alten Wohnung unser Zeug zusammengepackt und sind in die neue umgezogen.
Es war nicht so schlimm.
Wir sind vom dritten Stock in den sechsten gezogen.
Die Wohnung, wo ich jetzt wohne.
Sie hat drei Schlafzimmer.
Eins hat Lorraine gehabt, eins ich, und das dritte haben wir als Arbeitszimmer benutzt.

Als ich mit Lorraine allein war, hab ich gemerkt, wie schlecht ich sie kannte und wie selbstbewußt und reif sie geworden war.
Sie war nicht mehr die nervöse kleine Lorraine.
Ich hab's in East New York nicht lang ausgehalten.
Es hat mich deprimiert.
Ich hab meine Wohnung im Village echt vermißt.
Natürlich war ich inzwischen von der Columbia University geflogen. Ich hatte zu viele Kurse verpaßt, als Nate krank war, und sie nie nachgeholt.
Das Kaufhaus Mays hat mich wieder eingestellt und mir einen Ganztagsjob gegeben.
Ich hab Ausreden erfunden, um so viel wie möglich in Manhattan zu bleiben.
Ich hab mich treiben lassen.
In der Zeit fing ich an, mit diesem Mädchen zu gehen, dieser Medizinstudentin namens Quandza ... einer Schwarzen.
Sie war 'ne sehr hellhäutige Schwarze.
An einem sonnigen Nachmittag Anfang Juli ist Quandza bei Mays reingekommen.
Sie hat an meiner Kasse gezahlt.
Quandza hatte echt starke blaue Augen und einen Riesenarsch. Als ich ihr Zeug eingetippt hab, hat sie ein Gespräch mit mir angefangen. Sie war irgendwie interessant. Es war fast Ladenschluß, sie hat mich auf 'nen Drink eingeladen und gewartet, bis ich abgerechnet hatte.
Wir sind in eine kleine Bar im Village.
Ins *Bon Soir*, glaub ich.
Quandza hat 'ne Menge geredet, und das war toll, weil ich in letzter Zeit nicht besonders viel zu reden hatte.
Ich war leer.
Trocken.
Ausgedörrt.
An diesem Abend hat Quandza mich zu sich eingeladen.
Ich bin mit.

 Nicht unbedingt, weil ich sie bumsen wollte, sondern weil ich dann nicht nach Brooklyn zurück mußte.

Ich hab nicht mit Lorraine an einem Tisch für fünf sitzen müssen, wo jetzt bloß noch zwei saßen.

Mir war einfach nicht danach, so zu tun, als wär ich glücklich und als würde alles besser werden, nur um Lorraine aufzumuntern; darum bin ich bei Quandza geblieben.

Ich hab sie die ganze Nacht gebumst; es war nicht mal was Erotisches, sondern mehr eine Art Therapie. Ich hab ihren Körper benützt, so wie Leute mit Problemen den Psychiater benützen. Während ich sie bumste, hab ich geflennt. Ich hab meine Schuldgefühle wegen Nate buchstäblich weggebumst ... auch den Schmerz und die Wut darüber, daß Daddy sich einfach davongemacht hatte, jetzt, wo wir ihn am meisten brauchten, und meine Verwirrung darüber, daß Mama mich und Lorraine im Stich gelassen hatte. Ich hab's Quandza ordentlich besorgt. Danach war sie ganz naß vor Schweiß und außer Atem. Sie hat behauptet, daß ich ihr gefiele, aber ich hab gewußt, daß sie lügt. Das Bumsen hatte ihr gefallen. Das war's, was ihr gefallen hatte.

Aber sie war auch 'n guter Kumpel, drum bin ich 'ne Zeit lang mit ihr rumgezogen.

Außerdem hat sie gern gekifft und hatte den besten Shit, was auch ein dicker Pluspunkt war.

Durch Quandza bin ich zum erstenmal nach Boston gekommen.

Da waren wir schon etwa drei Wochen zusammen.

Lorraine war echt froh, daß ich wieder unter Leute bin und was unternommen hab.

Sie und Mama wollten, daß ich noch mal auf die Uni geh. Ich hab gesagt, ich wäre noch nicht soweit, aber weil ich gearbeitet hab und mit diesem Mädchen ging, waren sie auch so zufrieden.

Ich war normal.

Jedenfalls war Quandza ein Gladys-Knight-Fan, und als

sie hörte, daß Gladys in 'ner Bar in Boston auftreten würde, wollte sie, daß ich mit ihr übers Wochenende hinfahre.
Ich war anfangs nicht so geil drauf, hinzufahren.
Ich hatte gehört, daß es in Boston echt kalt und die Leute echt rassistisch wären.
Zwei von den Dingen, die ich am wenigsten leiden kann.
Aber Lorraine hat gemeint, daß es im Juli so kalt nicht sein könnte und daß es gut für mich wäre, mal von New York wegzukommen. Quandza hat mich angebettelt, außerdem hat sie's bezahlt, hin und zurück. Also hab ich mir freigenommen und bin mit ...
Wir sind geflogen.
Mit Eastern Airlines.
War 'n kurzer Flug. Höchstens 'ne halbe Stunde.
Ich hasse Fliegen.
Zu große Anspannung.
Zu viele Leute mit Angst.
Alle sind so zuckersüß zueinander, wenn sie fliegen, als würden sie damit beim großen Himmelsgott Schleimpunkte gewinnen, damit er ihnen nicht die Ärsche aus der Luft runterholt.
Ich war froh, als wir gelandet sind.

Es war ein sagenhaftes Wochenende.
Ich hab mich verliebt.
Nicht in Quandza.
In Boston ... B ... B ... B ... Boston.
Ich hab Boston geliebt.
So viele Menschen von überall her ... so viele Farben ... so viele Klänge.
Eine ganze regenbogenbunte Kolonie voller Neuheiten.
Ich hab nicht mehr weggewollt.
Quandza hatte ein paar Freundinnen, die in Boston an der Uni studierten, bei ihnen haben wir übernachtet. Eine von ihnen wollte mich ins Bett kriegen, aber Quandza hat

 Wind davon gekriegt und die Frau prompt zusammengeschissen. Dabei war das Mädel richtig süß.

Gladys haben wir dann im *Sugar Shack* erlebt – eine ganz oberwilde Schwarzenbar voller Z's und N's … Zuhälter und Nutten. Gladys war himmlisch gut … und während sie sang, hab ich beschlossen, so bald wie möglich nach Boston zu ziehen.
Noch dort im *Sugar Shack* hab ich beschlossen, daß das genau der Ort war, wo ich wieder auf die Uni wollte.

An dem Wochenende war Quandza sauer auf mich, weil ich fast den ganzen Samstag damit verbracht hab, durchs South End spazierenzugehen.
Allein.
Da war einfach viel zuviel, das ich sehen und riechen und schmecken und in mich aufnehmen wollte.
Ich war gierig … Ich wollte diese Schönheit allein erleben.
Maler und Musiker.
Straßenkünstler.
Die schönsten Leute, die ich je irgendwo gesehen hatte.
Männer und Frauen.
Sogar die Weißen waren schön.
Keine Aggressionen.
Ich mußte nicht dauernd über meine Schulter schauen.
Ich hatte das Gefühl, überallhin zu können, wo ich hin wollte.
Ich mußte keine Show abziehen.
Ich mußte mich nicht schwärzer als schwarz benehmen.
Ich mußte überhaupt keine Haltung einnehmen … wenigstens keine streitlustige.
Ich konnte einfach *sein.*
Ich hab's genossen.
Ich konnte vergessen.
An diesem Wochenende traten Freude und Neugier an die Stelle von Schmerz und Kummer.

Ich hab nicht über Nate oder Daddy oder Mama nachgedacht.
Nicht ein einziges Mal.
Ich hab's genossen.

* * 21. MAI * 1991 * 2.00 UHR * *

Wieder so 'ne Scheiß-Ablenkung!
Ich find meine Rocks nicht!
Ich weiß, daß ich sie nicht geraucht hab!
Den ganzen Tag hab ich auf meinen ersten Zug gewartet, und jetzt find ich meinen Stoff nicht!
Es war kein Mensch da, also kann ihn auch niemand geklaut haben.
Mein erster Gedanke war, loszuziehen und mir neuen zu kaufen, aber den Gedanken hab ich gleich wieder niedergemacht.
Ich muß einen Willen aufbauen.
Ich hab mir geschworen, nur soviel zu kaufen, daß es für fünfmal am Tag reicht.
Fünfmal krieg ich für fünfzehn bis fünfundzwanzig Dollar.
Ich hab echt 'nen Haß!
Ich kann nicht mehr schreiben.
Ich versuch jetzt zu schlafen.
Keinen Stoff heut abend.
Keine Fluchten.
Keine Trancen.
Keine Belohnungen.
Ich hab nicht mal die Rückstände von meiner Pfeife gekratzt und die geraucht, weil ich gewußt hab, wenn ich anfange, dann will ich raus und was kaufen.
Vielleicht müßte ich mich jetzt toll fühlen, weil ich nicht nachgegeben und mir was geholt hab, aber ich hab einfach 'n Haß, weil ich mich prima durch den Tag gelotst hab, bloß um dann, zu meiner abgemachten Zeit, nichts davon zu haben.

 Ich weiß, daß es irgendwo in der Wohnung ist.
Ich such morgen danach.
Ich hab 'n Haß.
Obermäßig.

* * 21. MAI * 1991 * 14.38 UHR * *

Die Sonne scheint mir auf den Kopf.
Ich hab den einzigen Stuhl in meinem Zimmer ans Fenster gerückt, und die Sonne scheint mir auf den Kopf und wärmt mir das, was wahrscheinlich in Zukunft meine Glatze sein wird.
Von hier aus kann ich die Pepsi-Uhr sehen. Sie klickt laut, wenn die Ziffern umspringen. Ich wär froh, wenn ich 'nen Wecker hätt oder Glocken wie Big Ben.
Letzte Nacht bin ich schon mit so 'nem komischen Gefühl schlafen gegangen.
Ich hab unruhig geschlafen.
Als ich aufwachte, war ich high. Ich hatte von Hits geträumt. Das passiert mir oft, aber die Hits diesmal waren anders. Sie waren lebendig. Haben geatmet. Im Traum hab ich in dem Zimmer gehockt, so wie jetzt, und zum Fenster rausgesehen. Ich weiß noch, daß es geschneit hat und der Schnee wie flockige weiße Stückchen gutes Gefühl ausgesehen hat, die da draußen überall rumflogen. Ich weiß noch, daß ich mit der Zunge gegen die Fensterscheibe stieß, um sie zu fangen ... und dann hab ich diese Stimmen gehört – Stimmen, die meinen Namen brüllten. Es war nicht bloß eine Stimme, eher ein Chor. Sie haben sich angehört wie ein Chor von Alvin and the Chipmunks – oder wie wenn du 'ne Platte zu schnell laufen läßt, 'ne Michael-Jackson-Platte, echt hoch und freakig. Ich weiß noch, daß ich in der Wohnung rumgerannt bin, total fickerig, und versucht hab rauszukriegen, woher die schrillen, gräßlichen Stimmen kommen. Es war nicht so, als ob sie in 'nem anderen Zimmer wären, weil ich sie

überall gehört hab, wo ich auch hin bin ... richtig nah klangen sie, als kämen sie aus meiner hinteren Hosentasche, und da waren sie auch. Ich hab die Hand in die Tasche gesteckt und meinen Stoffvorrat rausgezogen. Die Rocks in der Plastiktüte waren lebendig ... es waren lebendige Köpfe ... ohne Körper ... bloß Köpfe, perfekte Mini-Mount-Rushmores aus lebendigem Crack. Und sie waren alle derselbe Mensch. Pia ... zehn Hits Pia ... ein paar haben geflennt, ein paar haben gelacht, aber alle haben sie meinen Namen gebrüllt. Davon bin ich so ausgerastet, daß ich ins Bad gerannt bin, um die Tüte das Klo runterzuspülen, aber dann hab ich's doch nicht fertiggebracht. Es waren zwar Pia-Köpfe, aber trotzdem noch Rocks ... knusprige weiße Rocks mit Pia-Gesichtern. Ich hab sie in meine Pfeife gesteckt und einen nach dem anderen geraucht ... Nie werd ich das Horrorgeschrei vergessen, wie jedes dieser kleinen Gesichter erst schwarz und dann flüssig wurde und sich schließlich in den Rauch aufgelöst hat, der langsam in meine Lungen sickerte ... Ich hab Pia geraucht, und das war gut ... das Beste ... In meinem Traum waren die Hits so stark, daß mein Kopf auf seiner Achse rumgewirbelt ist wie 'ne durchgedrehte Welt ... wie ein Satellit im Weltraum hat er sich auf meinem Hals gedreht, immer schneller und schneller, bis er sich löste und gegen die Decke knallte.

Überall klebte Blut und Gehirn.

Davon bin ich aufgewacht.

Von dem Knall.

Und ich war high.

Sagenhaft high ...

Ich hab 'n Schluck Wasser getrunken und mich in die Sonne gehockt, wo ich jetzt immer noch sitze.

Manchmal weiß ich nicht, ob's so 'ne tolle Idee ist, das alles aufzuschreiben.

Es erinnert mich an Sachen, an die ich lieber nicht denke. Pia zum Beispiel, und ich weiß, warum ich immer soviel an sie denke. Weil ich dir nämlich bald erzählen muß,

was zwischen mir und ihr passiert ist, aber das erzähl ich dir noch nicht gleich.
Alles zu seiner Zeit.
Ich hab meine Rocks immer noch nicht gefunden, aber es ist Tag, und ich darf jetzt nicht dran denken, darum schreib ich statt dessen über Boston …

Als ich mit Quandza wieder in New York war, hab ich gleich die ersten Vorbereitungen getroffen, von New York nach Boston zu übersiedeln.
Ich hab das Tourismusbüro von Boston angerufen und 'ne Liste mit allen Hochschulen in Boston gekriegt.
Dann hab ich mich bei drei kleinen Colleges in der Gegend beworben. Die großen Unis haben mich nicht interessiert, weil ich ja gar nicht vorhatte zu studieren, ich wollte einfach in Boston sein. Für ein paar von den Unis waren meine Noten gut genug, aber sie haben keine finanziellen Hilfen angeboten, drum beschloß ich am Ende, einfach nach Boston zu gehen, mir 'nen Job zu besorgen und dann die Uni zu besuchen.
Ich hatte ein bißchen ein schlechtes Gewissen, Lorraine allein zu lassen, aber Lorraine hat's nicht gestört.
Ich glaub, Lorraine hat sich darauf gefreut, 'ne Wohnung für sich zu haben und dort so zu leben, wie es ihr paßte, ohne daß ihr jemand, auch ich nicht, über die Schulter schaute.
Ich hab genau gewußt, wie ihr zumute ist.
Freiheit ist was Positives.
Was umwerfend Positives.
Freiheit ist was Einzigartiges.
Das süchtig macht.
Seit Mama nach North Carolina gezogen war, hatte Lorraine schon ein paarmal kurz die Freiheit gekostet, nämlich, als ich öfters in Manhattan rumhing und als ich nach Boston entwischt bin.
Die Freiheit hat Lorraine gut geschmeckt.
Sie wollte sich den ganzen Bauch damit vollschlagen.

Mama war nicht so ganz überzeugt, daß es richtig ist.
Sie jammerte, weil die Familie total auseinanderfiel. Wie ein starker Fels, der durch den Tod und die Umstände in drei Splitter zertrümmert wird.
Solo.
Unabhängig.
Daß wir drei uns nicht zu 'ner kleineren, aber stärkeren Felsfamilie zusammentaten, machte ihr Sorgen, aber sie hat unser Bedürfnis nach Unabhängigkeit verstanden, weil sie's selber auch hatte.
Freiheit.
Cornelius sen. hatte uns alle mit derart eiserner Hand regiert, hatte uns mit seiner Persönlichkeit zusammengeschweißt, so wie man eine Handvoll Fäden an einem Ende miteinander verklebt, daß keiner von uns seine wirklichen Gefühle mehr kannte.
Das galt besonders für Mama, die jahrelang ihre ganze Persönlichkeit unterdrückt, ja sogar verleugnet hatte, um den Wünschen und Anforderungen von Cornelius sen. gerecht zu werden.
Das bedeutete für Mama Ehe.

ABER

Der König war tot.
Lang lebe die Königin.
Und die Prinzessin.
Und der Prinz.
Mama hat's nicht gefallen, daß ich nach Boston bin, aber sie hat's verstanden.
Ich bin gegangen.

Bäume ... Blumen ... Schwäne und Ruderboote in den Gärten ... Hippies, die Frisbee spielen und im Park an Joints ziehen ... Studenten, die marschieren und gegen alles demonstrieren ... überall Musik ... Sonnenschein wie heute, der dir überall in dieser verzauberten Stadt auf

 den Kopf brennt: Das sind die Erinnerungen, die zu meinem ersten Augenblick in Boston den Rahmen bilden.
Ich bin nicht geflogen.
Ich hab den Greyhound-Bus genommen, damit ich mir dieses New England so richtig aus der Nähe anschauen konnte.
Am letzten Wochenende im August 1970 kam ich in Boston an.
Ich hab ein Zimmer im YMCA gekriegt, gar nicht weit vom South End.
Die ersten Wochen bin ich einfach in der Stadt herumgezogen.
Ich bin überallhin getrampt und gelaufen.
Ich war für alles und jedes bereit.
Hauptsächlich.
Ich war bereit, gesund zu werden.
Das Studium hab ich erst mal vergessen. Ich bin einfach in das ziellose Zigeunerleben der jungen Leute eingetaucht, das an allen Ecken und Enden Bostons blühte wie duftiger Klatschmohn.
Ich trieb mich am Harvard Square rum. Ich besuchte die Jazz-Kneipen in der Boylston Street, das *Palls Mall* und den Jazz Workshop. Ich nahm an dem Unterricht für Free Dance und Theater an der Elma Lewis School of Fine Arts teil; Elma Lewis war eine exzentrische schwarze Tanz-Diva aus den 50er Jahren, deren Hauptidee lautete, daß künstlerische Begabung jedem Schwarzen angeboren ist.
Boston war ein mächtiger, dicker, würziger Kuchen, den ich Stück für Stück verzehrte. Ich war satt.
Ich war glücklich; vielleicht zum erstenmal im Leben.
Glücklich, einfach dazusein.
Was mir an Boston am besten gefallen hat: Die Stadt war voller Schwarzer ... Schwarzer aus jedem Staat, der einem nur eingefallen ist. Und in Boston waren die Schwarzen keine Plünderer, Aufrührer, Mörder, haben sich überhaupt nicht lächerlich gemacht, wie's viele Schwarze so gern tun.

Nein.
Die jungen Schwarzen dort waren alle Studenten.
Sind auf Colleges und Unis gegangen, wie es ihr gutes Recht ist.
Als müßten sie dort sein.
Wie man schwarz ist, hab ich in Boston gelernt.
Ich hatte genügend Lehrer.
Dort in dem Boston-mit-blauem-Himmel-und-voller-Colleges lebten Schwarze aus allen Staaten der USA.
Freakig aussehende Schwarze aus Ohio; hohlwangige, unterernährte Schwarze aus Arkansas; bissige, grobknochige Schlägertypen aus Mississippi; hochnäsige, bürgerliche, verweißlichte Schwarze aus Washington D.C.; geile, exotische, scharfe Kreolen aus New Orleans; vergeistigte, sexy, knackige Schwarze aus Georgia; schmollende, schöne, ehrgeizige Schwarze aus Texas; gestylte, coole, buntstiftfarbige Schwarze aus Connecticut; strandversessene, barbrüstige Schwarze aus Rhode Island; und schließlich die coolsten, sexysten Schwarzen aus Philadelphia, die noch deprimäßiger drauf waren als die in New York. Ich kann sie gar nicht alle aufzählen. Sie waren von überallher ... und das kleine Boston hat für sie alle, alle den Gastgeber gespielt.
Die Bostoner Schwarzen waren eine Sache für sich.
Echt wahr ... einige der schönsten Leute, die ich jemals irgendwo gesehen hab.
Sogar die Männer waren schön.
Zwar 'n bißchen zu kleinstädtisch in ein paar Sachen, aber trotzdem ziemlich geheimnisvoll. Das schwarze Boston war ein Buch mit sieben Siegeln.
Das weiße Boston war völlig anders, aber darüber schreib ich nicht. Alle brachten jedenfalls das, was sie in ihren eigenen Käffern loshatten, einfach mit nach Boston, und je nachdem, was es war, hatte Boston einen Vor- oder einen Nachteil davon.

Das South End, wo das YMCA lag, in dem ich wohnte, hatte es mir besonders angetan.
Es erinnerte mich an das Village in New York. Es war voller Kunstgewerbeläden, einer neben dem anderen. Und mit psychedelischen Kneipen voller Berufsalkis, die sich mit Musik zudröhnten. Ich bin in irgendeinem dieser Gebäude aus grauem Stein die Treppe runter, nach rechts oder links abgebogen und war innerhalb von 'ner halben Stunde mitten in 'nem Kinoabenteuer. Die Leute sind einfach auf mich zugekommen und haben mich angequatscht. Wahrscheinlich, weil ich neu war.
Die Typen im YMCA waren entweder Studenten oder Arbeiter auf Montage.
Ich hab nicht viele von ihnen kennengelernt.
Mercedes hab ich kennengelernt.
Mercedes war ein Relikt.
Als ich ihn kennenlernte, muß er um die vierzig gewesen sein.
Mercedes hatte schon im YMCA gewohnt, bevor ich eingezogen bin. Aber ich hatte ihn nie gesehen. Mein Mama-Geld war inzwischen ausgegangen. Ich nahm verschiedene Jobs an, um mein Zimmer zu bezahlen. Als ich Mercedes kennenlernte, hatte ich gerade 'ne Stelle im *Carvels,* 'ner Eisdiele in der Boylston Street.
Eigentlich hab ich Mercedes im *Carvels* kennengelernt.
Mercedes.
Den dürren, bärtigen, wie-Amira-Baraka-aussehenden Dichter-Philosophen ... wäre nicht schlecht gewesen, wenn er seine Ansichten mal als Buch aufgeschrieben hätte. Hätte sich millionenfach verkauft. Jedenfalls wußte Mercedes echt die Antworten auf all die Probleme in der Welt, zumindest hatte ich den Eindruck, als ich in seinem Zimmer im YMCA Joints geraucht hab.
Das Zimmer von Mercedes.
Eine Offenbarung für sich.
Mercedes war 'n Medienfreak.
Er hatte die brandheißeste Stereoanlage, die auf dem

Markt war, ein Radio, vier Fernseher, einen Filmprojektor, einen Diaprojektor, Karten, Grafiken, ein Arsenal mit Büchern und Informationsmaterial, und alles war in das winzige Schuhschachtelzimmer gestopft, in dem er schon sieben Jahre lang wohnte.
Es war kleiner als mein Zimmer im *Hotel Operatic.*

Mercedes hatte 'n paar verrückte Ideen.
Eines schönen, warmen Tages zum Beispiel hat er verkündet, die Leute redeten zuviel.
Er hatte mir gerade den Joint rübergegeben.
Ich hab dran gezogen.
Er sagte: »Die ganze Welt müßte mal fünf Jahre lang die Schnauze halten ... Alles Reden und Sachen, die reden, wie Theater, Film, Radio, Schallplatten und besonders das Fernsehen, müßte man verbieten und die Leute gesetzlich zum Lesen zwingen ...«
Ich hab mich fast an meinem Joint verschluckt.
Mercedes hatte alle möglichen kranken Ideen.
Er meinte auch, die Regierungen in der ganzen Welt sollten doch zugeben, daß sie keine Ahnung haben, was so abgeht, und statt dessen jedem Menschen auf der Welt 250.000 Dollar geben, die nächsten sieben Jahre lang einen Welturlaub ausrufen, während dem die Politikerbosse das Kriegführen lassen und in der Zeit die Zukunft der Welt für die folgenden vierzehn Jahre planen.
»Die Leute arbeiten zu schwer und zu viel für nichts ... darum sind alle übergeschnappt. Sie strengen sich viel zu sehr an, auch wenn sie bloß klauen, killen oder gar nix machen ... sie machen sich's zu schwer und kriegen 'nen Scheißdreck dafür!«
Und dann nahm Mercedes gewöhnlich die coole, grüne Halbsonnenbrille ab, die er dauernd aufhatte, auch nachts, im Dunkeln, und starrte vor sich hin, als würde er sein Thema dadurch schärfer reinkriegen.
»Wenn die ganze Welt sieben Jahre lang gemeinsam schwer arbeiten und dann sieben Jahre freinehmen wür-

de, um zu planen, was die Leute die nächsten vierzehn Jahre lang machen sollen … dann wär'n wir alle richtiger im Kopf …«
Eigentlich hab ich nur Bahnhof verstanden, aber wenn Mercedes es erklärt hat … hat's irgendwie 'nen Sinn ergeben.

Mercedes stand auf Jazz.
Er hat mich zu Thelonious Monk oder Sun Ra in den Jazz Workshop oder ins *Palls Mall* mitgenommen.
In meinen ersten Jahren in Boston war Mercedes für mich 'n richtiger Daddy.
Er hat mir echt 'ne Menge beigebracht.
Mercedes stand auch auf Malcolm X, und Martin Luther King bewunderte er. Er hielt Martin für 'ne Art Soldatenkönig, obwohl er fand, daß sein Kampf nutzlos war.
»Vor der Rassenintegration war alles besser … Wenigstens haben wir unseren Kram selber gemacht! Wir hatten unsere eigenen, von Schwarzen geführten Bestattungsinstitute und so 'n Scheiß … Und dann haben wir demonstriert, Mann, und alles zerdeppert, bis die Weißen schließlich gesagt haben, okay, Nigger, wir lassen euch rein, und peng, sind die Nigger zu den Weißen rein, und unsere eigenen Scheißviertel sterben … Und jetzt gehört alles den Asiaten …«
Mercedes war Separatist.
Er glaubte, die schwarzen Jugendlichen müßten mehr über ihre eigene Kultur wissen, bevor sie zu sehr in Berührung mit der weißen Kultur kommen und abfärben.
»Die Schwarzen wissen 'nen Scheißdreck über sich … Die wissen bloß, was sie im Fernsehen sehen, und im Fernsehen gibt's keine richtigen Schwarzen, wenigstens nicht solche, wie ich sie kenn … Ich kenn keine Julias …«
Julia war 'ne Fernsehkrankenschwester, die von der Miss Obertoll Diahann Carroll gespielt wurde. Das war der Mittelklasse-Vorläufer von der *Cosby Show*.
Mercedes hatte das Gefühl, wenn schwarze Jugendliche

sich mit weißen Jugendlichen mischen, dann besteht die Gefahr, daß sie sich kulturell vergiften, am Schluß politisch weißgewaschen sind, wenn sie nicht entsprechend angeleitet werden.
Ich versuchte Mercedes davon zu überzeugen, daß die schwarzen Studenten, mit denen ich verkehrt hab, viel eher was über sich selber lernten, wenn sie von daheim weg waren.
Diese Studenten wurden von schwarzen Lehrern, Professoren, älteren schwarzen Studenten und damaligen schwarzen Aktivisten erstklassig unterrichtet. Von Schwarzen wie Angela Davis, Bobby Seale, Huey Newton wie auch von Malcolm X und Dr. Martin Luther King.
Mein Argument war, daß wir, wenn wir mit den Weißen zusammenlebten, sie vielleicht besser verstehen könnten und nicht mehr zu fürchten bräuchten, und daß sie vielleicht dafür was über uns erfahren könnten und wir vielleicht sogar Gemeinsamkeiten entdecken könnten.
Mercedes hat mir immer ruhig zugehört, sich noch einen Joint angesteckt, geseufzt und dann gelacht.
Mercedes war gut für meinen politischen Verstand.

Der Sommer verging im Flug, und der Herbst kam.
Der Technicolor-Herbst von Boston.
Die Studenten kehrten ziemlich ernüchtert aus den Ferien zurück. Schon im Mai hatte eins von Nixons Exekutionskommandos die Kinder von der Kent State niedergemäht. Eine deutliche Botschaft an die schwarzen Aktivisten im ganzen Land: »Wir haben unsere eigenen Leute kaltgemacht, und euch machen wir auch kalt, also haltet euch besser zurück. Und zwar sofort!«
Und das taten sie.
Die Politik, die echte politische Arbeit, wanderte in den Untergrund und blieb auch dort; wie ein Murmeltier, das darauf wartet, daß die Sonne der Unzufriedenheit wieder ihr Gesicht zeigt und wabernde Schatten auf den Gehsteig

 der Gesellschaft wirft. Diese Sonne ist bereits am Aufgehen, und bald werden die Straßen wiedererwachen.

Quandza, das Mädchen, durch das ich nach Boston gekommen war, besuchte mich ab und zu aus New York. Durch sie lernte ich 'ne Menge verschiedene Frauen kennen, Freundinnen von ihr oder Freundinnen von ihren Freundinnen. Ich hab mich immer gefreut, Quandza wiederzusehen. Ich glaube, sie war durcheinander und gefrustet, weil ich unsere Beziehung nicht weiter ausbauen wollte. Ich mochte sie echt, und wir hatten herrliche Zeiten miteinander verbracht, aber Boston gehörte mir, und ich wollte mich nicht an etwas binden, das die Freiheit gestört hätte, die meine neue Welt mir verschafft hatte. Darum hab ich eine Zeitlang mit niemandem eine feste Beziehung aufgebaut.

Anfang Sommer '71 ist mir allmählich wieder die Kohle ausgegangen; also hab ich mich nach 'nem Job umgesehen. Der *Boston Phoenix*, eine Hippie-plemplem-Wichser-Kunst-Musik-Politik-Programm-Zeitung war meine Bibel.

Dort hab ich die »Gesucht«-Anzeigen nach Arbeit abgegrast.

Die New England Merchants Bank suchte Angestellte für die Nachtschicht.

Die Vorstellung, nachts zu arbeiten, hat mir nicht besonders gefallen, aber ich hab gedacht, falls ich endlich doch zur Uni geh, ist es vielleicht gar nicht so übel, tagsüber freizuhaben.

Ich hab meinen Bewerbungsbogen ausgefüllt, bin zum Vorstellungsgespräch und sofort eingestellt worden.

Der Job hat mich schon am ersten Tag angewidert.

Ich mußte von elf Uhr abends bis sieben Uhr früh an 'nem Schreibtisch sitzen und Schecks einsortieren. American-Express-Schecks, Bank-of-America-Card-Schecks, solchen Scheißmist.

Nachts zu arbeiten war komisch.
In der Nachtschicht haben bloß zwei Schwarze gearbeitet; ich selber und eine pummelige, aber niedliche Neununddreißigjährige namens Maggie Ames.
Maggie wurde eines von meinen Bostoner Opfern.
In meinem Leben gibt's 'nen Schwarm von Ladies ...
Sie stehen auf einem Haufen ... schleppen riesige Mengen Gepäck ... streiten sich drum, wer nach vorn kommt ... an die Rache-Linie ...
Ganz vorn an der Rache-Linie steht Maggie.
Ich hab alle meine Erinnerungen an Maggie aus meinem Bild von Boston verbannt, weil ich ihr Leben von hinten bis vorn verpfuscht hab.
Wow!
Noch so ein übler Posten auf meiner Verbrechensliste.
Den Posten Maggie würd ich echt gern überspringen, aber das Bild wär ohne sie nicht komplett.
Ich hab ja nicht mal was von Maggie gewollt.
Ich dachte, sie ist zu alt für mich.
Sie war fast alt genug, um 'ne ART MUTTER für mich zu sein; und so hat unsere Beziehung eigentlich auch angefangen.
Meine erste Woche bei Merchants hat an 'nem Freitag angefangen, das heißt, ich hab erst am Freitag drauf Geld gekriegt.
Ich hatte gewartet, bis ich fast kein Geld mehr hatte, bevor ich mich nach 'nem Job umsah, und als ich den Job bei Merchants gekriegt hab, hatte ich gerade noch genug Geld übrig, um meine Miete im YMCA zu bezahlen, und 'n bißchen für Essen. Ich hatte nicht mal mehr genug für den Bus oder 'ne richtige Mahlzeit. Das mit dem Bus war mir egal, weil ich überallhin zu Fuß gegangen oder getrampt bin, und die Merchants Bank war nicht sehr weit von mir weg, etwa vierzig Minuten zu Fuß.
In meiner Pause hab ich mich immer 'ne Stunde aufs Ohr gelegt; das war so um drei Uhr früh, darum wollte ich gar nichts essen, aber wenn die Arbeit am Morgen um war,

 kam ich vor Hunger immer fast um. Wahrscheinlich ist es Maggie aufgefallen, daß ich nie was gegessen hab, darum hat sie mir gegen Ende meiner ersten Woche in der Bank ein Hühnersandwich und ein Stück selbstgebackene Vanillecremetorte mitgebracht. Eigentlich wollte ich das nicht annehmen, weil ich schon an der Art, wie Maggie mich immer angeschaut hat, gesehen hab, daß sie sich für mich interessierte, und ich wollte mich doch auf nichts einlassen.
Ich war noch nicht reif für 'ne Beziehung.

ABER

Maggie war sehr einnehmend und lustig.
Manchmal hat sie Sachen gebracht, daß ich mich krumm gelacht hab. Unseren Vorgesetzten nannte sie zum Beispiel Miss Dingsda, obwohl er ein Jude-so-um-die-Fünfzig war.
Nach dem ersten Mal hat Maggie mir täglich was zum Essen mitgebracht.
Wenn ich sie fragte, warum sie so nett zu mir ist, ist sie in ihr turboheißes Lachen ausgebrochen und sagte, daß sie mit meiner Mama geredet und ihr versprochen hätte, aufzupassen, daß ich nicht vom Fleisch falle, und dann hat sie wieder gelacht.
Bald hab ich in meinen Pausen überhaupt nicht mehr geschlafen, sondern bin wachgeblieben und hab mit Maggie gelacht und rumgealbert.
Maggie hatte 'ne Lache drauf gehabt, mit der hätte sie den Urknall des Universums auslösen können. Es fing als leises Blubbern an und ist dann immer weiter angeschwollen, bis es so 'ne Art hohes, lautes Grölen war, das alles um dich herum übertönte.
Das Lachen von Maggie hätte ich auf der ganzen Welt erkannt.
Mit der Zeit war ich froh, Maggie zu kennen.
Sie war 'ne Freundin.

Maggie hat gern einen draufgemacht.
Maggie hat gern gegessen.
Ich erinnere mich noch an unsere Riesenfrühstücke bei *Ken's* in der Boylston Street.
Wenn wir mit der Arbeit fertig waren, haben wir uns ausgesteckt, Maggie hat noch jemand angerufen, und dann sind wir im *Ken's* gelandet und haben gefuttert, bis ich gedacht hab, ich muß platzen. Krapfen, getränkt in Butter und mit Ahornsirup ... leicht geräucherter, gebrutzelter Schinken ... Bratkartoffeln mit Eiern; und zur Krönung dampfende, heiße Schokolade – Maggie konnte Kaffee nicht ausstehen.
Das war fast ein tägliches Ritual.
Eines Tages aber kam Maggie nach ihrem täglichen Anruf mit einem besorgten Gesicht aus der Telefonzelle und sagte, sie müßte sofort heimgehen.
Sie hat mir nie gesagt, warum, auch nicht später am Abend, und ich hab's wieder vergessen bis zu dem Morgen nach einer Party, auf die mich Maggie mitgenommen hatte. Es war spät geworden, weil es 'ne richtige Party zum Zudröhnen war. Nach der Party war Maggie, die soff wie ein rückfälliger Alki, aber Drogen ansonsten ablehnte, so dicht gewesen, daß sie kaum laufen konnte.
Ich hab sie in ein Taxi gesteckt, aber bevor ich dem Fahrer sagen konnte, wo sie wohnte, war sie fest eingeschlafen. Mit zu mir konnte ich sie nicht nehmen, weil im YMCA keine Frauen übernachten durften, aber in diesem Fall war ich irgendwie froh drüber. Ich bin zu Maggie ins Taxi gesprungen und mit ihr nach Roxbury gefahren, wo sie in der Nähe vom Bahnhof Dudley in einem Brownstone-Haus ohne Lift wohnte.
Ich hatte noch nicht so viel Zeit im offiziellen Ghetto von Boston verbracht, darum war's eine neue Erfahrung, mal hinzufahren.
Die Gegend war insgesamt nicht so kaputt wie viele von den New Yorker Ghettogebieten, aber man hat gleich gesehen, daß das das Arme-Leute-Viertel war.

 Das Taxi hat vor Maggies Haus gehalten.
Ich hab den Fahrer bezahlt und Maggie rausgezogen.
Ich war gerade dabei, ihren schlaffen Körper aus dem Taxi zu kriegen und zu versuchen, ihn in eine günstigere Lage zu manövrieren, als mir jemand auf die Schulter klopfte. Ich drehte mich so abrupt um, daß ich Maggie fast fallen ließ. Auf dem Randstein stand, mit sehr besorgtem und beunruhigtem Gesicht, die schönste Kindfrau, die ich je gesehen hatte. Sie sah aus wie das Mädchen aus der *Cosby Show,* als es in dem Film *Angel Heart* spielte.
Mir ist das Herz stehengeblieben.
»Was ist mit meiner Mutter los?«
Die Kindfrau hatte die Frage schon zum zweitenmal gestellt, bevor mir klar wurde, daß ich mit offenem Mund dastand und sie blöde anstarrte.
Obwohl es so gegen halb zehn Uhr morgens war und ich die ganze Nacht getanzt und gesoffen hatte, war ich von dem Anblick so großer und vollkommener Schönheit wie elektrisiert.
»Was ist mit meiner Mutter los?« fragte sie wieder.
»Deiner Mutter?« wiederholte ich dämlich.
»Ist sie betrunken?«
Ihre Stimme war wie warme Karamelsauce über einem bitterkalten Vanilleeis.

* * 23. MAI * 1991 * 5.34 UHR * *

Ich war die ganze Nacht lang wach.
Gestern nacht hab ich meine Rocks gefunden.
Ich hab die ganze Bude dafür auf den Kopf gestellt.
Nicht daß es hier 'ne Menge auf den Kopf zu stellen gibt.
Ist schon 'n paar Tage her, daß ich zum letztenmal geraucht hab.
Nicht weil ich damit aufgehört hab.
Ich hab meinen Stoff einfach nicht auftreiben können, und das hat mich fertiggemacht.

Hab echt die Paranoia gekriegt.
Ich fing schon an zu glauben, daß ein paar von den Gespenstern zurückgekommen waren und versuchten mich fertigzumachen.
Erst dachte ich, mal schauen, wie lang ich's ohne das Zeug aushalte, aber dann hat in mir eine bittere Erkenntnis ihren häßlichen Kopf gereckt.
Ich bin süchtig.
Ein Süchtiger raucht.
Das bin ich.
Und das mach ich.
Scheiß drauf!!!
Wenn der Tag kommen soll, an dem ich clean werde, dann sei's drum!
Aber bis er kommt, rauch ich ...
Es ist verdammt noch mal mein Recht, und es ist mir scheißegal, wem's nicht paßt!
Ich hab in der Wohnung rumgetobt und gestampft wie Hitler persönlich, bis ich meinen Stoff gefunden hatte.
Ich hab die ganzen verdreckten Laken von meinem Bett gerissen.
Ich hab alle Schubladen in der Küche auf den Boden geleert.
Ich hab alle Medizinfläschchen in meinem Arzneischränkchen aufgemacht.
Ich hab meine vereinsamte Couch umgeschmissen, das Futter aufgerissen und verlorengegangene Münzen gefunden.
Bloß ein bißchen Kleingeld.
Geld, das von der alten Couch aufgefressen worden war.
Geld kommt immer recht.
In jeder Form.
Schließlich hab ich meine Rocks in der Schachtel gefunden, die unter meinem Bett steht.
Die Schachtel mit dem Bild wie-ich-früher-mal-war.
Ich konnte mich nicht erinnern, die Rocks da reingelegt zu haben, aber das mußte ich wohl – sie waren da.

Ich weiß noch, daß ich gerade am Rauchen war, als jemand an meiner Tür klopfte.
Ich hab mir fast ins Hemd gemacht, weil keiner an meiner Tür klopft außer Lorraine, der freakigen Linda, wenn sie was rauchen will, und Mr. Green – einem Nachbarn weiter unten, den ich schon als Kind gekannt hab. Mr. Green klopft alle paar Wochen mal an die Tür, um zu hören, wie's mir geht.
Ich glaub, Mama hat ihn gebeten, ein Auge auf mich zu haben.
Aufzupassen, daß ich nicht ins Gras beiße.
Jedenfalls bin ich zur Tür gerannt, hab durchs Guckloch geschaut und ein paar offiziell aussehende, ältere Weiße gesehen.
Jetzt hatte ich erst recht Angst.
Ich hab nicht gewußt, wer sie sind.
Ich bin rumgerannt und hab ein Versteck für mein Crack gesucht.
Dann dachte ich mir, ich mach einfach gar nicht auf.
Ich dachte mir, wenn ich die Tür nicht aufmach, gehen sie weg, aber dann hörte ich, daß sie über mich redeten. Als ob ihre Augen in der Wohnung rumwanderten und alles sehen könnten, was ich mache.
Ich bin dann wohl zum Bett gerannt, hab die Schachtel vorgezogen und meinen Stoff reingeworfen.
Das muß ziemlich schnell gegangen sein, weil ich's nicht mehr weiß.
Ich weiß bloß noch, daß die Stimmen dieser alten Leute durch die Wohnung hallten.
»Mr. Washington? Sind Sie da, Mr. Washington?«
Ich hab mich gefragt, woher sie meinen Namen wissen.
»Mr. Washington, sind Sie da?«
Und dann haben sie immer weiter geflüstert!
Am liebsten hätt ich die Tür aufgemacht und ihnen in ihre runzligen, häßlichen Scheißgesichter gebrüllt: »Nein, ich bin scheiß noch mal nicht da! Seht ihr nicht, daß ich scheiß noch mal nicht da bin!«

Nach 'ner Ewigkeit sind sie dann endlich zu 'ner anderen Wohnung weiter.
Es waren Zeugen Jehovas.
Und Zeugen Jehovas darf ich eigentlich nicht verfluchen, weil sie Gottesleute sind, und bei denen mußt du aufpassen, wie du mit ihnen umgehst oder über sie denkst, weil sie gehen dir womöglich ans Herz und unter die Haut. Sie können dir Einläufe ins Gehirn machen und dich dazu bringen, daß du dich fragst, wie du überhaupt hierherkommst. Das weiß ich, weil Daddy und Mama Gottesleute waren, und sie waren Meister darin.
Sogar als die verrunzelten Weißen aus meinem Stockwerk verschwunden waren, hab ich sie noch über mich flüstern hören; sie haben sich Geheimnisse über mich erzählt, von denen ich nicht mal selber was gewußt hab. Ich hab mich stundenlang ans Fenster gestellt, um zu schauen, wann sie aus dem Haus kommen. Dann dachte ich mir, daß sie vielleicht hinten raus sind, und wollte runter, um nachzusehen, ob sie fort waren, aber ich hab immer noch ihre Stimmen gehört, darum hab ich gewußt, daß sie noch da sind, und klar sind sie dann endlich aus dem Haus gekommen und zu dem Spielplatz rüber, wo Lorraine früher immer vom Kletterbaum gefallen ist und sich einen Vorderzahn nach dem andern ausgeschlagen hat, woraufhin Daddy immer mich angebrüllt hat, weil ich der Älteste war und besser auf Lorraine hätte aufpassen müssen. Die alten, verrunzelten weißen Arschlöcher haben immer noch über mich geredet. Sie haben mit ihren Krallenfingern auf mein Fenster gedeutet und mein Leben bedroht. Wenn ich 'ne Waffe gehabt hätte, hätte ich sie erschossen. Scheiß verrunzelte Fürze!!! Und ich verfluch *sie,* nicht ihren Gott!!!

Ich muß 'ne Runde schlafen.
Ich hab die ganze Nacht geraucht und hab Muffe-Muffe-Muffe.
Dauernd seh ich Tiger im Flur ...
Wenn ich durchs Fenster schau, seh ich zwei Blocks

 entfernt Leute laufen und kann ihnen von den Lippen ablesen, daß sie über mich reden wie die verrunzelten alten Weißen. Nackt hocke ich im Dunkeln auf dem Boden und versuch mich durch den winzigen Lichtspalt unter meiner Wohnungstür zu quetschen …
Gestern nacht hab ich's fast geschafft, aber da war ich angezogen …
Ich bin müde, aber mein Hirn steht in Flammen …

* * 23. MAI * 1991 * 21.30 UHR * *

Der ganze Tag ist futsch.
Ich bin erst vor 'ner halben Stunde aufgewacht.
Ich bin total daneben.
Es ist halb zehn, und ich müßte eigentlich im *Centa-Renta* sein, um für meine Botendienste Nachschub zu holen.
Ich kann mir nicht mal 'n Hit zum Wachwerden gönnen, weil ich mich gestern nacht völlig zugeknallt hab.
Ich bin zu gierig.
Ich hab eigentlich keine Zeit, die Scheiße hier jetzt aufzuschreiben, aber ich muß es. Ich soll ja einen Willen entwickeln. Statt dessen praß ich jedesmal, wenn sich die Gelegenheit ergibt.
Keine Kontrolle.
Kein Ziel.
Cornelius, das mußt du besser machen.

Als ich aufgewacht bin, war ich total ausgehungert, und das ist ein gutes Zeichen.
Darum hab ich 'ne Dose Tomatensuppe aufgemacht und sie mit 'nem Stück Brot und Käse gegessen, den ich vor zwei Wochen gekauft hab.
Er war noch gut.
Er war noch nicht grün.
Die Hits gestern nacht waren die besten.
Überhaupt.

Ich hatte tagelang nicht geraucht, und wenn man eine Zeitlang nicht geraucht hat, ist der erste Hit danach wieder wie der allererste.
Es ist wie der erste Orgasmus.
Ich hab die ganze Nacht mit dem Versuch verbracht, noch mal so 'nen Hit zu kriegen wie den ersten.
Okay.
Ja ... Okay.
Ich komm auf Boston zurück.

Es hatte sich rausgestellt, daß die schöne Kindfrau tatsächlich die Tochter von Maggie war.
Sie hat mir geholfen, Maggie nach oben ins Bett zu tragen.
Ich war schon am Gehen, da hat mich das Mädchen gefragt, ob ich was trinken will.
Ich hab nein gesagt.
Nicht weil ich keinen Durst hatte, aber ich hab gedacht, es ist nicht richtig, daß ich in Maggies Wohnung bin, ohne daß sie's weiß. Maggie war oben im Bett – fertig wie 'n leeres Bic-Feuerzeug.
Ich bin fort.
Heim ins Bett.
Es war Sonntag, darum hab ich Maggie erst wieder am Montag abend in der Arbeit gesehen.
Wir haben nicht über Samstag nacht geredet, und sie ist nicht auf ihre Tochter zu sprechen gekommen, also bin ich's auch nicht.
Ich hatte es satt, nachts zu malochen.
Unter der Woche war's nicht so schlimm, aber Freitag abends war's am schlimmsten.
In den verschiedenen Unis hat's 'ne Menge Jam Sessions gegeben, zu denen ich gern gegangen wäre, und viele davon waren eben Freitag abends.
Ich hab beschlossen, mir 'nen Job für tagsüber zu suchen.
Scheiß erst mal auf die Uni.
Aber von Merchants wollte ich nicht weg, bis ich was gefunden hatte.

Ich weiß noch, daß Mercedes mir mal von 'ner Wahnsinnsfete erzählt hat, die jeden Samstagabend im Keller von dem Laden gelaufen ist, der *Pericles* hieß. Das Ganze galt als 'n Riesendrogending. Ich hab Mercedes versprochen hinzukommen.

Damals wurde Maggie gerade ziemlich klettig.

Sie hat meine ganze Woche verplant und mir am Montag abend gesagt, was wir am Samstagabend machen. Und weil ich nichts Besseres vorhatte, hab ich immer mitgespielt; aber an dem Samstag wollte ich ins *Pericles.*

»Spitze«, hat Maggie gemeint, als ich's ihr sagte, »da komm ich mit!«

Ich wollte ihr nicht sagen, daß ich lieber allein gehen würde oder mit jemand anderem, der eher in meinem Alter war, also hab ich gar nichts gesagt.

Der Samstagabend kam näher wie wallender Nebel.

Ich war schon voll angeturnt, als ich mich mit Maggie an der Bushaltestelle Ecke Massachussetts Avenue-Boylston Street traf. Von dort aus gingen wir zu Fuß zum *Pericles,* das in einem Keller lag.

Es war alles vertreten.

Bunte Hippies, Soul-Divas im Angela-Davis-Fummel, Hendrix-Doubles, Schwule, Heteros, Bi-Typen, alles und jeder. Mein Puls raste, als ich durch diesen Neon-Hades lief. Janis Joplin kreischte eine Mischung aus Crosby Stills Nash & Young und Motown and Stax, die eher erfrischend wirkte, und bevor es dann richtig frostig wurde, hat der DJ James Brown dazugedröhnt, damit die Tanzfläche wieder ins Brodeln kam.

Der Laden war geschmolzen.

Maggie klammerte sich an mich.

Ich glaube, sie hatte Schiß.

Wir tranken einen Becher Kool-Aid nach dem anderen; das konnte man aus 'nem gekühlten Behälter zapfen.

Ich wollte nicht, daß Maggie mitkriegt, wie ich rauche, darum hab ich mich regelmäßig auf 'nen Zug verdrückt und bei irgend jemand, der einen Joint hatte, geschnorrt.

Bei einem von diesen geteilten Joints hab ich Dalek Dali kennengelernt, dem der Laden gehört hat. Er war Plattenproduzent und außerdem der Besitzer von dem Aufnahmestudio ein Stockwerk höher. Er war so 'n cooler, nahöstlich aussehender weißer Typ um die neunundzwanzig. Dalek hatte 'n total asketisches Gesicht. Eigentlich sah er aus wie einer von den Jesusjüngern auf alten Gemälden. Wir fingen zu reden an, und zufällig hab ich erwähnt, daß ich aus dem Jurastudium ausgestiegen war. Das hat ihn anscheinend interessiert, und er gab mir seine Karte und sagte, ich sollte ihn am nächsten Tag anrufen. Ich hab seine Karte in meine Hosentasche gesteckt und mich auf die Suche nach Maggie gemacht. Sie war auf der Tanzfläche, balzte mit so 'nem zwei Meter vierzig großen, ägyptisch aussehenden Typen mit Pharaonenkopfschmuck rum. Ich beschloß, 'ne Runde zu drehen. Dann traf ich Mercedes, und wir sind zusammen weitergezogen, um so richtig die Sau rauszulassen. Ich war absolut high.
Rein optisch war der Laden total gestört.
Überall hing ultraviolett angestrahlte europäische und afrikanische Kunst, und dazu wurden psychedelische Bilder auf Laken und Leinwände projiziert, die ihre Farbe veränderten und das Geschehen der Party in eine unwirkliche, synthetisch-cartoonhafte Technopop-Welt verwandelten. Statt in 'nem schmuddeligen Keller stand man plötzlich in einem einzigen Alice-im-Wunderland-Zauberhimmel.
Auf einmal kommt Maggie auf mich zu, mit hervorquellenden Augen, lacht wie 'ne Hyäne auf Speed.
Sie gibt mir 'n Becher Kool-Aid und kippt dabei selber einen runter. Plötzlich fängt sie an zu schreien und läuft im Keller rum, schlägt sich wie besessen auf den Rücken. Sie rennt, bleibt stehen, schreit, schlägt sich auf den Rücken, und dann fängt sie wieder an, in dem Schuppen rumzurennen. Ich renn ihr hinterher und versuch rauszukriegen, was los ist. Als dann das Gesicht von Maggie zuerst zu dem von Betty Boop und dann zu dem von Road

 Runner wird, schnall ich endlich, was mit uns beiden los ist. Das Kool-Aid, das wir bei jeder Gelegenheit gekippt haben, war mit Acid versetzt, und wir beide sind völlig zugedröhnt. Als mir das klar wird, fang ich plötzlich selber zu lachen an, so wie Maggie lacht, und dann schrei ich ihr zu, daß auf ihrem Rücken Adler sitzen und sie sie abschütteln muß.

Bevor Maggie wieder davonrennen kann, pack ich sie und sag ihr, daß die Adler weggeflogen sind. Das besänftigt sie anscheinend. Ich weiß, daß ich uns beide irgendwie aus dem Laden rausschaffen muß, irgendwohin, wo's sicher ist, bevor wer-weiß-was passiert.

Das Acid ist wie ein Tritt in den Arsch.

Als wir versuchen, in die dunkle Nacht raufzugehen, kommen uns auf den Höllenstufen Monster und Dämonen aus dem Raumzeitalter entgegen. In dem Moment, in dem wir oben vor dem Ausgang ankommen, läßt Maggie ein Hexengeheul los und fällt rückwärts die Treppe runter. Gott sei Dank stehen unten 'ne Menge Engel, die sie mit ihren Flügel auffangen und uns nach oben aus der Hölle in die Nacht fliegen. Gelbe Taxis schweben durch die Luft, singen *»Purple Haze«* und schnauben Feuer durch ihre Gitterzähne. Ich winke einem, als würd ich 'n Pferd mit 'nem Lasso einfangen. Es hält schnaubend an, drinnen sitzt ein weißer, außerirdischer Dracula. Ich mach die Tür auf und schiebe Maggie, die mittlerweile gurrt wie 'ne Taube, auf den Rücksitz.

Gefasel über 'ne Reise-auf-dem-fliegenden-Teppich – die Fahrt zu Maggies Wohnung war echt wüst.

Erst flogen wir durch Regenwälder und über irische Wüsten, dann kamen wir ins wilde-wilde Kongoland – das war der Bahnhof Dudley voller eingeborener Zuhälter und Göttinnen mit Flamingofedern und dreißig Zentimeter hohen Stilettos.

Schließlich standen wir vor Maggies Haus.

Endlich.

Maggie war gerade damit beschäftigt, die Melodie von der

Mickey Mouse Show zu singen, trällerte aus voller Kehle die Namen der geheiligten Mausketiere ... Donny ... Bobby ... Annette ...

Ich hab Dracula bezahlt. Um von Maggie die Schlüssel zu kriegen, mußte ich sie erst einmal um den Block jagen, vorbei an all den Schlangen und Werwölfen, denen man ausweichen mußte.

Schließlich hab ich Maggie eingefangen und die Treppe rauf in ihre Wohnung geschoben.

Die scharfe Kindfrau war nicht da. Gott sei Dank. Maggie wäre entsetzt gewesen, wenn ihre Tochter sie in dem Zustand gesehen hätte.

Ich hab Maggie vor den Fernseher gesetzt und ihn eingeschaltet, aber das war ein Fehler.

Maggie brüllte, stellte sich auf die Couch und schrie, daß die kleinen Indianer mit ihren Beilen aus dem Fernseher kämen. Als ich hinschaute, hab ich sie auch gesehen, darum schaltete ich den Fernseher gleich wieder aus. In der antarktischen Küche stand ein Kühlschrank. Ich hab Maggie und mir Milch eingeschenkt, weil ich hoffte, sie würde die Acid-Dämonen neutralisieren, die in unseren Gehirnen tobten.

Ich hab Musik aufgelegt.

Netten, coolen Jazz.

Miles Davis, glaub ich; das hat Maggie anscheinend beruhigt. Wie ein Kind hab ich sie durch den Garten ihrer Wohnung ins sumpfschwüle Schlafzimmer geführt und versucht, sie zum Hinlegen zu bewegen.

Sie hat gekichert und fing an, mich zu küssen. Sie nahm meine Zunge und saugte sie aus wie Lakritze, fuhr mir mit den Händen über Brust und Bauch und lachte wie eine Neunjährige, die ihren Daddy nackt im Bad gesehen hat.

Ich hab sie wiedergeküßt.

Bald lagen wir mitten in einem See auf einer gelben Narzisse, und Maggie saß stöhnend und seufzend auf meinem Schwanz. Rauf und runter, rauf und runter bewegte sie sich auf mir.

Sie kam vor mir.
Ich spürte, wie ihr Unterleib sich zusammenzog und ihr Mösenwasser meine Schwanzspitze kühlte. Wie Regen.
Jetzt war ich an der Reihe.
Ich hab Maggie auf ein Bett aus zerstampften roten Rosen geworfen und ihre Möse geritten wie ein Stier, hab mich an sie geklammert, als ging's um Leben und Tod. Mein Schwanz wurde zu einem Bohrkolben, der nach neuem Öl gräbt, immer tiefer drang er in Maggie ein. Jeder ihrer wilden Lustschreie trieb mich weiter voran, weiter und tiefer, weiter, auf die Klippe zu, bis ich schließlich fiel, stöhnend fiel in das Meer meines ersten Kommens. Zitternd, bebend vergrub ich mein Gesicht in den guten, fülligen Schokoladetitten von Maggie.
Erschöpft!
Da lagen wir …
Und schliefen.

Stunden später bin ich davon aufgewacht, daß Maggie reingerannt kam und mir sagte, ich müßte verschwinden, bevor Cynthia heimkäme.
Ich rieb mir die Augen und fragte, wer das wäre, Cynthia.
Maggie hat mir meine Klamotten zugeworfen.
Cynthia sei ihre Tochter.
So hieß sie also.
Maggie schaute mir beim Anziehen zu.
Bevor ich fertig war, kam sie zu mir, küßte mich und saugte wieder an meiner Zunge.
Ich hab sie aufs Bett zurückgestoßen, ihr den Rock hochgehoben und sie noch ein bißchen gefickt.
Diesmal hat sie geweint.
Sie weinte noch, als ihr Regen sich mit der Milch meines Kommens vermischte.
Wieder und wieder.
Sie biß mir ins Ohr und flüsterte, daß Cynthia gleich kommt.

Der Gedanke daran hat meinen Schwanz noch härter gemacht.
Ich tauchte wieder in sie ein.

* * 25. MAI * 1991 * 19.00 UHR * *

Ein paar echt üble Dinger ...
Gemein.
Gemeine Sachen.
Verschwendung.
Zerstörung.
Todesfeuer.
Gestern war ein Schandtag.
Wenn ich mir die Haut runterreißen könnte, um diese Unschuldigen damit wieder lebendig zu machen, ich würd's.
So gemein, wie ich bin ... ich würd's.
Meine Leute ...
Meine Leute ... Moment noch ...
Gestern nachmittag steh ich gerade am Küchenfenster und trink Wasser, als ich dieses Geschrei höre. Es kommt von hinter dem Haus, also renn ich in das ehemalige Zimmer von Lorraine, weil ihr Fenster auf die Hinterseite rausgeht. Erst kann ich gar nichts sehen, bloß ein Riesengeschrei ist da und ein paar Plopp-Plopp-Geräusche wie von Chinakrachern. Dann sehe ich, wie Spartacus vom *Centa-Renta* her um die Ecke gestürmt kommt, und er hat 'ne Waffe, und jetzt dreht er sich um und schießt auf jemand.
Spartacus rennt weiter.
Er rennt in den Park mit dem Kletterbaum, wo Kinder am Spielen sind.
Mütter-Väter-Kinder am Spielen ...
Die Leute sehen die Waffe. Sie fangen zu kreischen und zu rennen an.
Dann hör ich noch mehr Plopp-Plopps, und ein kleiner Junge, der mit dem Kopf nach unten am Kletterbaum

 hängt, stürzt ab, und bevor er runterfällt, seh ich, daß sein Kopf aufgeplatzt ist und irgendwelches weiß-graues Zeug aus seinem Schädel quillt.
Noch mehr Gekreische.
So 'n kleiner Typ rennt auf Spartacus zu und schießt, und dann erkenn ich ihn. Es ist der Kerl, der mir wegen meinem Scheck eins über die Rübe gegeben hat.
Aus dem Haus kommen Leute gerannt, rufend, kreischend, und Spartacus und der kleine Kerl schießen immer noch aufeinander, als spielten sie Cowboy und Indianer, und sie können nie im Leben Schießunterricht gehabt haben, weil sie ganz nah beieinander sind und sich trotzdem dauernd verfehlen und dafür andere Leute treffen, die sich verstecken oder weglaufen. Eine Frau an einem Fenster im zweiten Stock, die gebrüllt und geschrien hat, kriegt einen Streifschuß in die Schulter.
Schließlich trifft Spartacus den kleinen Typen ins Auge.
Der Typ fällt jaulend auf den Boden.
Spartacus stellt sich über ihn und schießt ihm immer wieder in den Kopf, und ich schreie, während die Sirenen heulen und sechs Männer Spartacus packen, bevor er weglaufen kann.
Vier Kinder sind tot.
Vier, sieben, zwölf und dreizehn Jahre alt.
Auch den Zeitungsjungen Carlino hat's erwischt ...
Der nette Dreizehnjährige, der in der ganzen Siedlung die Zeitungen ausgetragen hat, jeden Morgen einschließlich sonntags und jeden Werktagnachmittag einschließlich samstags.
Carlino hatte mir ab und zu eine Zeitung geschenkt, wenn er nach seiner Route noch eine übrig hatte.
Carlino war in die Brust getroffen worden.
Er starb auf dem Weg ins Krankenhaus, hab ich gehört.
Ich hielt es in meiner Wohnung nicht mehr aus, als das passiert war. Ich mußte raus und rumlaufen.
Nachdem die Polizei Spartacus und der Krankenwagen

die Verletzten weggebracht hatten, bin ich auf den Spielplatz.
Ich hab mir die Kreideumrisse angeschaut, wo die Kinder gelegen hatten.
Ich hab geweint.
Heiße, wütende Tränen.
Mensch-wann-hört-das-alles-mal-auf-Tränen.
Ich hab mich an dieses Traum-Spiel-Land erinnert, wo ich und Nate immer mit Kronkorken-voll-geschmolzenem-Wachs Skelly gespielt haben. Unser Freund Tyrone hat immer behauptet, daß seine mit geschmolzenem Glas gefüllt sind; ich hab ihm nie geglaubt ... Jeden Tag haben wir zwischen den Häusern Fangen gespielt, bis es dunkel wurde und Mama uns raufgerufen hat; es war unser persönliches Niemandsland, wo Lorraine tagtäglich vom Kletterbaum gefallen ist ... Das war der sicherste Ort in der Welt ... hier hab ich mich sicherer gefühlt als in meinem eigenen Zimmer ...
Und jetzt war ich zum erstenmal in meinem Leben froh, daß ich keine Kinder hab, die ich an diese schwachsinnige Gewalttätigkeit verlieren kann, die sich weder um Alter noch Geschlecht noch Rasse schert.
Ich hab geweint.
Wann-werden-wir's-nur-begreifen-Tränen.
Die ganze Nacht lang hab ich dieses Stöhnen, Schreien, Weinen und Fluchen gehört.
Das waren die Familien der Kinder.
Eine Familie ist gleich Sicherheit.
Unschuldige tun, was eben Unschuldige tun.
Sie sind. Spielen. Leben. Lachen. Streiten.
Und von einem Moment auf den anderen ist es damit vorbei.
Schluß. Aus. Vorbei.
Das Leben dieser Familien ist in einen Hinterhalt geraten, verraten worden durch etwas Böses, das sie nicht kennen oder verstehen wollten.

Gemein.
Echt gemein.
Niederträchtig.

* * 28. MAI * 1991 * 12.23 UHR * *

Im Park liegen Kränze.
Weiße und rote Nelken.
Rosa Rosen.
Namen.
Alfredo ... Angelica-Marie ... Keisha ... Carlino ...
Ein grauer Tag, kalt ... die Sonne brennt nicht runter.
Zwei von den Kindern sind heute morgen beerdigt worden.
Die Beerdigung von Carlino findet in Puerto Rico statt.
Wann die Beerdigung von Alfredo ist, weiß ich nicht.
Es heißt, seine sterblichen Überreste liegen noch in der Leichenhalle.
Er war das Kind auf dem Kletterbaum, dem die Kugel den Kopf zerfetzt hat.
Alfredo hat hier bei seiner Großmutter gewohnt, darum müssen sie warten, bis seine Eltern benachrichtigt sind.
Zu traurig, um weiter darüber nachzudenken.
Zu traurig, um wegzuschauen.

Ich muß mich wieder auf die Zeit in Boston konzentrieren und versuchen, meine Geschichte schneller zu erzählen.
Mir ist zur Zeit nicht besonders nach Schreiben, aber es lenkt mich von dem ab, was hier los ist.
Ich muß das alles fertigerzählt haben, bevor Lorraine wegzieht.
Bis dahin muß ich clean sein.
Weil ich mir den Luxus von Freizeit vielleicht nicht mehr leisten kann, wenn sie mal weg ist.

Nach unserem gemeinsamen Acid-Trip ist es zwischen

mir und Maggie richtig eng geworden. Schließlich bin ich aus dem YMCA aus- und bei Maggie eingezogen.
Es war ihre Idee.
Ich hab mich darauf eingelassen.
Jetzt seh ich ein, daß ich mein Leben eigentlich nie in der Hand hatte ... niemals. Ich hab's irgendwie genommen, wie's kam, und nie richtig über die Folgen nachgedacht. Ich hab das gemacht, was sich gerade anbot.
Ich hab gemacht, was die Menschen wollten, die einen stärkeren Willen hatten als ich.
Das Zusammenleben mit Maggie war echt seltsam. Morgens sind wir im *Ken's* rumgehangen, bis Cynthia zur Schule gegangen war, dann sind wir heim, haben gevögelt, gepennt, und dann haben wir noch 'n bißchen weitergevögelt. Maggie wollte, daß ich jeden Tag um drei Uhr nachmittags die Wohnung verließ. Ich durfte erst so um halb zehn Uhr wiederkommen, wenn Cynthia im Bett war. Dann haben wir uns für die Arbeit angezogen. Maggie hat, glaube ich, nicht gewollt, daß Cynthia merkt, daß ich bei ihnen wohne, aber das Mädchen war ja nicht blöd, sie muß gewußt haben, was abgeht.
Manchmal aber, wenn Maggie beim Sex das Letzte aus mir rausgeholt hatte und ich total fertig war, hab ich mich geweigert, aus der Wohnung zu gehen, vor allem, wenn's draußen regnete.
Dann durfte ich auf dem Sofa im Wohnzimmer weiterpennen.
Maggie hat die Wohnzimmertür zugemacht, damit ich weder sie noch Cynthia sehe. Schließlich hab ich sie darauf angesprochen, und sie sagte mir, daß der Vater von Cynthia ein verrückter Typ wäre und daß es Zoff gäbe, wenn er erfährt, daß Maggie sich mit jemand trifft. Dann würde er vielleicht den Unterhalt für Cynthia nicht mehr bezahlen. Maggie und er waren noch nicht geschieden.
Ich hab ihr angeboten, wieder ins YMCA zu ziehen, aber Maggie hat nur gemeint: »Mach dir da mal keine Sorgen.«

 Wenn wir ganz cool bleiben würden, würde es schon keine Probleme geben.

Am Anfang kannte ich Cynthia also nur aus der Ferne. Richtig unterhalten haben wir uns nie.
Ich hab sie Sonntag nachmittags gesehen, wenn sie nicht bei ihrem Daddy war; dann aß sie mit mir und Maggie zu Abend.
Cynthia war für mich zu jung und zu schön, um auch nur im entferntesten für mich in Frage zu kommen. Ich hatte auch Angst davor, mich näher mit ihr zu beschäftigen, und weil Maggie sie so fest unter ihrer Fuchtel hielt, hab ich Cynthia ganz aus meinen Gedanken verdrängt.

In dieser Zeit hing ich ziemlich viel mit Dalek Dali rum. Unten in seinem Aufnahmestudio.
Die ganze Aufnahmeprozedur hatte was Faszinierendes. Ab und zu hat Dalek die Bräute, die er vögeln wollte, ins Studio gebracht, um Aufnahmen mit ihnen zu machen. Meistens hatten die Bräute nicht die Bohne Talent.
Dalek hat versucht, sie zu beeindrucken, also hab ich mich zu ihnen ins Studio gesetzt, während er sie »aufnahm«. Die Bräute haben zu singen versucht, und wenn Dalek ihnen Stunden später endlich 'nen »Auftritt« versprechen konnte, hat er die Mädchen mit nach hinten genommen, sie gevögelt oder sich von ihnen den Schwanz lutschen lassen und sie dann weggeschickt. Später gelang es ihm dann immer, diese ohrenquälerischen Bänder wie durch Zauber in wahre Klangjuwelen zu verwandeln.
Die Aufnahmegeräte können einfach alles.
Ich hab mir hinterher die Schallplatten genauer angehört. Für eines von den Mädchen hat Dalek sogar ein Angebot von einer großen Plattenfirma gekriegt.
Ich war da, als der Vertrag reingekommen ist.
Ein großer, vierzig Seiten starker Monstereumel.
Ich hab mich mit Dalek hingehockt und ihm die einzelnen

Paragraphen erklärt, lieh mir sogar in der Bibliothek ein Buch mit Gesetzesvorschriften für die Unterhaltungsbranche und half ihm, einen besseren Vertrag aufzusetzen. Es hat 'ne Weile gedauert, aber dann ist der Vertrag durchgegangen, Dalek hat seinen Vorschuß gekriegt und mir für meine Mühe zweihundertfünfzig Dollar bezahlt – und das war ungefähr so viel wie zwei Wochen Gehalt bei Merchants. Dalek hat mich gefragt, wieviel ich bei Merchants kriege, und ich hab ihm gesagt, hundertfünfundzwanzig Dollar netto pro Woche.

Da hat er mir angeboten, zu ihm zu kommen und als sein persönlicher Assistent und als so 'ne Art Hausanwalt zu arbeiten. Für den Anfang wollte er mir 150 Dollar bezahlen und einen prozentualen Anteil von seinem Vorschuß auf jeden Vertrag, mit dem ich zu tun hätte.

So hat es sich ergeben, daß ich bei der Merchants Bank aufgehört hab und in die Unterhaltungsbranche ging.

Dalek ist mit seinem Plattengeschäft groß rausgekommen. Daß es direkt neben der Berklee-Musikschule lag, traf sich natürlich gut.

Fünfzig Prozent von Daleks Einnahmen kamen von den Studenten in der Schule, und seine Disco, das *Pericles,* war an jedem Wochenende der In-Treff.

Bald hab ich dreihundert Dollar die Woche verdient und Maggie gesagt, daß ich in eine eigene Wohnung umzieh.

Maggie hat mir 'ne Szene gemacht und gejammert, ich hätte sie bloß ausgenutzt.

Zu der Zeit war der Song *»Maggie Mae«* von Rod Stewart gerade in, darum hab ich ihn gekauft und aufgelegt, als ich an einem Morgen gerade dabei war, Maggie zu bumsen. Sie hat gelacht, und wir haben uns versöhnt. Trotzdem bin ich ausgezogen und hab ein nettes Einzimmerappartement in der West Newton Street gefunden.

Nach einer Weile hat Maggie eingesehen, wie klug der Umzug war, weil unsere Affäre jetzt echt privat werden konnte.

Ich war nach wie vor regelmäßig bei ihr, bis diese Sache passiert ist, na ja, nicht die Sache selber, aber der Anfang davon.

Wenn ich an die Arbeit zurückdenke, die ich mit Dalek in Boston gemacht hab, steigt so ein vergessenes Gefühl in mir auf, nicht weit von meinem Herzen.
Stolz, glaub ich.
Stolz, mit Traurigkeit vermischt.
Könnt-ich-doch-würd-ich-doch-wär-ich-doch.
Ich war voll drauf.
Ich war derjenige, der die Geschäfte für Dalek an Land gezogen hat.
Das hab ich.
Ich weiß noch, wie ich an einem Frühlingsnachmittag spazierenging und in einigen der vielen Kunstgewerbeläden der Gegend rumgestöbert hab. Diese Läden waren eine Zutat zu der Boheme-Suppe, die dem brodelnden South End seine besondere Würze verliehen.
Mir fiel auf, daß in vielen der Läden weniger los war, als man hätte erwarten können, zumal ganze Scharen von wohlbetuchten Studenten in Neonklamotten und von Busineß-Typen die Restaurants der Gegend überschwemmten und sich in den Kneipen drängten, während all diese elektrisierend kreativen Läden gleich daneben halb leer waren.
Während ich so schaute und nachdachte, kam mir 'ne Idee, wie man gleichzeitig diesen Künstlern helfen und für Dalek und mich eine Menge Kohle rausschlagen konnte.
Werbespots.
Boston mußte unbedingt erfahren, was diese Läden waren und wo sie lagen.

Die meisten Menschen sind blind.
Die im Westen, weil sie zuviel haben.
Die im Osten, weil sie zuwenig haben.

Was sie alle brauchen, ist Licht.
Erleuchtung.
Vermarktung.
Erleuchtung der Idee.
Das blinde Boston brauchte Licht, um diese kreativen Handwerker zu sehen.
Für dieses Licht wollte ich sorgen.
Ich ... na ja, wir ... Dalek und ich würden für diese Läden Werbespots produzieren, und zwar zu einem Preis, den sie sich leisten konnten.
Dadurch, daß sie direkt mit uns verhandelten, würden sie um die unverschämten Agenturgebühren herumkommen, die etablierte Werbefirmen für ihre Dienste verlangen.

Eines Abends, als wir bei gekühltem Weißwein und kolumbianischem Roten am Kenmore Square saßen, hab ich Dalek meine Idee verklickert.
»Von Werbung hab ich keinen Schimmer.« Dalek blies den süßen Rauch in die schwülheiße Nachmittagsluft.
»Das brauchst du auch nicht!« Ich nahm einen Zug von dem Joint. »Es gibt hier in der Gegend ungefähr 'n Dutzend Schulen mit Radio-AGs ... dort lernen die Kids, wie sie selber Werbung produzieren, für Phantasieprodukte natürlich! Mensch! Und du hast hier 'n richtiges Studio – und das ist wahrscheinlich besser ausgerüstet als alles, was diese Kids gewöhnt sind. Laß uns mit ein paar von den Schülersprechern reden, die Schlaumeier rausfischen, mit ihnen den Deal aushandeln – und zack! Du hast zu ihrer Ausbildung beigetragen, und wir ziehen 'n ganz neues Geschäft auf!« Ich war aufgeregt. Ich wußte, diese Idee ist pures Geld. Dalek hat genickt, noch was von dem kühlen Kreditkarten-Wein geschluckt.
Die nächsten zwei Wochen lang hab ich Dalek genervt, ihn mit der Idee bombardiert, ihn dazu genötigt, mich wenigstens 'n paar Marktbeobachtungen anstellen zu lassen.
Ich hab gewußt, das wird erste Sahne.

Der Rubel würde rollen.
In den nächsten zwei Wochen hab ich mir dann jeden Tag, bevor ich zu Dalek bin, zwei Läden vorgenommen. Mit den Besitzern geredet. Alles über ihren Umsatz rausgekriegt. Sie gedrängt, mir zu sagen, wieviel sie ausgeben würden, wenn sie einen Werbeetat hätten. Und dann hab ich nachgesetzt, mit einem Flugblatt, das ich ihnen geschickt und mit dem ich ihnen einen Deal angeboten hab. Fünfhundert Dollar plus die Kosten fürs Band für einen einminütigen Spot, der auch in zwei halbminütige aufgeteilt werden konnte – eigentlich würden sie damit drei Spots für ihr Geld kriegen.
Es war eine bombensichere Sache.
Als ich eine Liste mit fünfundzwanzig möglichen Kunden zusammenhatte, hab ich Dalek meine Ergebnisse präsentiert (allerdings ohne die Einzelheiten, wie sie zustande gekommen waren). Dalek sah sich mein Meisterwerk mit großen Augen an, sah dann blinzelnd zu mir hoch und musterte mich, als wäre ich ein teures, exotisches Prachtgrundstück, das er plötzlich entdeckt hätte.
Schließlich kam Dalek zu mir rüber, kniete sich hin, nahm meine rechte Hand und küßte sie. Er versprach mir aus dem Stand zehn Prozent Provision auf jeden festen Deal. Wir haben uns auf fünfzehn Prozent geeinigt.

Meine Idee mit der Radiowerbung hat voll reingehauen. Der totale Wahnsinn.
Ich hab zwei neunzehnjährige Oberschlaumeier gefunden, die sich mit Jugendslang und Pop und Beat auskannten und ein paar bombensichere Tricks auf dem Kasten hatten. Mit Dalek am Mischpult und mir zur Einrichtung und individuellen Aufmachung der Bänder waren wir unschlagbar.
Mit den Werbespots konnten wir schon mal unsere anstehenden Rechnungen zahlen.
Nach diesem Coup hat Dalek mich anders behandelt. Wollte meinen Rat hören und neue Ideen.

Ich war Gold wert.
Eine Diamantmine.
Ich war obenauf.
Ich war glücklich.

Meine neue Wohnung hab ich geliebt.
Es war so 'n Einzimmerding mit Holzböden, hohen Dekken und unverputzten Backsteinmauern. Und einer Küche, wo ich für meine ganz persönliche Auswahl von Leuten der Bostoner Crème de la Crème Mitternachtssnacks aus Kartoffelsuppe und Rinderhacksteaks aufgefahren habe.
Meine Bude war das Glanzlicht des Viertels.
Tagsüber dröhnte Musik aus meinen Vorderfenstern.
Das war das Zeichen für das Viertel, daß Cornelius da ist ... empfangsbereit.
Und mein Prestige stieg ständig wegen meiner Dienste für die Geschäftsleute in meiner Gegend, die ich bei meinem Werbefeldzug kennengelernt hatte. Meine Idee war angekommen.
Sie haben Geld gemacht. Ich hab Geld gemacht. Wir waren alle glücklich.
Mit vielen von den Geschäftsleuten hab ich mich angefreundet. Sie haben in meiner Bude vorbeigeschaut, am Abend nach der Arbeit, und wenn ich schon aus dem Studio zurück war, haben wir den neuesten super Stoff geraucht und mit Courvoisier oder Old English 800 nachgespült. An manchen Abenden hab ich mir Mercedes oder Maggie rüberbestellt, und dann saßen wir mit fünfzehn bis zwanzig Leuten zusammen, drehten einen Joint nach dem anderen, swingten mit der Musik mit, sprachen über unsere Empfindungen, waren einfach gut drauf.
Das Feeling war gut, die Freiheit war gut, das Leben war gut.

Es hat einmal eine Zeit gegeben, da hab ich das Leben gut gefunden.

An das Gefühl erinnere ich mich noch.
Es ist das Gefühl, das ich jetzt nach einem echt guten Hit bekomme.
Es ist das Gefühl, dem ich nachjage; Stein für Stein, Pfeife für Pfeife.
Jetzt zahle ich für die Freiheit von gestern.
Sie war phantastisch, solange sie gedauert hat.

Damals hatte ich noch kein Kokain genommen.
Es gab zu viele andere Drogen, die ich eifrig probiert hab.
Meine allerliebste Droge war Gras, aber Acid hat mir auch gefallen, und Quaaludon betete ich an, genauso Meskalin, THC, Magic Mushrooms, Angel Dust, Poppers ... Ich kann mich nicht mal mehr an alle die Namen der Drogen erinnern, die ich ausprobiert hab.
Ich bin mir sicher, daß es nur darum so lang gedauert hat, bis ich auf Kokain gekommen bin, weil ich zu sehr damit beschäftigt war, mich von allem anderen zu erholen, was ich genommen hab. Ich war so 'ne richtige kleine Alice in 'nem mohnblütenübersäten Wunderland und hab die ganzen leckeren Drogen gegessen und getrunken, die mir wie gebratene Tauben in den Mund flogen. Wenn eine aufgetaucht ist, hab ich sie mir geschnappt.
Manchmal hab ich Stoff genommen, ohne überhaupt zu wissen, was es war.
Ich weiß noch, wie ich eines Morgens nach einer heftigen Drogen-Session aufgewacht bin. Mercedes war bei mir geblieben, und beim Aufräumen haben wir einen fast vollen Beutel mit Gras entdeckt, den jemand vergessen hatte.
Wer zuerst kommt, mahlt zuerst!
Es war kein Name drauf, also hat's uns gehört.
Nachdem wir was von dem Zeug geraucht hatten, haben wir die zwei kleinen weißen Pillen entdeckt.
Mercedes und ich lächelten.
Noch ein Fund.
Keiner von uns hatte jemals zuvor diese kleinen weißen

Dinger gesehen, aber sie waren in der Heutüte, also mußten es Drogen sein!
Genau! Und da gab's nur eins – ausprobieren.
Wir haben sie mit Orangensaft geschluckt, noch einen Joint geraucht und abgewartet, was mit uns passiert.
Das war der Witz dabei.
Das Abwarten.
Würde man Farben sehen?
Visionen haben?
Sexy Gefühle?
Mußte man lachen?
Oder würde es ein Horror-Trip sein?
Ich war ganz fickerig vor Vorfreude und konzentrierte mich darauf, genau den richtigen Moment abzupassen, wenn sich das gute Gefühl einstellt und der Trip anfängt.
Er fing an, ohne daß wir es gemerkt haben.
Ich und Mercedes haben erst gemerkt, wie fertig wir waren, als wir auf eine Uhr schauten. Ganz langsam und müde haben wir uns auf die Uhrzeiger konzentriert und gesehen, daß drei Stunden vergangen waren.
Wo waren wir gewesen?
Nirgends.
Was hatten wir gesehen?
Nichts, was uns aufgefallen wäre oder woran wir uns hätten erinnern können.
Dieses Zeug schlug einfach die Zeit tot.
Alles war in Zeitlupe.
Der Trip hatte ein paar Ewigkeiten gedauert.
Es war ein einfarbiger, unterwassermäßiger, raupenlahmer Trip.
Mercedes fing an, mit gedehnter Stimme Blues zu singen.
Ich hätte ihm gesagt, er soll die Klappe halten, wenn ich die Lippen hätte bewegen können.
Ich war zu fertig, um in Panik auszubrechen.
Die eine Hälfte von mir hat geschlafen. Die andere Hälfte gewartet.
Am nächsten Tag hatte ich noch immer höllischen Durst

und hab mir geschworen, in meinem ganzen Leben nie wieder geheimnisvolle Drogen auszuprobieren.
Den Schwur hab ich bis zum gleichen Abend gehalten, bis mir jemand befahl, den Mund aufzumachen (und das hab ich), und mir irgend'ne riesengroße Pille reingestopft hat.
Ich muß damals verrückt gewesen sein.
Gut, daß ich keine Feinde hatte.
Die hätten mich leicht um die Ecke bringen können … aber es war das Zeitalter des Aquarius … Peace, Love und der ganze Scheiß … *»Let the Sunshine in«* … Wir haben tatsächlich überall die Sonne reingelassen, wo wir nur konnten.
Nachts haben wir gefeiert – tagsüber sind wir wie schwebende Pfauen die Boylston Street runterstolziert und haben uns alle Mösen geangelt, die wir auf dem Weg anbaggern konnten.
Maggie war immer noch meine Hauptschnecke, auch wenn ich andere Frauen gebumst hab.
Mama und Lorraine kamen sogar zu Besuch. Beide waren sie glücklich, daß ich mit meinem Leben zurechtkam. Daß ich nicht wieder auf die Uni bin, darüber waren sie nicht glücklich.
Ich war glücklich.
Das Leben war, wie Dalek sich ausgedrückt hat, echt klasse.

Cynthia war ungefähr zwölf gewesen, als ich sie kennenlernte.
Schon damals war sie für ihr Alter ziemlich weit gewesen, aber über die Jahre war sie zu 'ner richtigen Nymphe erblüht.
Jedesmal, wenn ich bei Maggie war, hab ich mich dazu zwingen müssen, Cynthia nicht anzuglotzen.
Cynthia war inzwischen um die vierzehn und fing an, sich für Männer zu interessieren.
Nicht für Jungs.

Für Männer.

Sie und Maggie keiften sich lauthals an, wenn Maggie rausgekriegt hatte, daß Cynthia nachts einen Block weiter mit irgend'nem sechsundzwanzigjährigen Hispano-Typen rumgehangen hatte, während Maggie in der Arbeit war.

Schließlich ist Maggie in die Tagesschicht übergewechselt, damit sie nachts daheim war, und die Situation hat sich 'ne Zeitlang beruhigt.

Ich hatte überhaupt keine regelmäßige Arbeitszeit.

So gegen mittags bin ich bei Dalek aufgekreuzt, dann kam er auch gerade, und dann bin ich geblieben, bis er sagte, ich könnte gehen.

Meistens war ich so bis zehn Uhr abends da, außer wir haben 'ne Aufnahme gemacht, und das konnte ewig und drei Tage dauern.

Wenn ich nicht bei Maggie war, hatte sie genug Zeit für Cynthia, ohne daß ich irgendwie gestört hätte.

Ich hab nach 'ner Möglichkeit gesucht, mit Maggie Schluß zu machen, weil ich mittlerweile fünfundzwanzig war und mit 'ner Frau namens Shirley zusammenleben wollte, die ich nebenher gebumst hab. Ich und Shirley haben sogar vom Heiraten und Kinderkriegen geredet.

Damals wollte ich Kinder haben. Und ich hab gewußt, daß Maggie inzwischen dreiundvierzig war und keine mehr bekommen konnte.

Maggie und ich haben nie über die Zukunft unserer Beziehung geredet.

Ich war wie ein Sohn, den sie durchgefüttert und gefickt hat.

Und die dicke Maggie hatte 'nen ganz schönen Appetit ...

Sie hat mich richtig aufgezehrt.

Ich brauchte Platz zum Atmen.

an Maggie lag mir wirklich was, und ich wollte ihr nicht weh tun.
Außerdem hatte ich vor Maggie ein bißchen Angst.
Maggie hatte ein Temperament wie ein Vulkan, das noch stärker war als ihr kosmisches Lachen.
Launisch.
Unberechenbar.
Ich war mal bei ihr, als Cynthia was gemacht hat, was Maggie nicht paßte, da hat Maggie sie geschlagen. Ich hab sie von Cynthia wegreißen müssen, weil ich dachte, Maggie bringt sie um, und dann schlug Maggie uns beide.
Gleichzeitig.
Danach bin ich seltener zu ihr gekommen, was bedeutete, daß Maggie zu mir kommen mußte, wenn sie mich wollte.
Macht.
Es war an einem Sonntagabend 1974, glaub ich ... Es muß im Januar gewesen sein, gleich nach Weihnachten ... Ich kann mich nämlich noch an den Geruch von trocknen Christbaumnadeln erinnern. Ich war gerade von Lorraine und Mama zurück, mit denen ich Weihnachten gefeiert hatte. Maggie hatte ein Riesenessen für mich gekocht – mit Wein.
Mit viel Wein.
Cynthia verbrachte das Wochenende bei ihrem Vater ... darum waren wir allein.
Wir haben gegessen ... geredet ... gelacht ... getrunken ... Maggie war schon wieder dabei, das ganze nächste Wochenende zu verplanen ... Ich hab versucht, meine Einwände anzubringen ... Aber Maggie hat immer weitergeredet, und sie war so gut gelaunt, daß ich's nicht über mich gebracht hab, sie zu enttäuschen ... Also sind wir ab ins Bett ... wie üblich ging es die ganze Nacht ... Ich bin nicht heimgefahren ... Dann endlich haben wir geschlafen.
Erst hab ich gedacht, ich träume, daß Maggies Hand auf

meinem Schwanz liegt … Durch den Dunst aus Schlaf und Alkohol hab ich zugelassen, daß der Schwanz wächst und größer wird, weil die Hand so fest war … raufglitt … runter … raufrunter … raufrunter … Ich hab gelächelt … die Hand von Maggie war nie so klein gewesen … so schlank … soviel fester … Die Hand von Maggie war breiter … fleischiger … die Hand von Maggie … Ich schlug die Augen auf … schoß hoch wie der Blitz … und sah Cynthia gerade noch aus dem Zimmer laufen … Verwirrung … Ich schaute auf die Uhr … Es war elf Uhr morgens. Maggie war in der Arbeit … Cynthia hätte in der Schule sein sollen … Aber sie war hier … allein … mit mir … Ich war erschrocken … erregt … Zum erstenmal seit zwei Jahren waren wir allein … Ich wußte, was sie will … Da ist die Haustür zugeknallt … Ich bin ans Fenster und hab gesehen, wie Cynthia die Straße runter in Richtung Schule gerannt ist … Ich hab das Fenster aufgemacht, um sie zurückzurufen … Statt dessen hab ich mich sofort angezogen und bin verduftet.

Ich hab mir geschworen, aufzupassen, daß ich nie wieder in diese Lage komme … wortwörtlich und im übertragenen Sinn … Keine Übernachtungen mehr bei Maggie … das war zu gefährlich … Cynthia war lüsterner als jede Lolita, die Nabokov hätte versauen können … Ich konnte einfach nicht die Verantwortung dafür übernehmen, was womöglich passieren würde, wenn wir wieder mal allein waren … Wochenlang hab ich mich von Maggies Wohnung ferngehalten … Nach der Arbeit bei Dalek bin ich abends heim … Aber die Erinnerung an ihr kleines Händchen um meinen Schwanz blieb … wenn ich an diese süße Hand um meinen Schwanz dachte, holte ich mir einen runter …

Aber ich hab den Schwur nicht gehalten … hab immer wieder Möglichkeiten gefunden, bei Maggie zu übernachten … Natürlich hab ich Maggie nie erzählt, was passiert war … Sie hätte Cynthia umgebracht … Cynthia … Sünde … eine Sün-de-ja … goldhaariges … Blumenkind …

 Waldnymphe ... wolliges-langes-braunes-Haar ... das wie bei einer karamelbraunen Barbiepuppe ihren Rücken runterwallte ... Augen ... brauner ... schwärzer ... tiefer als der ganze Grand Canyon ... ein Körper ... wie die elastische Turnerin, die sie in der Schule war ... schmal ... stramm ... straff ...

Ich hab noch öfter bei Maggie übernachtet ... obwohl es sogar Maggie überrascht hat ...

Ich hab mir was vorgemacht ... mir eingeredet, daß ich in Maggie verliebt bin ... zu Shirley ging ich gar nicht mehr ... Bin bei Maggie mit Blumen und Wein aufgekreuzt ... nicht wieder heimgegangen ... Am nächsten Tag hab ich allein im Schlafzimmer gelegen ... mit heißem, stockendem Atem gelauscht ... mit klopfendem Herzen gebetet ... gefürchtet, daß Cynthia kommen und mein Leben wieder in die Hand nehmen würde ... und mein Schwanz war so hart, daß es weh getan hat. Manchmal hab ich bis halb drei Uhr nachmittags im Bett gewartet, dann hatte ich keinen Nerv mehr und bin schamrot wieder in meine Wohnung zurück ... Einmal hat Maggie mich zum Essen eingeladen, und Cynthia war da ... Maggie ist in die Küche, um was zu holen ... Ich war allein mit Cynthia am Tisch ... Wir haben uns angeschaut ... schnell weggeschaut ... Mein Herz hat gerast wie beim Preis von Indianapolis ... Mein Schwanz drückte gegen die Jeans ... An dem Abend hab ich Maggie gevögelt und an Cynthia gedacht ... Ich bin über Nacht geblieben ... aber auch am nächsten Tag ist nichts passiert.

Monatelang diese Höllenqualen ... bis der kostbare, duftende Frühling kam. Es war der fünfzehnte Geburtstag von Cynthia. Maggie hat mich und Cynthia in ein afrikanisches Restaurant zum Essen eingeladen ... Cynthias Vater sollte sie am nächsten Tag nach der Schule abholen, sie auf ihren Geburtstagsausflug mitnehmen ... Ich hab Cynthia eine Flasche Parfüm geschenkt ... die Marke weiß ich nicht mehr. Maggie hat wie üblich das Reden übernommen ... Cynthia und ich haben rumgeblödelt ... Mein

Magen war so verkrampft ... ich hab kaum was runtergekriegt ... Diese fünfzehnjährige Maus hat mich dazu gebracht, daß ich nach ihrer Pfeife tanzte ... Ich weiß noch, daß ich zu Maggie gemeint hab, ich würde heimgehen, weil ich am nächsten Tag früh raus mußte ... Maggie hat gewußt, daß ich lüge ... Sie hat das ganze Essen über ihre Hand in meinem Schoß gelassen ... Sie hat gewußt, daß mein Körper einsatzbereit war ... Später haben wir uns dann bei Kerzenlicht langsam und genüßlich geliebt ... Ich hab Maggie zum Schreien gebracht, als sie kam ... Ich hatte Angst, Cynthia hört was ... und ich wollte, daß sie's hört ... Schlaf ... Morgengrauen ... Sonnenschein ... Die Hand war um meinen Schwanz ... Es war nicht zu glauben! Die Hand war da! Auf meinem Schwanz! ... Ich hab gewußt, daß es nicht Maggie ist ... Ich hab das Parfüm gerochen ... Ich bin nicht aufgesprungen ... Ich hab so getan, als würd ich schlafen ... Ich hab zu schnarchen angefangen ... ganz leicht ... Hab die Beine 'n bißchen breit gemacht ... Die Hand hat mit meinem Schwanz gespielt, stundenlang, wie's schien ... hat ihn gedrückt ... ihn dahin und dorthin geknickt ... ihn gerubbelt ... raufrunter ... raufrunter ... schneller und langsamer ... Dann hat sie aufgehört ... Ich hab die Augen nicht aufgemacht ... Ich hab weitergeschnarcht ... was Heißes, Nasses ... Auf meinem Schwanz war der kesse Apfelmund von Cynthia ... ihr Atem ... rauh ... schwer ... Ich hab gedacht, ich sterbe ... Ohne es zu wollen, hab ich gestöhnt ... Ich wollt sie raufziehen, auf den Rücken schmeißen ... ihr das Hirn rausvögeln ... Aber ich bin einfach liegengeblieben ... hab geschnarcht ... gebebt ... Sie muß gewußt haben, daß ich wach war ... Ich glaub, es war ihr egal ... Sie hat gelutscht und gelutscht ... lutschlutschlutschlutschlutsch ... aufgehört ... mit mir gespielt ... Nach tausend Jahren hab ich gespürt, wie was Fleischiges, Saftiges, Weiches meinen schreienden, gefolterten Schwanz umschlingt ... Mir ist die Luft weggeblieben ... diese geile, zuckersüße Lolita-Göttin hat ihre enge, heiße, kleine Fotze auf meinen Schwanz gesetzt ... Sie war keine Jungfrau mehr ... Sie hatte schon vorher dicke Schwänze gehabt ... das hab ich gemerkt ... Da ist nichts zerrissen ... kein Blut geflossen ... bloß ein unendliches Eindringen ... Sie ist tiefer runter ... runter und runter ... runter ... Ich hab sie ausgefüllt ... auf mich gespießt ... Ich war ihr Gefangener ... hingestreckt ... Sie ist auf- und abgewippt ... Sie hat sich vergessen ... ihre Hände auf meine Brust gelegt ... gewippt ... gestöhnt ... an meiner Brust gelacht ... Ich hab sie küssen wollen ... ihr Haar streicheln ... ihr sagen, daß ich sie liebe ... sie dazu überreden, mit mir abzuhauen ... Aber ich hab mich nicht gerührt ... hab geschnarcht ... Während sie sich in einen Sturm reingeschaukelt hat ... wie ein Derwisch ... sich über mir ergossen hat ... leise aus ihrer Kehle geschrien hat ... wie ein wieherndes Pony ... Sie ist gekommen ... schnell runter ... aus dem Zimmer gerannt ... Ich bin zitternd liegengeblieben ... bebend ... hab mich umgedreht ... und die Füllung aus der Matratze gefickt ...

Nachdem im Badezimmer das Wasser gelaufen war und kurz darauf die Haustür zuknallte, bin ich aufgestanden, hab mich gewaschen und bin zur Arbeit.

In meinem Kopf hat's ausgesehen wie auf einem Flohmarkt.

Vollgestopft mit allem möglichen, aber nichts, was wirklich zu gebrauchen war.

Es war unmöglich, mich auf die Arbeit zu konzentrieren.

Ich konnte nur noch an Cynthia denken.

Es wurde richtig peinlich.

Ich hab zum Beispiel im Bus gestanden und in das entsetzte Gesicht einer alten Frau runtergeschaut, die gar nicht anders konnte, als zu sehen, wie mein steil aufragender Schwanz gegen meine Jeans gekämpft hat und drauf und dran war, rauszuspringen und ihr in den Mund zu stoßen.

Ich fühlte mich so schuldig.

Bis ich den Nerv hatte, Maggie anzurufen, hab ich fast eine Woche gebraucht.
Zum Glück machte die Bank gerade Inventur, und Maggie war zu beschäftigt, um zu merken, wie lange wir uns nicht gesehen hatten.
Ich hatte Angst, zu ihr ins Haus zu kommen, aber zugleich hab ich's mir so gewünscht.
Ich mußte Cynthia sehen.
Ich versuchte, mich in die Arbeit zu vergraben.

Dalek hat vier Jungs aus Roxbury aufgetan, die so was waren wie 'ne aggressivere Version der Jackson Five.
Er hat ihnen das Studio kostenlos zur Verfügung gestellt, weil er dachte, sie wären was Besonderes und er würd's schaffen, für sie 'nen Plattenvertrag an Land zu ziehen.
Sie waren zwischen vierzehn und sechzehn.
Dürre Kids von der Straße, mit Afros, so groß wie ihre Träume. Eigentlich waren's nette Kerle, die es zu was bringen wollten. Ich hab mit Dalek an 'nem Managervertrag für sie gearbeitet.
Wegen der Sache hatten Dalek und ich unseren ersten Knatsch. Der Vertrag, den Dalek sich vorgestellt hat, war 'ne Art Verkauf-deine-Seele-dem-Teufel-für-'n-Apfel-und-'n-Ei-Ding, bei dem ich mir gedacht hab, daß es nicht gerade im Interesse der vier jungen Brüder war.
Da hat mir Dalek schnell 'ne Lektion darüber erteilt, wie es in der Unterhaltungsbranche so abläuft.
Leg die anderen aufs Kreuz, bevor sie dich aufs Kreuz legen.
Er hat gesagt, daß er ja das ganze Geld aufbrächte und alle Risiken trüge, daß er die Songs schriebe und der Gruppe sagte, wo's langgeht; er verlangte also nur, was recht und billig sei. Außerdem würde mit den Typen, die sich New Sensations genannt haben, ja vermutlich sowieso nichts losgehen, und wenn nichts losgehen würde, dann wäre der Vertrag wertlos und er müßte sie davon entbinden.
Diese New Sensations waren heiß.

 Sie sangen in süßer, sinnlicher, vierstimmiger Harmonie, dachten sich ihre Tanzschritte selber aus und waren super im Rappen, was damals 'ne neue Art von gereimtem Straßengelaber war. Es hatte in New York angefangen und sich allmählich über die Schokoladenstädte des ganzen Landes ausgebreitet. Der Hauptsänger der New Sensations war ein frühreifer Vierzehnjähriger mit Namen Robbie Mitchell und besonders talentiert.
Dalek hat gewollt, daß er getrennt unterschreibt und dann noch mal zusammen mit der Gruppe. Damit er für den Fall, daß er die Gruppe in die Wüste schicken müßte, wenigstens noch Robbie hätte.
Ich war mir nicht sicher, wie sauber das war, hab aber mitgespielt, weil langsam Bewegung in Daleks Szene kam und ich mitmischen wollte.

Eines Abends, als wir gerade dabei waren, ein paar Musiktracks für ein Demo der Sensations einzurichten, hat Dalek 'n Stück Alufolie rausgezogen, in der so 'ne Art weißes Kristallpulver war.
Solche Folie hatte ich schon in New York gesehen.
Darin bewahrten Heroinjunkies, die snifften, ihren Stoff auf.
Mein Herz klopfte mir bis zum Hals.
Ich hatte nicht gewußt, daß Dalek ein Junkie war.
In meinem Viertel waren Junkies der Abschaum der ganzen Erde, sie waren das Allerletzte.
Von dem Zeug wollte ich nichts wissen.
»Willst du was?«
Dalek hatte so 'n stahlharten Glanz in den Augen, so 'n fragendes Lächeln im Gesicht.
»Was ist'n das?«
Ich hab mich blöd gestellt.
»Kokain ...«
Dalek hat angefangen, mit 'nem Fingernagelknipser ein Häufchen von dem Pulver auf die Glasplatte des Tisches zu löffeln.

Ich war überrascht und neugierig.
Von Kokain hatte ich schon mal gehört.
Gesehen hatte ich noch keins.
Und ich kannte auch niemanden, der's genommen hat.
Kokain war 'ne Gelddroge.
Das haben Zuhälter genommen.
Rockstars.
Leute, die ich gekannt hab, nicht.
»Wie wirkt das denn?«
Ich war total von dem diamantartigen Glitzern fasziniert, das von diesem weißen Pulver ausging.
»Es macht dich high, du Arschloch!!!«
Dalek lachte sein leises Guter-Junge-Lachen.
»Es gibt dir Energie ... hält dich fit ... probier's doch mal ...«
Dalek hat das so beiläufig gesagt, so cool, als würd er mir 'ne Cola anbieten.
Ich ahnte nicht im entferntesten, daß das, was ich tun würde, meinen Lebensweg auf immer verändern sollte.
Ich ahnte nicht, daß ich dabei war, mir 'ne schwere Kugel um den Hals zu binden, die mich von dem Tag an bis heute zum Sklaven von Kokain machen würde.
Ich denke oft an meine anfänglichen Koksrationen und wie anders mein Leben verlaufen wäre, wenn ich damals einfach nein gesagt hätte; aber ich hab nicht nein gesagt.
Ich hab gesagt: »Na klar! ... Probiert wird alles ...«
Damals ein weitverbreiteter und wahrer Spruch.
Dalek hat mir zwei Lines gehackt, 'nen Zwanzig-Dollar-Schein zu 'nem Röhrchen gerollt und es mir gegeben.
Und dann hab ich meine erste Prise gesnifft.
Als mir das Pulver in die Nasenlöcher schoß, war es, als würde eine Million winziger Nadeln in meine Nasenschleimhäute pieksen.
Meine Augen fingen zu tränen an.
Ich mußte niesen.
»Nicht aufs Koks!« hat Dalek gebrüllt.
Ich hab mich gerade noch rechtzeitig weggedreht.

 Wenn ich ehrlich sein soll, hab ich nichts gespürt.
Bloß 'ne Reizung in Nase und Augen.
Dalek hat gelacht, einen Beutel mit erstklassigem Gras rausgezogen, das er immer vorrätig hatte, 'ne kräftige Portion Kokain in den Joint gestreut, ihn gedreht, ein paarmal dran gezogen und ihn dann mir gegeben.
Ich hab das ganze Ding geraucht.

Nie, nie, nie in meinem Leben hab ich mich so knackig, so überlegen, so sexy, so traumhaft, so toll gefühlt.
Es war zu gut.
An diesem Abend hab ich von Dalek Dali mein erstes Kokain im Wert von fünfundzwanzig Dollar gekauft.
Geschnupft hab ich nie wieder, weil es mir die Nase verätzt hat ...

ABER

es rauchen ... na ja ... Es gibt keinen Kummer auf der Erde, der sich nicht durch Kokainrauchen heilen läßt.
Hab ich gedacht.
Keiner hat mir gesagt, daß es süchtig macht.
Keiner hat mir gesagt, daß es schlecht für mich ist.
Keiner hat mir gesagt, daß es einen umbringen kann.
Keiner hat mir gesagt, daß es mein Leben ruinieren würde.
Mir hat's gefallen, high zu werden, weil ich dann den Problemen, den Niederlagen und dem Stumpfsinn des Alltags entkommen konnte ... und mit Kokain bist du wunderbar entkommen.
Die körperlichen Veränderungen an mir hab ich erst gar nicht mitgekriegt.
Ich hab nur gewußt, daß ich von da an immer, wenn ich einen Joint geraucht hab, wollte, daß in dem Joint Kokain drin ist.
Bald hab ich rausgekriegt, daß Ficken auf Kokain dich zum Herrn des Weltalls macht.

Auf Koks bleibst du länger hart und kannst jemanden dumm und dämlich ficken.
Und wenn beide Kokain nehmen, dann, Baby, ist's wie in dem Song: »*Heaven belongs to you!*«

* * 1. JUNI * 1991 * 15.30 UHR * *

Central Park, New York City

Ich liebe die Sonne.
Sie ist Reinheit ... Wärme wie reine Liebe ... honigsüß ... Ganz gleich, wie düster, wie schmerzhaft, wie angstvoll die Stunden sind, bevor sie scheint – sobald sich ihre zerbrechlichen Lichtsplitter durch die Dunkelheit tasten, jubelt mein Herz.
Ich weiß, daß ich in Ordnung komme.
Ich weiß, daß ich's schaffe.
Ich hab die ganze Nacht hier im Central Park verbracht.
Neben dem Brunnen.
Ich bin gestern abend hierhergekommen.
Lorraine hatte nach der Arbeit bei mir reingeschaut.
Sie war vorbeigekommen, um nach mir zu schauen, und hat mir 'n bißchen Kohle dagelassen.
Ich hab sie nicht mal darum gebeten.
Ich hab's bestimmt nicht gebraucht ... na ja, ich brauch immer Kohle, aber mein Scheck war gerade gekommen, darum war ich okay.
Lorraine hat mir hundert Dollar gegeben. Ich hätt fast zuviel gekriegt, so baff war ich.
Und Lorraine ist so glücklich.
Ich hab sie nie so glücklich erlebt.
Es ist jetzt offiziell. Am 5. August zieht sie von New York nach San Francisco.
Sie hat mir ein paar wichtige Papiere vorbeigebracht, weil sie zu packen anfängt und nicht will, daß die Papiere unter ihren Klamotten landen.

Es waren meine Geburtsurkunde, mein Sozialversicherungsausweis, mein Ausweis vom Sozialamt und ein paar Briefe von Mama.
Ich hab das ganze Zeug in die Schachtel gesteckt, wo ich das Bild von mir wie-ich-früher-mal-war aufhebe, eingewickelt in den Mantel, den mir Mama geschenkt hat.
Lorraine war richtig gesprächig, voller Pläne, voller Zukunft.
Sie so glücklich zu erleben hat mich stolz gemacht.
Es ist gut. Egal, was kommt, mit ihr ist alles in Ordnung.
Es war so ein schöner Abend, warm und luftig. Mir war nicht danach, allein in meiner Bude zu hocken, also hab ich mir gedacht, ich fahr in die Stadt hoch.
Ich bin mit Lorraine nach Brooklyn und dann in den Park hier.
Ich geh kaum noch irgendwohin.
Seit Lichtjahren bin ich nicht mehr in Manhattan gewesen.
Zuerst wollte ich keine Rocks kaufen, aber die Kohle, die Lorraine mir geschenkt hatte, brannte mir in der Tasche, also bin ich, kaum daß ich von ihr weg war, zu 'nem Pfeifenmann, den ich in dem Viertel kenne, und hab ein paar Tütchen gekauft. Ich hab sie noch nicht aufgemacht.
Ich versuch immer noch, einen Willen zu entwickeln.
Dann bin ich wieder in die Subway, zur 59th Street gefahren und ins Kino. Das hab ich seit Ewigkeiten nicht mehr gemacht. Wie ein ganz normaler Mensch hab ich 'ne Eintrittskarte gekauft und mir *Ghost* angesehen.
Diese Whoopi Goldberg gefällt mir.
Sie hat was Ehrliches an sich, und sie ist furchtbar lustig.
Ich hab gelacht und geflennt. Ist eigentlich mehr 'n Flennfilm.
Als der Film aus war, hab ich immer noch nicht zu mir gehen wollen. Ich wollte nicht unbedingt mit jemand zusammen sein, aber ich wollte auch nicht allein sein. Es hatte nichts mit Sex zu tun. Ich wollte nur irgendwie dazugehören.
Ich wollte, daß der Mond mich sieht.

Ich wollte, daß der große helle Mond, der wie eine langsame Torte am frühen Abendhimmel aufging, mir zunickt und zublinzelt, wie es in den Märchen immer von ihm behauptet wird.

Vor mir sind ein paar Bullen in Richtung Park gegangen.
Ich bin ihnen gefolgt.
Ich hab gewußt, wenn sie da sind, bin ich sicher.
Es wurde allmählich dunkel, aber stockdunkel war's noch nicht.
Die Bullen sind durch den Park spaziert und haben sich angeregt miteinander unterhalten. Die Bäume neben mir, der Mond über mir, der See vor mir. Ich hab mir 'ne neue Zukunft eingeredet.
Eine Zukunft voll Power.
Eine Zukunft voll Hoffnung, wie das Lachen von Lorraine.
Erst nach 'ner Weile hab ich gemerkt, daß die Bullen nicht mehr vor mir waren. Einen Moment lang bin ich in Panik geraten – dann hab ich gelacht, weil mir klar geworden ist, daß ich nichts zu fürchten hatte. Mich würde niemand anmachen.
Mir würde keiner zu nah kommen.
In der Uniform der Verachteten, die ich anhatte, war ich einer von denen geworden, vor denen die Leute Angst haben.
»Ein-dreckiger-stinkiger-Crack-Süchtiger!«
Ein Leprakranker. Eine Medusa.
Ein Halt-dich-fern-von-mir-bleib-mir-vom-Leib-Mensch.
Die einzigen Wesen, die mich ansprechen, sind Dealer und die anderen User.
Daß Lorraine mit mir die Straße langgegangen war, sich mit mir in die Subway gesetzt und mir die Hand gehalten hatte, war das Vermächtnis ihrer Liebe gewesen.
Unbelästigt, unangesprochen bin ich durch die Schatten des Central Parks gelaufen.
Im Park war es ziemlich still.
Es wurde nicht mal sonderlich viel im Gebüsch gevögelt,

 dabei war das in den 60ern und 70ern eine Hauptbeschäftigung im Park.
Damals haben alle im Park gevögelt.
Anmach-Gegend Nummer 1.
Ich nehme an, die Message von Aids kommt allmählich an.
Ich hab 'n paar verlorene Seelen gesehen, die sich am Ende von 'nem dunklen Weg gegenseitig einen geblasen haben.
Gesehen hab ich sie eigentlich nicht, aber die Geräusche kenn ich.
Schließlich bin ich zum Brunnen gekommen.
Der Stadt der Heimatlosen.
Die Gegend um den Brunnen war mit Pappkartonhotels gepflastert, und Einkaufswägen standen Wache.
Das waren die tapferen Seelen. Die Stammgäste, nehme ich an.
Ein paar hatten sich noch nicht hingelegt.
Sie saßen auf der Mauer, rauchten Zigaretten, tranken, schwatzten. Mit traurigen Augen. Wie-bin-ich-so-weit-gekommen-Augen.

ABER

es war warm, und der Mond hat geschienen, darum war's nicht so schlecht.
Es waren bloß zu viele davon da.
Alte, Junge und ein paar Kinder. Alle zusammengekauert.
Die Nomaden von heute. Stadtnomaden.
An den winzigen Lichtern, die im Dunkeln sporadisch aufflackerten, und dem süßen Geruch, der sich in meiner Nase wie eine angenehme Erinnerung breitmachte, hab ich gemerkt, daß im Park Crack-Zeit war; aber hier wollte ich nicht mitmachen. Hier wollte ich mich nicht offenbaren.

Ein Fünfzehnjähriger ist an mir vorbei, kam dann zurück

und hat mich gefragt, ob ich Geld hab. Ich hab nein gesagt, weil ich nicht wußte, ob er was vorhatte oder nicht. Aber er hat nicht lockergelassen. Er hat mir erzählt, daß er Hunger hätte und zwei Tage nichts gegessen.
Erst hab ich gedacht, er testet mich an, um rauszukriegen, ob ich wirklich Geld hab, und bin von ihm weggegangen. Aber er hat mich eingeholt und mich angebettelt, ich sollte ihn mitnehmen. Er war seinem Vater in Kentucky weggelaufen, hatte sich in einem Greyhound-Bus davongemacht und war in New York gelandet.
Er hieß Mercury. Er war aus Florida.
Seine Mutter hatte ihn nach Kentucky zu seinem Vater geschickt, weil sie gerade wieder geheiratet hatte und er und ihr neuer Mann nicht miteinander klarkamen.
Mercurys Vater in Kentucky war 'n Alki und konnte sich nicht mal selber versorgen, ganz zu schweigen von 'nem Fünfzehnjährigen mit Problemen.
Sie hatten sich gestritten, und nachdem er wüst verprügelt worden war, hatte Mercury seinen Vater niedergestochen, alles Geld, was er hat finden können, mitgenommen und war mit dem Bus quer durchs Land gefahren, bis er in New York Port Authority ankam.
Er war seit zwei Tagen in der Stadt.
Wir drehten unsere Runden im Hafen der Heimatlosen und unterhielten uns.
Mercury sah aus wie elf. Klein und schmächtig wie ein Mexikaner, mit einem großen Kopf und Massen von schwarzen Haaren. Ein hübscher Junge.
Wenn Mercury wollte, konnte er seine Kohle als Stricher verdienen. Am Ende würde er es wahrscheinlich müssen, wenn er überleben wollte. Während ich ihm zuhörte, wie er mir seine Story erzählte, kamen wir aus dem Park hinaus auf die 63rd Street.
Mercury blieb stehen, als er merkte, daß wir den Schutz des Parks verlassen hatten und wieder mitten in der Zivilisation standen. Mit hungrigen Mondaugen schaute er zu mir auf. Ich nahm ihn an der Hand und führte ihn zu 'nem

 Deli auf der anderen Straßenseite. Wir haben Unmengen Essen, Süßigkeiten und Soda gekauft, sind in den Park zurück, zum Brunnen, haben uns auf ein paar Stufen gesetzt und geschlemmt. Das meiste von meinem Teil hab ich an ein paar Alte verschenkt, die etwas abhaben wollten. Ich kam mir vor wie Jesus mit den fünf Fischen und Brotlaiben. Und so hab ich die Nacht verbracht: mit Reden, Zuhören, Rumwandern und mit Beten, daß es hoffentlich nie so weit kommt mit mir.
Ohne Obdach.
Ohne den Schutz von Wänden um mich herum.
Ohne Wohnung dazustehen wäre das Schlimmste, das mir passieren könnte.
Ich kann's mir kaum vorstellen, ohne Dach überm Kopf zu sein.
Gott bewahre.

So gegen drei oder vier Uhr früh hab ich unter ein paar Bäumen einen Platz gefunden, mit Blick auf den Brunnen, und mich mit Mercury hingelegt.
Rücken an Rücken.
Mercury hat geheult.
Als ich ihn an der Schulter berührt hab, hat er sich rumgedreht und sich in meine Arme geworfen.
Ich hab ihn sanft gewiegt.
Nichts von wegen Sex.
Das war ein Kind.
Ja, vor vielen Jahren hab ich mal ein Kind gebumst, aber das hat damals gebumst werden wollen. Das Kind hier hat Trost gesucht. Und Trost hab ich ihm gegeben.
Mercury schlief in meinen Armen, bis die warme, gnädige Sonne uns geweckt hat.
Ich hab Mercury mit zu dem Deli genommen, ihm was zum Frühstück gekauft.
Danach hat er 'n paar Kids getroffen, die er offenbar am Tag vorher kennengelernt hatte.
Ich hab ihn ziehen lassen.

Besser so.
Ich hab einem Kind nichts zu bieten.
Ich kann kaum für mich selber sorgen.
Ich bin selber ein Kind.

Ich bin aus dem Park raus, in Richtung Lincoln Center, und hab einfach den Leuten zugeschaut, wie sie rumhetzten, um Geld zu machen.
Ich hab die Verkäufer beobachtet und gesehen, wieviel Kohle den Besitzer wechselte, und all die Waren, die in den Schaufenstern lagen, wie Weizen, geschnitten, getrocknet, zum Verzehr bereit.
So viel.
Zu viel, aber nicht genug für die Bewohner der Stadt der Heimatlosen.
Dann bin ich in den Park zurückgelaufen und hab mich auf eine Bank gesetzt. Und da sitz ich jetzt und schreibe das hier auf.

Und die Sonne mag ich wirklich.
Sie macht alles Hassenswerte erträglich und lindert alle Schmerzen.
Vielleicht zieh ich nach Südkalifornien um, bloß damit ich das ganze Jahr Sonne hab. Ich glaub, wenn ich in 'nem Land wohnen würde, wo immer die Sonne scheint, könnte ich mit meiner Sucht fertig werden oder wenigstens leichter mit ihr leben.
Wenn die Sonne scheint, ist mir das Rauchen nicht mehr so wichtig.
Sie schmilzt die Schuldgefühle weg.
Ich hab noch Leben in mir.
Ich kann noch was machen.
Ich kann noch sein.
Die Sonne ist das Wunder des Lebens.

Ich hab immer noch nicht geraucht.
Ich will mal sehen, ob ich's bis morgen schaffe.
Es ist so spät.
Wenn ich jetzt rauche, bleib ich die ganze Nacht auf und will dann den ganzen Tag schlafen.
Dann verpaß ich die Sonne.
Ich schreib lieber noch ein Stück.
Das vertreibt mir die Zeit.
Nach dem Schreiben bin ich so müde.
Sich erinnern macht müde.

Nachdem ich an einem warmen Maiabend im Frühjahr 1973 durch Dalek Dali seine Bekanntschaft gemacht hatte, wurden ich und das große C ganz enge Freunde. Unzertrennlich, *inseparable,* wie in dem Song von Natalie Cole.
Wir haben jeden Tag gemeinsam begonnen.
Und jeder Tag ging zu Ende mit einem innigen Kuß.
Ich hab stark abgenommen.
Ich war auf einmal sehr beliebt.
Maggie ist mit Cynthia den Sommer '74 über weggefahren. Das war für mich eine Riesenerleichterung.
Ich hatte immer noch ein schlechtes Gewissen, weil Cynthia mich vergewaltigt hatte.
Ja, sie hatte mich vergewaltigt.
Das hab ich mir eingeredet.
Ich konnte mich nur dadurch rechtfertigen, daß ich mir eingeredet hab, daß sie mich vergewaltigt hatte.
Okay, ich hatte es zugelassen, aber was hätte ich denn machen sollen – aufspringen und das Mädchen anbrüllen? Es Maggie erzählen, die sie grün und blau geschlagen hätte?
Wahrscheinlich hätte Cynthia ein sexuelles Trauma bekommen und später mit Männern sexuelle Probleme gehabt.

Vielleicht wäre sie sogar zur Lesbe geworden. Und das wollte natürlich keiner von uns.
Cynthia hatte mich vergewaltigt.
Schlicht und einfach.
Sie hatte mich vergewaltigt.
Und es hatte mir gefallen.
Ich wollte mehr davon.
Darum löste Maggie auch einige Probleme für mich, als sie mit Cynthia wegfuhr. Seit der Vergewaltigung hatte ich Maggie sowieso kaum gesehen.
Jedenfalls hab ich nicht bei ihr übernachtet.
Jedesmal wenn Maggie es wollte, hab ich ihr gesagt, ich wäre auf dem Weg ins Studio, und das war nicht einmal so richtig gelogen.
Dalek hatte mit den Gesangsaufnahmen von den New Sensations angefangen, und das erste Band hat echt geil geklungen. Es roch meilenweit nach Erfolg.
Ich hatte Dalek den Vorschlag gemacht, ein paar Platten pressen zu lassen und sie an die Radiosender der Colleges zu schicken, um festzustellen, ob sie gesendet wurden. Wenn sie gespielt wurden, konnte er ein paar verkaufen. Und wenn er ein paar verkaufte, wäre er für die Plattenfirmen interessanter. Wir könnten einen besseren Abschluß verlangen.
Ich hab Maggie also nicht so richtig angelogen. Ich hatte wirklich zu tun. Trotzdem hatte ich das Gefühl, daß ich ihr lieber nicht ins Gesicht schauen wollte.

An dem Abend bevor sie wegfuhren, hab ich Maggie auf einen Drink eingeladen. Ich legte im Studio eine Pause ein und traf mich mit ihr in dem Café in der West Newton Street.
Maggie wirkte besorgt. Sie rauchte 'ne Menge Zigaretten. Und sie sah aus, als würde sie gleich losheulen.
Sie weiß es, hab ich gedacht. Cynthia mußte es ihr gesagt haben!
Ich wär fast aus dem Café gerannt.

Aber Maggie hat sich nur entschuldigt. Ich atmete auf. Es täte ihr leid, daß sie sich nicht gemeldet hatte, aber sie hätte echt viel mit Cynthia zu tun gehabt.
Cynthia hätte ihr Sorgen gemacht.
Maggie wäre sich nämlich sicher, daß Cynthia gevögelt hatte.
Fast hätte ich mein Glas fallen lassen.
»Woher weißt du das?« hab ich vorsichtig gefragt.
»Ich riech es an ihren Slips ...« Hmmmm.
Maggie wirkte richtig verzweifelt.
»Seitdem ich dieses Mädchen geboren habe, wasche ich tagtäglich ihre Windeln oder Schlüpfer. Ich weiß, wie Cynthia riecht. Und in letzter Zeit war eben dieser starke, männliche Moschusgeruch in ihren Höschen, und ich hab 'ne Menge Spermaflecken gefunden ...«
Na ja, von mir nicht, hab ich gedacht, während ich langsam an meinem Brandy mit Port nippte. Cynthia hatte sich nachher nämlich gewaschen. Das wußte ich. Ich erinnerte mich noch an das Geräusch von fließendem Wasser.
»Hast du sie darauf angesprochen?« Die Nervosität in meiner Stimme versuchte ich zu verbergen.
»Nein ...« Maggie hörte sich niedergeschlagen an. »Wenn ich sie frage, das weiß ich, kriege ich von ihr bloß 'ne freche Antwort, und wir streiten uns. Von Cynthia laß ich mir nichts gefallen, das weißt du.«
Das wußte ich.
»Ich bring sie zu Mama. Ich will nicht, daß das Mädchen schwanger wird ... Wenn ich sie den Sommer über hierlaß, dann hat sie 'nen dicken Bauch, bevor du dich dreimal umschaust, und dann muß ich sie umbringen!«
Ich versuchte zu lächeln, um die Sache ein bißchen zu verharmlosen. »Mensch, Maggie, sag doch so was nicht! Du weißt doch, daß du das gar nicht über dich bringst.«
Maggie hat mich traurig, aber ruhig angeschaut.
»Wenn die Schlampe mir je mit 'nem Kind ankommt, bevor sie achtzehn oder verheiratet ist ... egal, was von

beidem ... dann bring ich sie um und den Nigger, der dafür verantwortlich ist, dazu ... Ich hab Cynthia oft genug gewarnt, und da versteh ich keinen Spaß!«
In dem Moment wußte ich, daß Maggie es ernst meint.
Ich hab das Thema zu wechseln versucht, weil es ein bißchen zu heiß für mich war, noch länger darüber zu reden.
Der Rest des Abends war ganz nett.
Ich hab mich entschuldigt, bin zum Telefon, hab das Studio angerufen und Dalek gesagt, daß ich den Rest der Nacht freihaben muß. Zoff daheim, hab ich ihm erzählt.
Ich hab Maggie mit zu mir genommen und ihr 'nen Gnadenfick verpaßt, weil ich ein so furchtbar schlechtes Gewissen hatte.
Ich hab mir geschworen, Cynthia nie wieder anzurühren. Und den Schwur hab ich echt halten wollen.
Maggie ist am nächsten Morgen ganz früh mit dem Taxi weggefahren.
Das sollte das letzte Mal sein, daß wir in einem unzweifelhaften Sinn des Wortes zusammen waren.

Da Maggie und Cynthia eine Zeitlang weg vom Fenster waren, hab ich mich ganz auf das Imperium konzentrieren können, an dem Dalek und ich wie wild herumzimmerten. Er war meinem Rat gefolgt und hatte fünfhundert Stück von dem New-Sensations-Demo pressen lassen.
Das Stück hieß »*Telephone Song*«.
Zuerst war's nirgendwo zu hören. Dalek kriegte schon Muffe, daß er auf fünfhundert wertlosen Plastikteilen sitzen bleiben würde, und bereute oft und lautstark, daß er auf meine »Scheiß-Idee« – wie er es nannte – gehört hatte. Aber dann, vier Wochen nachdem wir Platten an die Radiostationen verschickt hatten, hat eines Nachmittags ein Plattenladen aus der Gegend angerufen. Es wären mehrere Leute in den Laden gekommen und hätten »*Telephone Song*« verlangt. Sie hätten es im Radio gehört. Der Laden hatte den Radiosender angerufen und rausge-

 kriegt, daß Dalek der Produzent war. Und dann bestellte dieser Laden zwanzig Stück.
An dem Abend haben wir mit den Sensations gefeiert. Wir hockten gerade im Kontrollraum und rauchten Gras, als jemand aus dem Büro brüllte: »Sie spielen's! Sie spielen's!« Alles raste zum Empfänger, Dalek drehte die Lautstärke auf, und da war es: Die New Sensations sangen in einem herrlichen Mono-Sound den »*Telephone Song*«. Ich hatte nicht einen Ton auf der Platte gesungen und war an der Produktion nur minimal beteiligt gewesen, aber ich war stolzer als sie alle. Es war meine Idee gewesen, die Platte pressen zu lassen.

In den nächsten Wochen war pyramidal viel zu tun. Die ersten fünfhundert Stück waren bald ausverkauft. Dalek mußte noch mal fünfhundert nachpressen lassen.
Und auch die gingen weg wie nix.
Bald waren wir von Radio-Agenten belagert, die gegen eine Gebühr unsere Platte in anderen Bundesstaaten an den Mann bringen wollten.
Ich hab Dalek gesagt, daß ich das für keine gute Idee hielte. Wir waren ja keine Plattenfirma, sondern Produzenten, die sich als Manager versucht hatten. Wir hatten ja nur gewollt, daß die New Sensations einen Vertrag von einer großen Firma bekommen.
Aber Dalek roch das große Geld. Er hat fünfzehnhundert Stück von »*Telephone Song*« pressen lassen, sie meinem Agenten gegeben, und dann haben wir nie mehr was von ihm und den Platten gehört. Allerdings bekamen wir einige Anrufe von Radiosendern aus anderen Bundesstaaten, die uns mitteilten, daß sie die Platte spielten, und um ein paar Auskünfte über die Sensations baten.

Damals war mein Kokainkonsum noch nicht allzu heftig. Ich hab pro Woche so um die hundert bis hundertfünfzig Dollar verraucht, das war nicht weiter schlimm.
Ich konnte meine Miete bezahlen.

Ich sparte zwar nichts, kam aber über die Runden.
Mir ist bloß aufgefallen, daß ich am Tag nach dem Rauchen normalerweise so lange schlecht drauf war, bis ich den ersten Kokain-Joint am Tag anzündete.
An einem Nachmittag bin ich zufällig mit einem Vertragsvorschlag ins Büro von Dalek gestürmt, und da saß Robbie Mitchell, der Hauptsänger der New Sensations, die Nase tief über einen Spiegel gebeugt, und schnupfte eine übermächtig lange Straße Kokain.
Ich war schockiert, hab aber nichts gesagt.
Dalek hat mich angelächelt.
Ich hab gewartet, bis Robbie genug hatte und gegangen war, bevor ich Dalek darauf ansprach.
»Ist er nicht 'n bißchen zu jung, um den Stoff zu nehmen?«
Robbie war gerade fünfzehn geworden.
»Jung!« Dalek brüllte vor Lachen. »Es war sein Stoff! Er hat mich überhaupt draufgebracht.«
Darauf wußte ich nichts mehr zu sagen.

Ich hab mir vorgenommen, noch am gleichen Abend vor 'ner Aufnahmesession mit Robbie zu reden, aber es hat nichts genützt. Robbie hat nur darüber gelacht.
Er hat mir gesagt, daß die anderen Typen in der Gruppe es auch nahmen. Sein großer Bruder hätt's ihm gezeigt, und er würde damit besser singen. Ich wußte nicht mehr, was ich sagen sollte.
Ich hab das Zeug geraucht.
Ich hab's gemocht.
Ich hab mich damit besser gefühlt und besser gedacht.
Dachte ich. Damals.
Ich wußte nicht genug über die Gefahren der Droge, um ihm davon abzuraten, also hab ich gar nichts gesagt.

Bei Dalek ging's heiß her.
Drei Plattenfirmen hatten sich nach den Sensations erkundigt und eine von ihnen auch ein Angebot gemacht. Ich war gerade damit beschäftigt, mit Dalek einen Vertrag für

 die Sensations abzufassen, als auf einmal die große Scheiße am Dampfen war.
Es war am letzten Augustwochenende.
Das weiß ich noch, weil es einer der heißesten Tage in dem Sommer gewesen war und die betreffende Nacht brütend heiß. Wir hatten die Schlußmischung von einem neuen Sensations-Band gemacht, und es war nicht besonders gut gelaufen. In der Nacht davor war uns das Kokain ausgegangen, und tagsüber hatten wir uns keins beschaffen können. Kein Wunder also, daß wir uns bloß noch gegenseitig anschnauzten und beschimpften. Auf einmal zogen Robbie und Lentil, der Baßsänger, Revolver und zielten aufeinander. Da standen sie, mit gebleckten Zähnen und hervorquillenden Augen, und beschimpften sich, was das Zeug hielt. Jederzeit bereit, sich gegenseitig das Gehirn rauszupusten. Pure Koks-Wut. Ich und Dalek waren gleichzeitig vor je einen von ihnen gesprungen. Um die Anlage zu schützen. Sie hätten uns die Scheiße aus dem Leib schießen und uns bis aufs Hemd ausnehmen können.
In der Nacht ist mir und Dalek klar geworden, daß diese jungen Typen, diese Kids, diese New Sensations, es mit dem Starwerden wirklich ernst meinten.
Sie waren bereit, sich dafür gegenseitig umzubringen.
Und der einzige Grund, warum sie uns nicht umgebracht haben, war der, daß wir die einzigen Leute waren, von denen sie wußten, daß sie sie zu Stars machen können …
Aber das würde sich bald ändern.
Nachdem wir Robbie und Lentil davon überzeugt hatten, daß ein Plattenvertrag viel witziger wäre als das Gefängnis oder der Tod, steckten sie ihre Schießeisen schließlich weg. Ich hab gezittert wie Wackelpudding.
Dann hab ich Dalek vorgeschlagen, es für diesen Abend gut sein zu lassen.
Dalek, der sich nervös an 'ner Zigarette festklammerte, war einverstanden. Wir haben Robbie in einem Taxi und den Baßsänger Lentil in 'nem anderen nach Hause ge-

schickt und den Rest von den Sensations auf die beiden Taxis verteilt. Dalek und ich lächelten uns unbehaglich zu und gingen ebenfalls jeder zu sich nach Hause.

Auf dem Heimweg kam ich an 'ner ganzen Menge von Usern vorbei, Mädchen wie Jungs, die noch fleißig am Dealen waren, obwohl es schon halb vier Uhr morgens war. Zu Hause war ich froh, daß ich mich in Unkosten gestürzt und mir einen Ventilator gekauft hatte, denn in meiner Wohnung war's kühler als draußen.
Ich hab mir gerade meinen Gute-Nacht-Joint gedreht, als es wie irre an meiner Tür klingelte.
Ich hab gedacht, es ist vielleicht Garcia, die puertorikanische Schnecke aus der Nachbarschaft, die ich gebumst hab. Ich hab dreimal an dem Joint gezogen und dann die Tür aufgemacht. Und wer stand da auf meiner Schwelle, zerzaust, aber unheimlich süß – Cynthia! Ohne was zu sagen, ist sie an mir vorbei in die Wohnung gerauscht. Ich stand immer noch draußen und lachte. Ich hab nicht gewußt, was ich sonst machen soll, also hab ich gelacht. Immerhin hatte ich, bevor ich in mein Haus rein war, die Straße rauf- und runtergeschaut und gebetet, daß Maggie nicht mit einer Hundertschaft Bullen auf dem Weg zu mir war.
»Wo ist deine Mutter?« hab ich ganz ruhig gefragt.
»Die is' noch in Florida«, antwortete Cynthia gleichmütig.
»In Florida!« Ich hab mir meinen Joint wieder angesteckt.
»Ich bin weggelaufen ... die Schlampe spinnt doch!« Cynthia stand immer noch mitten im Zimmer, mit dem Rücken zu mir.
»Du darfst nicht Schlampe zu deiner Mutter sagen.« Ich hab nicht gewußt, was ich ihr sonst sagen sollte.
»Sie ist eine Schlampe, und sie spinnt ... Sie hat mir die Finger am Herd verbrannt!«
»Warum hat sie das gemacht?«
»Ich hatte mir 'n bißchen Geld aus ihrem Portemonnaie genommen.« Jetzt drehte sich Cynthia zu mir um. »Ich hab

mit 'nem Jungen, den ich da unten kennengelernt hab, ins Kino gehen wollen, und das hat sie nicht gewollt, darum hab ich mir das Geld genommen ... Aber sie hat mich erwischt, bevor ich weg war, hat mich verprügelt, mich zum Gasherd gezerrt und mir die Finger in die Flamme gehalten ... Eine kranke, böse Schlampe ist sie!«
In diesem Augenblick hat mir eine innere Stimme gesagt, daß ich diese Kindfrau zur nächsten Polizeiwache bringen und sie dort ihrem Schicksal und Maggie überlassen sollte.
Und daß es besser wäre, meinen Fehler mit dem Kind wiedergutzumachen, anstatt ihn noch mal zu begehen.
Ich war ja nicht für Cynthia verantwortlich.

ABER

ich hab nicht auf meinen Kopf gehört.
Ich hab auf meinen Schwanz gehört.
Einen Schwanz, der angeschwollen war vor lauter Gier nach der Fotze dieser gar-nicht-so-unschuldigen Kindfrau, die da in meinem Wohnzimmer stand, ganz allein und mir total ausgeliefert – oder ich ihr.
Ich hab uns 'ne heiße Schokolade gemacht und ihrem Jammermärchen zugehört, und wie schrecklich ihre Mutter sie behandelt hätte. Dabei hatte die doch bloß gewollt, daß Cynthia das bißchen, was von ihrer Jungfräulichkeit noch da war, sich für später aufhob, wenn sie älter und verantwortungsbewußter war. So in etwa hab ich's ihr zumindest erklärt. Dann hab ich sie gefragt, wie sie eigentlich von Florida nach Boston gekommen war.
Sie war den ganzen Weg getrampt.
Ob sie keine Angst davor hätte, was ihre Mutter mit ihr machen würde, wenn sie sie wieder in die Finger bekam?
Cynthia war das egal.
Sie wollte nicht wieder heimgehen.
Nie wieder.
Ich hab sie gefragt, wo sie bleiben wollte. Sie hat gesagt, sie würde bei Cousins von ihr schlafen, die eine Wohnung

in Mattapan hätten, fragte aber, ob sie die Nacht über bei mir bleiben könnte.
Ohne auch nur nachzudenken, hab ich ja gesagt.
Das Kokain in dem Joint, den ich davor geraucht hatte, machte mich geiler als eine Herde Nashörner, aber ich war entschlossen, dieses Kind nicht anzurühren. Ich hab gesagt, sie würde in meinem Bett schlafen und ich auf dem Sofa.
»Warum?« Cynthia schaute mich mit ihren feuchten Mandelaugen an. Mir lief's heiß und kalt den Rücken runter.
»Du hast mich doch schon gebumst.« Sie fing an, sich auszuziehen.
»Da hab ich geschlafen!« versuchte ich zu protestieren. Ich hab's echt versucht.
»Wenn du wirklich geschlafen hast, woher weißt du dann, daß du mich gebumst hast?« Cynthia stand verdammt nahe bei mir.
Sie hat nicht lange gefackelt. Sie wußte, was sie wollte, und hat es sich einfach geholt. Sie fing an, mir den Schwanz zu reiben, durch die Jeans durch.
Raufrunter ... raufrunter ...
Sie versuchte, ihn richtig zu packen, aber die Jeans war zu eng.
Ich hab mich losgemacht.
»Nein! Das dürfen wir nicht! Deine Mutter bringt uns um!«
Das Wasser lief mir runter, als stünd ich in 'nem Monsunregen.
Cynthia kam auf mich zu.
»Meine Mutter? Scheiß auf die Schlampe! Wie soll sie's denn spitzkriegen? Willst du's ihr vielleicht stecken? Ich hab ihr nichts von unserem ersten Mal gesagt ... noch nicht ...«
Ich wollte diesem frühreifen Teenager soviel sagen, alles mögliche, Hauptsache, es verhinderte das, was drauf und dran war zu passieren.
Aber ich kriegte kein Wort raus.

 Ich war sechsundzwanzig.
Ein geiler Sechsundzwanzigjähriger, der von dieser Teenager-Circe schon seit Jahren verhext war. Sie hatte mich bereits gebumst, und es war an der Zeit, ihr das Kompliment zurückzugeben. Vielleicht würde sie ja merken, daß sie noch nicht reif für einen richtigen Mann war, wenn ich sie bumste wie eine richtige Frau.
Ihr Kuß hat mir dann den Rest gegeben.
Cynthia hörte zu reden auf, während ich stumm stand und nachdachte.
Sie kam auf mich zu und küßte mich. Ihre Lippen knallten auf meine, fanden meine Zunge und saugten daran.
Fest.
Ihre Finger tanzten auf meinem Schwanz.
Ich hab noch schwach den Versuch gemacht, sie wegzustoßen, aber ich konnte nicht. Ich hab ihre Haare gestreichelt, ihr Gesicht ... ihren Körper.
Und dann hab ich sie in meine Arme hochgehoben und sie in mein Schlafzimmer getragen, so wie der Typ in *Vom Winde verweht* es mit Scarlett O'Hara gemacht hat.

Ich brauch dir nicht zu erzählen, was ich dann mit ihr gemacht hab, weil du's schon weißt.
Ich hab sie gefickt.
Ich hab sie blöd gefickt.
Wir sind vier Tage im Bett geblieben.
Ich bin nicht zur Arbeit.
Ich bin nicht ans Telefon, das wie verrückt klingelte.
Ich hab Angst gehabt, an die Tür zu gehen, wenn's klingelte, weil ich mir sicher war, daß irgendwann Maggie davorstehen würde. Wir waren die ganze Zeit über nackt. Mit dem Vögeln haben wir nur aufgehört, um zu essen, zu schlafen und zu pinkeln. Manchmal bin ich aufgewacht, und Cynthia saß auf meinem Schwanz. Dann hab ich sie auf den Rücken gelegt und es ihr besorgt.
Es hatte den Anschein, als ob sie ein großes Bedürfnis hätte, gebumst zu werden. Ihr Verlangen war unbändig.

Sie hat mir erzählt, daß ein Cousin von ihr ihre Blume gepflückt hatte, als sie neun war, und daß sie seitdem immer von Schwänzen fasziniert gewesen war. Sie nahm die Pille, darum hatte sie keine Angst, schwanger zu werden. Ihr Cousin war fünfzehn gewesen, als sie neun war, darum fühlte sie sich zu älteren Männern hingezogen. Sie hatte sogar vorgehabt, mit Carlos durchzubrennen, dem sechsundzwanzigjährigen Puertorikaner, mit dem ihre Mutter sie gesehen hatte. Sie liebte Carlos, sagte sie.
Er sei verrückt nach ihr, und vor mir sei er der einzige Mann gewesen, der sie stundenlang ficken konnte, ohne müde zu werden.

* * 18. JUNI * 1991 * 13.00 UHR * *

Seitdem ich das letztemal geschrieben hab, ist so viel passiert.
Ich war 'ne Zeitlang im Krankenhaus.
Ich wär fast draufgegangen.
Na ja, zumindest hab ich das Gefühl gehabt.
Ich hatte auch 'nen Zimmergenossen. Von dem erzähl ich dir gleich.

'ne Weile ist es mir super gegangen.
Das Crack, das ich mit der Kohle von Lorraine gekauft hatte, hab ich erst fast eine Woche nach dem Kauf geraucht.
In meinem Körper waren keine Rückstände mehr von dem Stoff, darum war der erst Hit fast wie mein allererster überhaupt. Magisch.
Ich hab Farben gesehen.
Der Rush war so intensiv, daß ich zu schwitzen anfing. Es war phantastisch.
Ich hab die erste Tüte aufgebraucht und war total hyper drauf. Sah ganz so aus, als würde für den Tag eine

 1a-Prasserei anstehen, aber so weit bin ich nicht gekommen.
Ich hab die zweite Tüte aufgemacht, meine Pfeife gestopft, sie angesteckt, daran gezogen und auf den Rush gewartet.
Schon beim Zünden hab ich gemerkt, daß was nicht stimmt. Der Shit hat irgendwie nicht gut gerochen.
Der Rauch hat mir die Kehle versengt wie eine Lötlampe.
Ich hatte das Gefühl, mein Kopf schmilzt.
Ich hatte schon soviel inhaliert, daß ich zu husten und zu spucken anfing, dann zu kotzen. Der Rauch stieg mir wie ätzende Schwefelsäure ins Gehirn.
Dann hörte ich, direkt hinter den Ohren, eine Art Reißen in meinem Kopf, und das Zimmer fing zu schwanken an.
Ich bin echt in Panik geraten.
Mein Herz schlug immer schneller, und sosehr ich's auch probiert hab, ich hab's nicht geschafft, mich zu beruhigen, und kotzte immer weiter.
Ich konnte kaum gehen, hab's aber runter bis zur Tür von Mr. Green geschafft, dem Nachbarn, der mit meiner Mutter befreundet war und ab und zu nach mir schaut. Ich weiß noch, daß ich gegen seine Tür gehämmert hab, dann war alles schwarz.
Als ich wieder zu mir kam, lag ich im Kings County Hospital.
Sie haben mich auf eine Station mit den alten Männern gelegt, lauter alten Weißen, die im Sterben lagen.
Es war furchtbar.
Du konntest den Tod schon an ihnen riechen.
Ein paar von ihnen waren nicht mehr in der Lage, sich ohne Hilfe der Schwestern auch nur zu bewegen.
Nachts war es fast unmöglich, zu schlafen, weil ein paar von ihnen ununterbrochen stöhnten und schrien.
Der für mich zuständige Arzt hat mir viele Fragen gestellt.
Ich hab ihm nur wenig erzählt.
Ich nahm an, daß er mich untersucht hatte, als ich bewußtlos war, also wußte er wohl, was Sache war.
Er hat mich gefragt, welche Drogen ich nehme.

Ich hab ihm nichts gesagt.
Später hat mir die Schwester gesagt, daß meine Leber krank sei und ihnen eine Beule an meinem Kopf Sorgen machte.
Ansonsten wäre ich gesund. Unterernährt, untergewichtig, dreckig und völlig verwahrlost, aber gesund.
Als der Arzt wiederkam, sagte er mir, in meinem Blut seien deutliche Spuren eines Kokainderivats gefunden worden und dazu Spuren einer giftigen Chemikalie; den Namen hat er mir gesagt, aber ich hab ihn wieder vergessen. Und er sagte, ich hätte großes Glück gehabt.
Wenn ich mehr genommen hätte, wäre ich daran hopsgegangen.
Er hat mich gefragt, ob ich Crack nehme.
Ich hab ihm nichts gesagt.
Ich wollte ihm nicht mal meinen Namen sagen.
Eigentlich hab ich in den zwei Tagen und drei Nächten, die ich dort in dem Krankenhaus war, mit keinem geredet. Ich wollte nicht, daß sie irgendwelche Akten über mich anlegen.
Wer weiß, wenn ich eines Tages Schluß mit der ganzen Scheiße mache und noch mal von vorne anfange, dann kandidiere ich vielleicht für ein öffentliches Amt und will nicht, daß irgendeine Konkurrentenfotze mir diesen ganzen Dreck auftischt.
Der Doktor war cool.
Er hat mir gesagt, wenn ich süchtig wäre, könnte er mir einen Therapeuten außerhalb des Krankenhauses empfehlen. Ich hätt mich fast kaputtgelacht, als er das gesagt hat.
Die Versuchung war groß, ihm von Eric zu erzählen, aber ich hab nichts gesagt. Ich hab nur gelacht.
Vielleicht könnte ein anderer Therapeut mir ja helfen, aber ich weiß nicht so recht. Jetzt versuch ich gerade wieder, zu Kräften zu kommen. Was mit 'nem Therapeuten ablaufen würde, weiß ich schon, und ich weiß auch, was er zu

mir sagen würde. Er würde sagen, daß es bloß an mir liegt, ob ich aufhören will. Das weiß ich schon.
Ich war so froh, aus dem Krankenhaus rauszukommen.
Ich bin mit dem Taxi heimgefahren.
Die vom Krankenhaus haben's bezahlt.
Sie hatten gesagt, daß ich immer noch schwach wäre und viel Wasser trinken sollte. Ich hatte ihnen geantwortet, daß ich keine Knete hätte, um mir Wasser zu kaufen, und daß das Leitungswasser in meiner Wohnung eklig ist und ich es nicht trinken kann.
Daraufhin gaben sie mir Essensmarken für fünfzig Dollar, und ich hab mir auf dem Heimweg Wasser und was zu essen gekauft. Von den Marken hab ich mir zwanzig Dollar gespart. Die Marken kann ich für Rocks eintauschen.
Als ich daheim war, hab ich mir sofort die Tüte mit den Rocks angeschaut, die ich geraucht hatte, bevor ich krank wurde, um zu sehen, welche davon die üblen waren.
Ich war in Versuchung, die Tüte wieder zu verkaufen, von der ich noch nichts geraucht hatte, weil ich es nicht leiden kann, wenn man mich reinlegt, aber ich hab gewußt, wenn ich's an irgend jemand aus meiner Gegend verkaufe, dann hab ich die Leute in alle Ewigkeit am Hals, und in die Stadt zu fahren, war es mir nicht wert.
Also hab ich die verdorbenen Rocks das Klo runtergespült.
Von dem Rest hab ich jeweils ein bißchen probiert, indem ich eine Prise davon in die Pfeife gestopft, sie angezündet und an dem Rauch geschnuppert hab, weil ich mich nicht traute, ihn zu inhalieren.
Es hat mir nicht gepaßt, so viele Streichhölzer zu verbrauchen, aber eine Kerze hatte ich nicht.
Der Rest von der Lieferung war 1a. Es war ein herzerwärmender Heimkehr-Rauch.

Den Sommer liebe ich.
Ich komm soviel besser zurecht, wenn's warm ist, die Pfeife redet nicht so barsch mit mir, und wenn sie redet

und ich sie nicht hören will, kann ich aufs Dach von meinem Wohnblock raus, das ist einer von meinen Lieblingsplätzen, und dort in der Sonne sitzen und das Pfeifengeschwätz einfach überhören.
Ich hab einen Mitbewohner gekriegt.
Ist ein Typ, mit dem ich in die Schule gegangen bin.
Er heißt Quentin.
Er ist obdachlos.
Quentin hatte ich seit Jahren nicht gesehen.
Drei Tage nach meiner Entlassung aus dem Krankenhaus war ich gerade auf dem Weg aufs Dach, als ich auf dem Treppenabsatz vor der Tür, die aufs Dach rauf geht, die ganzen Kartons gesehen hab. Ich hab nicht darauf geachtet, weil im Winter 'ne Menge Obdachlose in den Treppenhäusern der Wohnblocks Schutz suchen.
Draußen hab ich dann diesen Kerl in 'nem schwarzen Wollmantel dahocken sehen, mit dem Rücken zu mir. Sein Haar war ganz verfilzt und verdreckt. Er hat ausgesehen, als würd er sich Rasta-Locken wachsen lassen, aber die Haare hätten bloß geschnitten und gewaschen werden müssen. Ich hab ihn gerochen, noch bevor ich ihn gesehen hab.
Gerade wollte ich mich wegdrehen und wieder in meine Wohnung zurückgehen, als er sich zu mir umgedreht hat.
»Cornelius?!«
Die Stimme kam mir bekannt vor.
»Cornelius junior?!«
Aber ich hab sie nicht einordnen können.
Der Dreckige-Einkaufstüten-Mann ist aufgestanden und hat gegrinst. »Ich bin's! Quentin Forrest!«
Da ist mir die Klappe runtergefallen.
Dieser Quentin Forrest war in der Schulzeit so 'ne Art Rivale von mir gewesen. Seine Noten waren so gut wie meine, in Mathe und Physik fast besser, und wir hatten beide die gleichen Mädels gebumst. Angeblich war er nach Yale gegangen. Unsere Eltern waren befreundet gewesen, was seltsam war, weil seine Eltern nicht in die

 Kirche gingen und meine Eltern mit gottlosen Leuten nichts am Hut hatten.

Und da stand er jetzt vor mir, ein Fünf-Sterne-Vampir-Zombie.

Er mußte lachen, als er mein fassungsloses Gesicht sah.

Wir haben uns zusammen auf dem Dach in die heiße Juninachmittagssonne gehockt.

Quentin hat mir seine Geschichte erzählt.

Was mit ihm passiert war.

Das Leben kann echt Scheiße sein, und seins war's gewesen.

Quentin hat glattweg aufgegeben ... na ja, so einfach war's auch nicht. Ihm war 'ne Menge passiert.

Tragische Sachen, Sachen, die mich 'ne Woche kosten würden, wenn ich sie aufschreiben würde. Aber der Kern der Sache war, daß er wie ich das Gefühl hat, daß das Leben ihn überfahren hat. Das Leben hat uns ins Gesicht geschlagen und uns blutend im Rinnstein liegen lassen. Das Leben hat uns lachend eine Handvoll verrückter Karten ausgeteilt, die wir nicht zu Bargeld machen konnten, und mit vierundvierzig wieder von vorn anzufangen war nicht drin. Als ich Quentin sah und den Zustand, in dem er war, wurde mir klar, daß auch ich mein Leben aufgegeben hatte.

Ich würde nie zu dem Multimillionär werden, wie ich mir immer vorgenommen hatte. Ich würde nie ein eigenes Auto besitzen, ganz zu schweigen von einem Haus. Und das alles traf auf uns beide zu.

Dieses gegenseitige Eingeständnis hat uns zum Lachen gebracht.

Dann zum Schweigen.

Wir haben dagehockt und bis zum Dunkelwerden in den alten Tagen gescharrt wie alte Gockel.

Über unseren Köpfen blinkten verschwommen die Sterne, und ein lahmer Wind wehte und kühlte die heiße, wütende Luft.

Es war dunkel.

Ich wollte reingehen und was rauchen.
Als ich aufstand, um mich zu verabschieden, hab ich einen fragenden Blick in den Augen von Quentin gesehen.
Er hat nichts gesagt, aber ich wußte, was er will.
»Paß auf ...« hab ich langsam gesagt. »Für heute nacht haben sie Regen gemeldet. Ich hab unten im sechsten Stock 'ne Bude ... es ist nicht gerade der Tadsch Mahal, aber trocken ...«
Quentin hat kein Wort gesagt. Er ist aufgestanden, hat sein Zeug zusammengerafft und ist mit mir runter in meine Wohnung. Als erstes hab ich ihn dazu gebracht, daß er ein Bad nimmt.
Ich hab seine Kleider mit ein bißchen altem Waschmittel, das ich noch hatte, in die Küchenspüle gelegt und eingeweicht.
Als Quentin sauber war, war's gar nicht mehr so schlimm.
Ich hab Angst zu rauchen, wenn Quentin da ist, weil ich nicht weiß, ob er drauf steht.
Darum bin ich, seitdem er bei mir wohnt, klar im Kopf.
Vielleicht ist es ja nicht schlecht.
Vielleicht können wir uns gegenseitig helfen.

Ich war dabei, dir von Cynthia zu erzählen.
Wie sie in dieser traurigen heißen Augustnacht 1974 plötzlich vor meiner Tür stand.
Die Nacht war traurig, weil weder Cynthia noch ich ahnen konnten, was für furchtbare Sachen über uns reinbrechen würden, weil sie durchgebrannt und zu mir gekommen war.
Zu sagen, daß ich in Cynthia verliebt war, ist nicht bloß zu einfach, es ist auch ungenau.
Ich war von Cynthia besessen.
Ich weiß, daß das wahrscheinlich an meiner Neigung zur Sucht gelegen hat.
Ihr Geruch ... ihr Geschmack ... ihre Farben ... ihre Augen ... ihr Atem ... jede Linie, jede Fläche, jedes Partikelchen ihres Wesens hat mich mit Urverlangen erfüllt.

Ich hab's nicht ausgehalten, länger als eine Viertelstunde von Cynthia weg zu sein. Immer mußte ich sie im Blick haben. Die Eifersucht von Othello war nichts gegen meine.
Ihr zuliebe hätte ich mit Freuden einen Mord begangen … à la Macbeth.
Ich frage mich, wie mein Leben verlaufen wäre, wenn Cynthia und ich hätten weitermachen dürfen, um Mann und Frau zu werden …

ABER

wie bei Romeo und Julia war unser Ende schnell und tragisch.

Nach einer Woche Paradies – nur wir beide allein, ohne sonst jemand zu treffen, ohne irgendwohin zu gehen – war ich bereit, Maggie zu sagen, daß Cynthia zu mir gehörte und ich eine ehrbare Frau aus ihr machen würde.
Ich würde warten, bis sie sechzehn wäre, und sie dann heiraten.
Aber ich hab nie Gelegenheit bekommen, mit Maggie zu reden.
Während meiner Eden-Woche mit Cynthia hab ich ein paar dringliche Telegramme von Dalek bekommen (ich bin nicht ans Telefon, darum hat Dalek Telegramme geschickt).
Eine Plattenfirma hatte einen Vertrag angeboten, den er für einen im Leben einmaligen Deal für die New Sensations hielt, und er brauchte mich, um ihn abzuchecken.
Schließlich hab ich Dalek angerufen und ihm gesagt, daß ich Grippe hätte, aber wenn er mir den Vertrag mit Fahrradboten vorbeischicken würde, würd ich ihn mir anschauen.
Und das hab ich.
Aber ich mußte trotzdem ins Büro und mich mit Dalek

zusammensetzen, um die Vertragsbedingungen in Ordnung zu bringen.
Mit diesem Vertrag würden Dalek, ich und die New Sensations möglicherweise groß rauskommen, und das wollte ich mir bestimmt nicht entgehen lassen.
Also bin ich wieder in die Arbeit.
Weil ich nicht wollte, daß Cynthia wie ein Großstadtrapunzel in meine Wohnung eingesperrt ist, bin ich zum Schlüsseldienst, hab einen Satz Schlüssel nachmachen lassen, bin zurück, hab Cynthia richtig durchgegeigt, hab ihr die Schlüssel gegeben und bin zur Arbeit.
Die Idee war die, daß Cynthia bei ihren Cousins in Mattapan vorbeischaut, ihnen mitteilt, daß mit ihr alles in Ordnung ist, und mich am selben Abend wieder in der Wohnung trifft.
Ich bin zur Arbeit.
Nach Feierabend bin ich heimgekommen.
Und dann hab ich eine himmlische Nacht mit meiner Privat-Venus verbracht.
Drei herrliche Wochen lang war das unser täglicher Rhythmus.

Als ich am Abend vor unserer letzten gemeinsamen Nacht von der Arbeit heimkam, saß Cynthia völlig aufgeregt auf der Treppe vor meiner Wohnung. Sie hatte ihre Schlüssel verloren.
Na ja, sie hat nicht so recht gewußt, ob sie sie verloren hatte.
Sie meinte, daß sie sie vielleicht in der Wohnung von ihren Cousins gelassen hatte.
Ich hab ihr gesagt, sie solle sich nicht aufregen und sie eben am nächsten Tag holen.
»Aber das ist es doch … die fahren heut abend für eine Woche weg!« jammerte Cynthia, ganz das verzogene Kind, das sie war.
Ein Kind, das viel zuviel Karamel-Schokoladen-Eisbecher bekommen hat und dem jeder Wunsch von einer Mutter

erfüllt worden war, die sich vor lauter Schuldbewußtsein abmühte, ihrer Tochter alles zu bieten. Einer Mutter, die Vater, Bruder und Freund zugleich gewesen und jetzt dabei war, die Schlacht zu verlieren.
Jetzt war das Kind eine junge Frau, und die junge Frau hatte sich ihren Retter selber erwählt.
Mich.
Ich genoß meine neue Rolle.
Während ich meinen Schlüssel rauszog, die Tür aufsperrte und Cynthia reinließ, hab ich sie beturtelt, besänftigt, begluckt, beruhigt. Und in dem Moment, wo ich meine Tür vor der Welt zumachte, wurde mir klar, daß mein Leben vollkommen war und ich nie glücklicher sein würde.
Ich sollte recht behalten.
Ich hab mir einen dicken Joint mit Kokainzusatz gedreht und den Rauch Cynthia in die Nase geblasen.
Ich wollte sie nicht inhalieren lassen. Ein bißchen Ordnung mußte schon sein. Wir sind nackt in der Wohnung rumgerannt und haben eine Variante von Fangen gespielt. Einer mußte den anderen jagen und fangen, und als Preis durfte der Jäger von dem anderen Lust verlangen.
In jeder Form.
Das war der größte Spaß, den ich bis heute jemals hatte.
Wir waren noch am Spielen, als die Sonne aufging.
Mit Cynthia auf meinem Schwanz hab ich ein paar Stunden geschlafen, bin dann aufgestanden und zur Arbeit gegangen.

Der Deal war phantastisch für Dalek.
Als Anreiz hatte die Plattenfirma Dalek Büros in New York zur Verfügung gestellt. Die Sache war mir nicht ganz geheuer, und ich hab Dalek gedrängt, dafür zu sorgen, daß das Angebot rechtskräftig und unwiderruflich war und der Mietvertrag auf seinen Namen ausgestellt wurde.
Dalek war über meinen Scharfsinn und meine Weitsicht so erfreut, daß er mich mit einer Gratifikation von zwei-

hundert Dollar in bar und zwei Gramm Kokain belohnt hat.
Erschöpft, beschwingt, aufgeregt bin ich dann heim zu meinem Baby.
Cynthia war da, strahlend, kichernd.
»Geh dich duschen! Du riechst wie ein Stinkebär!« trällerte sie und fing an, für uns Essen zu machen.
Eigentlich wollte ich sie ausführen, aber sie hat darauf bestanden zu kochen, also haben wir Schweinebraten in Brotteig mit Bohnen und Maiskolben geschlemmt. Fröhlich haben wir dieses Coney-Island-Essen verzehrt, ohne zu wissen, daß es unser letztes gemeinsames Mahl sein würde.
Nach dem Essen war ich so müde, daß ich nicht mal Cynthia gebumst hab ...
Na ja, jedenfalls nicht so wild, wie wir's normalerweise gemacht haben. Sie ist in meine Arme gesunken und hat mich in sich hineingleiten lassen.
So haben wir geschlafen.

Zwei Schreie.
Der eine empört. Wütend.
Der andere ein Schmerzschrei.
Todesangst.
Ich hab die Augen aufgemacht.
Über uns stand, mit einem zu Wut, Unglauben, abgrundtiefer Enttäuschung verzerrten Gesicht, Mama Maggie. In ihrer Hand blitzte etwas.
Ein Ding, das herabstieß, hochfuhr, wieder herabstieß. Und jedesmal, wenn es herabstieß, brüllte Cynthia auf, als schüttete jemand kochendheißes Wasser über sie.
Ich rollte mich über sie, um sie vor Maggies Wahnsinnshieben zu schützen.
Jetzt war ich dran.
Das stählerne, kalte, bluttriefende Ding – es war Cynthias Blut – hat mich an der Schulter erwischt, dann am Rücken.
Ich versuchte mich zu bewegen, aber Cynthia lag reglos

unter mir und Maggie auf mir. Sie kreuzigte mich. Nagelte mich auf den Baum der leblosen Cynthia.
Cyn-thi-a … Sün-de-ja.
Dunkelheit.

Jahrhunderte später.
Von den Schmerzen aufgewacht.
Heftigen Schmerzen.
Stechenden Schmerzen.
Heißes Licht. Helles Licht.
Die Stimmen von Mama und Lorraine über mir.
Leise, verängstigte Stimmen.
»Seine Lider zucken!«
»Ich danke dir, Herr Jesus! Danke dir, Herr!«
Tropfflaschen, Schläuche und Drähte.
Apparate.
Eine künstliche Lebensfabrik.
Ich war zu Nate geworden.
Ein Alptraum von Nate.
Dann ist mir alles wieder eingefallen.
Cynthia.
Maggie.
Mama und Lorraine entsetzt über mir.
So wie Maggie entsetzt gewesen war.
Ich versuchte mich zu bewegen, wurde wieder ohnmächtig.
Traurigkeit.

Seitdem die Geschichte mit Maggie und Cynthia passiert ist, hab ich versucht, sie aus meinem Gedächtnis auszuradieren.
Ich hab's nie geschafft, die volle Verantwortung für das zu übernehmen, was passiert ist.
Die Ereignisse hatten mich überrollt wie ein Heer von Dampfwalzen.
Ich bin zwei Monate lang im Krankenhaus geblieben.

Sie haben mir gesagt, daß ich drei Wochen lang im Koma gelegen war.
Für Mama und Lorraine muß es ein Alptraum gewesen sein, der für sie noch mal ablief wie ein Video. Sie dachten, ich sterbe.
Dann wären alle Männer von den Washingtons hin gewesen. Eine ganz Dynastie auf einen Schlag.
Ohne Stammhalter.

Cynthia war tot.
Maggie war im Knast.
Wartete in Untersuchungshaft auf den Prozeß.
Den größten Teil meines Krankenhausaufenthalts hab ich verschlafen.
Jedesmal, wenn ich aufgewacht bin und an Cynthia und Maggie gedacht hab, wurde ich müde und bin wieder eingeschlafen. Ein gestreßter, aber besorgter Dalek besuchte mich mehrmals mit Unmengen von Papierkram. Die Schwester sagte ihm, daß ich völlig außerstande wäre, mich mit irgendwelchen geschäftlichen Sachen zu befassen, woraufhin Dalek sie böse anglotzte, fluchte und ging. Eine Woche später ist er dann mit noch mehr Papieren und einem Rauchkanister zurückgekommen. Das ist ein geniales Gerät zum Joint-Rauchen, wobei der ganze übrige Rauch, den man nicht inhalieren kann oder will, in dem Kanister aufgefangen wird.
Ich hab mir die Papiere angesehen.
Dalek hat mir gesagt, daß er den Vertrag unterschrieben hätte und nächste Woche umzöge. Er ließ mir die Adresse und die Telefonnummer seines neuen Geschäftsbüros da und sagte, daß mein Job so lang in New York auf mich warten würde, bis ich käme.
Mama und Lorraine sind dageblieben, bis sie sicher waren, daß ich außer Gefahr war.
Die Bullen haben mit Mama geredet.
Ich hab nicht gewußt, was sie ihr gesagt hatten.

Ich wußte, daß Mama eine Million Fragen hatte, aber sie hat mich nie damit behelligt.

Mama hat nie mit mir geschimpft. Mich nie verurteilt.

Ich war ihr so dankbar dafür.

Die Bullen haben auch 'ne Menge Zeit bei mir verbracht, nachdem ich über den Berg war.

Sie haben mir gesagt, daß ich wegen Unzucht mit Minderjährigen angeklagt werden könnte.

Ich hab gelogen.

Ich hab ihnen erzählt, daß ich Cynthia für achtzehn gehalten hätte.

Sie haben mir auch gesagt, daß Maggie ihnen seit ihrer Verhaftung nichts erzählt hätte. Sie selber hätte nach der Tat die Polizei gerufen. Mein Schlüssel sei bei ihren persönlichen Sachen gewesen, aber ob die Cousins von Cynthia Maggie angerufen und ihr den Schlüssel gegeben hatten, hab ich nie erfahren. Dann hat die Polizei noch nach der Art unserer Beziehung gefragt und wissen wollen, warum Maggie ihre eigene Tochter umgebracht hätte. Ich hab erzählt, daß Maggie meine Geliebte gewesen sei, aber daß ich hätte Schluß machen wollen, weil ich dachte, daß sie zu alt für mich ist. Und daß Maggie sauer geworden sei und nichts von einer Trennung wissen wollte. Dann sei sie nach Florida gefahren, um über alles nachzudenken, wie sie sagte. Nach einem üblen Streit mit Maggie sei Cynthia aus Florida abgehauen und hätte mich um Hilfe gebeten, und daraufhin hätte unsere Beziehung angefangen. Sie hätte dann etwa einen Monat gedauert. Und dann seien wir eines Abends ins Bett, und am nächsten Morgen stand da Maggie. Ich hab gesagt, daß meiner Meinung nach Maggie Cynthia aus Eifersucht umgebracht hätte. Die Bullen meinten, daß ich den Bundesstaat erst nach dem Prozeß verlassen dürfte, weil ich als Zeuge gebraucht wurde.

Der Prozeß wurde auf Anfang November festgesetzt, direkt vor Erntedank.

Ich wurde aus dem Krankenhaus entlassen.
Als erstes hab ich einen Spaziergang am Ufer des Charles River gemacht, hinter der Back Bay und dem Emerson College.
Braune, rote, orange Herbstblätter lagen wie ein dicker, feuchter Schorf auf der Wasserhaut.
Es war jetzt fast Winter.
In Boston war es kalt.
Empfindlich kalt.
Die Kälte fuhr einem in die Knochen und haute einen um wie die Kugel beim Kegeln, wenn sie alle Neune umwirft.
Ich hab getrauert.
Ich hab um Cynthia geweint.
Ich hab um Maggie geweint.
Ich weiß noch, daß ich völlig durcheinander war.
Ich wollte mich nicht schuldig fühlen, wußte aber, daß ich es mußte.
Der Prozeß war für die kommende Woche angesetzt.
An Erntedank würde ich wieder daheim sein.
Sehr dankbar hab ich mich nicht gefühlt.
Ich war zu durcheinander.
Ich war noch nie vorher fast abgenippelt.
Es war ein verwirrendes und seltsames Gefühl.

Ich hab mich arbeitslos gemeldet, weil ich keinen Job und keine Knete hatte und nicht mehr lange genug in Boston bleiben wollte, um einen anderen Job zu kriegen. Sie bewilligten mir so 'ne Art Notzahlung.
Ich hab Kokain und Gras gekauft.
Die nächsten Tage hab ich dann vor mich hin geraucht.
Sonst hab ich nichts gemacht ... wollte nichts machen ... ich hab getrauert.
Ich hatte Cynthia wirklich geliebt.
Seitdem hab ich nie wieder eine Frau so geliebt, wie ich Cynthia geliebt hatte.
Viele würden mich deshalb wahrscheinlich für pervers halten.

Das ist mir egal.
In der Wohnung zu sein war nach dem, was passiert war, unmöglich. Ich konnte es kaum erwarten, daß der Prozeß vorbei war, damit ich von Boston und der Erinnerung an Cynthia wegziehen konnte.
Ich stellte einen Antrag darauf, Maggie im Knast besuchen zu dürfen, aber man sagte mir, daß sie mich nicht sehen wollte.
Man hat mir auch gesagt, daß Maggie anfangen würde zu randalieren, sobald mein Name fällt.
Maggie hat es zwar nie gesagt, aber vielleicht hat sie mich geliebt.

Der Prozeß verlief ohne Zwischenfälle.
Mir konnten sie nichts vorwerfen, weil keine Beweise dafür existierten, daß ich Cynthias wahres Alter gekannt hatte. Vergewaltigt hatte ich sie jedenfalls nicht, und weil Maggie selber keine Aussage machte, konnte sie meine Aussage auch nicht widerlegen.
Maggie ging nicht mal in den Zeugenstand.
Ihr Anwalt verlas eine schriftliches Statement von ihr.
Soweit ich mich erinnere, hat es da nur geheißen, daß sie Cynthia tatsächlich aus persönlichen Gründen getötet hätte, daß es ihr leid tue, daß Cynthia tot ist, aber daß es ihr nicht leid tue, sie umgebracht zu haben, und wenn sie alles noch mal erleben könnte, würde sie das gleiche wieder tun.
Ich als jemand, der Jura studiert hatte, war perplex.
Maggie hätte davonkommen können, wenn ihr Anwalt fit genug gewesen wäre. Man hätte auf verminderte Schuldfähigkeit plädieren oder sich sogar mit irgendwelchen Formsachen aus der Affäre ziehen können. Statt dessen haben die Geschworenen – alles Weiße – sie des Mordes für schuldig befunden und sie zu dreißig Jahren Gefängnis verurteilt. Später hab ich erfahren, daß Maggie nicht mal in Berufung gehen wollte.
Im Gerichtssaal saß Maggie mit dem Rücken zu mir. Ihre

früher so stolzen Schultern waren ganz nach vorn gesunken. Wie unter einer großen Last. Den Kopf hielt sie immer gesenkt, mit der Hand bedeckte sie die Augen. Ab und zu hustete sie. Bevor ich in den Zeugenstand trat, wurde sie abgeführt.

Ich hab vor Gericht genau das gleiche gesagt, was ich der Polizei gesagt hatte.

Genauso, wie mein Anwalt es mir gesagt hatte.

Obwohl ich gar nicht angeklagt war, hatte ich das Gefühl, es zu sein.

Es war ein guter Anwalt.

Er hat mich als normalen, sexhungrigen jungen Mann hingestellt, der in eine Dreieckssituation geraten war, aus der er verzweifelt versuchte rauszukommen. Die Tochter hätte sich mir an den Hals geworfen, und in einem schwachen Augenblick hätte ich eine Beziehung mit ihr angefangen, was ihre verschmähte, eifersüchtige Mutter dazu gebracht hätte, sie umzubringen und mich lebensgefährlich zu verletzten. Und dann hat er gesagt, ich wäre unschuldig und hätte nichts anderes im Sinn, als die ganze Situation zu vergessen und mein Leben zu leben.

Er hat recht gehabt.

Die Geschworenen haben ihm geglaubt.

Der Richter hat ihm geglaubt.

Maggie ist ins Gefängnis gekommen. Mich haben sie freigesprochen.

Als ich während meiner letzten Tage in Boston im Bett lag, ist mir klar geworden, daß der Tod mich für meine sechsundzwanzig – bald siebenundzwanzig – Jahre recht oft gestreift hatte.

Stillschweigend bin ich aus Boston fort.

Trauernd.

Wie ein Schatten.

Ich hab nicht mal 'ne Abschiedsfete gegeben.

Am 21. November 1974 kam ich bei Lorraine in New York City an.

 Drei Tage vor meinem siebenundzwanzigsten Geburtstag.
Lorraine wollte eine Geburtstags- und zugleich Willkommensparty für mich geben, aber mir war nicht nach Party.
Mit finsterer Miene bin ich durch New York gelaufen ...
Wie ein geprügelter Hund.
Die dunkle Wolke, die über mir hing, sollte die nächsten siebzehn Jahre dableiben. Damals war es bloß eine kleine Kumulus-Nimbus-Wolke, aber die Wettervorhersage war gar nicht gut, und die Wolke wurde jeden Tag ein bißchen größer.
Es sollte regnen.
Bald.

* * 23. JUNI * 1991 * 4.00 UHR * *

Daß Quentin da ist, wird allmählich zu 'ner ziemlich ätzenden Angelegenheit.
Im Moment hab ich mich gerade im Bad eingeschlossen.
Und da sitze ich, seit Quentin in meinem Wohnzimmersessel bewußtlos geworden ist. Quentin schläft nicht. Er wird bewußtlos.
Der Junge ist ein Scheiß-Alki.
Er säuft wie Moby Dick.
Wenn ich soviel rauchen würde, wie er säuft, wär ich in 'nem Heim, würd mir die Haare ausreißen und gegen die Wände hämmern.
Von dem Moment an, wo er aufwacht, bis zu dem Moment, wo er bewußtlos wird, hängt er ununterbrochen an der Flasche.
Moment mal, ich glaube, er rührt sich. Er hat üble Alpträume.
Meistens kämpft er gegen einen unsichtbaren Angreifer, er flucht, drischt im Dunkeln rum.
Wie ich das das erste Mal gehört hab, hab ich gedacht, es ist ein Einbrecher.

Dieser Typ geht mir tierisch auf den Keks.
Rauchen tut er tatsächlich nicht, und die ersten paar Tage hab ich's auch nicht.
Jeder von uns hat vor dem anderen seine dreckige Wäsche versteckt. Scheiß-Heuchelei.
Die ersten Tage hab ich ihn nicht mal was trinken sehen. Aber eines Morgens dann hab ich ganz früh das Gestöhne und Gekrache gehört, als würde jemand meinen Sessel gegen die Wand hauen. Ich bin ins Wohnzimmer, und dort saß Quentin, zitternd wie Herbstblätter in einem Hurrikan. Seine Arme und Beine und sein Kopf zuckten wie im Fieber, rasselten regelrecht, wie eine Zentrifuge, die zu schnell geworden ist. Ich mußte ihm Wasser über den Kopf schütten, damit er sich beruhigt. Ich wartete, bis der Schnapsladen aufmachte, und kaufte ihm von dem, was von meiner Sozialhilfe noch da war, eine Flasche Seagrams. Als er wieder beieinander war, hab ich ihm gesagt, daß ich's mir nicht leisten könnte, ihm seine Laster zu bezahlen. »Ich hab selber welche!« hab ich ihm gesagt.
Da ist Quentin raus und kam mit 'ner ganzen Kiste Seagrams zurück.
Ich weiß nicht, wie er da rangekommen ist.
Ich hab nicht gefragt.
Jedenfalls hat er da mit seiner Sauferei angefangen, und so geht das jetzt schon seit drei Tagen.
Ich werd ihm wohl sagen müssen, daß er gehen soll.
Er deprimiert mich.
Ich hab wieder zu rauchen angefangen, und dabei bin ich ohne so gut zurechtgekommen.
Quentin ist nach 'ner Weile so zu, daß man nicht mal 'ne zusammenhängende Unterhaltung mit ihm führen kann. Erst dreht er wegen dem geheimnisvollen Typen durch, gegen den er im Traum kämpft, und dann dämmert er in so 'ne Art Schattenwelt hinüber. Wenn er diesen Zustand erst erreicht hat, ist nichts mehr mit ihm anzufangen.
Scheiße, Mensch! Ich hab gerade geraucht, aber ich reiß

mich wenigstens so weit zusammen, daß ich diesen Scheiß hier aufschreiben kann. Quentin leckt bloß an der Flasche und ist total hinüber.

Das macht einem richtig angst.

Moment ... ich hör ihn da draußen atmen.

Mist!

Ich brauch meinen Platz.

Allein.

Es paßt mir nicht, daß er da ist.

Scheiße!!! Er könnte mich glatt in meinem eigenen Bett abmurksen!

Er braucht bloß nichts mehr auf die Reihe zu kriegen und mich für denjenigen zu halten, gegen den er jede Nacht im Schlaf kämpft, und mich anzugreifen – und dabei versuch ich noch, ihm zu helfen! Manche Leute sind so verdammt undankbar!!!

Darum hockt er mit dem Arsch auf der Straße! Weil er ein Scheiß-Alki ist!!!

Alkis sind die Großväter der Vampir-Zombies!!!

Eigentlich sind sie die ursprünglichen Vampir-Zombies.

Am Anfang war die Flasche ...

Den Arsch schmeiß ich raus!!!

Nicht mal ungestört rauchen kann ich daheim!!!

Muß in mein stinkiges Bad und mir heimlich eine reinziehen wie ein scheißverklemmter Teenager, und dann auch noch das Fenster aufreißen und meinen Shit aus dem Fenster blasen.

Was für 'ne Vergeudung!!!

Das gute Gefühl kann sich nicht mal mehr in der Luft ansammeln, so daß ich schon high werd, wenn ich nur atme!

Und wieso?!

Weil Quentin, dieses besoffene Arschloch, da ist!!!

Das ist meine Wohnung!!!

Es scheint ihm sogar schnurz zu sein, daß ich ihn pißarsch-stinkig-besoffen seh!!!

Der hat ja verdammt noch mal überhaupt keine Würde mehr!!!
Morgen zieht er Leine. Vielleicht ist er gar nicht Quentin Forrest!
Vielleicht ist er ein Spion!!! Eines von den Gespenstern, die mich ausspionieren wollen!!!
Woher soll ich denn wissen, daß er Quentin ist?!
Er hat mir nie 'nen Ausweis gezeigt oder so!
Ich muß ja total übergeschnappt gewesen sein, diese Arschgeige reinzulassen!!!

* * 23. JUNI * 1991 * 6.00 UHR * *

Ich hab für 'ne Stunde mit dem Schreiben aufhören müssen. Ich hab im Dunkeln gehockt (meine Kerze war ausgegangen) und diese riesige Scheiß-Spinne vor mir schweben sehen.
Die Spinne war mindestens einen halben Meter groß.
Ein absolutes Monster!
Ich hab geschrien, bin ins Wohnzimmer gerannt und über Quentin gefallen, der sich vom Sofa zum Boden vorgearbeitet hatte. Erst als ich mich umgedreht hab, um nach der Spinne zu sehen, ist mir klar geworden, daß ich wieder mal halluziniert hatte.
Am liebsten hätt ich gelacht, aber ich war zu kaputt.
Ich hol mir jetzt 'ne Runde Schlaf, und dann schmeiß ich den Arsch Quentin raus.
Der Kerl bringt mich dazu, daß ich Spinnen seh.
Und das ist nicht drin!

* * 25. JUNI * 1991 * 15.00 UHR * *

Heute ist was Gutes passiert.
Zur Abwechslung bin ich mal mit Hunger aufgewacht und hab im Kühlschrank nach was zum Futtern gesucht.

Wie bei der alten Mother Hubbard waren meine Küchenschränke völlig leer, und weil es Monatsende ist, ist auch mein Bargeld nah am Nullpunkt.
Wenn ich heute high werden will, muß ich auf jeden Fall im *Centa-Renta* Rocks verkaufen.
Jedenfalls hatte ich Hunger und war nicht in der Laune, mir mit Terror was zu beschaffen – die Sonne scheint, es ist warm, im Grund genommen ein zu schöner Tag, also bin ich spazierengegangen, um zu sehen, was sich machen läßt, und auch, um 'ne Weile von Quentin fortzukommen.
Ich bin zum Safeway runter und hab in den Mülleimern gewühlt.
Die im Supermarkt schmeißen 'ne Menge gutes Zeug weg, aber die Mülleimer waren leer. Die Müllwägen waren schneller gewesen.
Also bin ich in den Laden rein.
Ich hatte vor, einfach rumzulaufen und zu essen, was ich erwische, und dann abzuhauen.
Gerade hatte ich mir ein Hostess Twinkie gegrapscht und war dabei, es aufzumachen, als dieses weißes Kontrollmädchen in den Gang eingebogen ist und mich fast über den Haufen gerannt hat.
Ich hab nicht so recht gewußt, was ich machen soll, also fing ich einfach zu essen an. Ich hab damit gerechnet, daß sie mich zur Rede stellt, einen von den Wächtern ruft und mich rausschmeißen läßt, darum wollt ich wenigstens was im Bauch haben, aber die weiße Tussi hat mich bloß angelächelt, gezwinkert und ist dann weiter den Gang entlang.
Ich bin in dem Laden rumspaziert und hab gegessen, bis ich voll war, dann bin ich gegangen.
Ich war der weißen Tussi echt dankbar.
Weiße Frauen sind menschlicher als weiße Männer.
Das hat mir Pia immer wieder gesagt.
Ich hab immer gedacht, daß die weißen Frauen alle blöd sind, bis ich Pia kennengelernt hab.

Pia war vielleicht alles mögliche, aber blöd war sie nicht.
Sie war die einzige Weiße, die ich in die Fotze gefickt hätte.
Sie war die einzige Frau, ob weiß oder schwarz, bei der ich mir echt hätte vorstellen können, sie zu heiraten.
Wenn nur.
Sie hätte tolle Sachen für mich gemacht.
Sie hat meinen Verstand gefüttert wie niemand vor ihr oder nach ihr.
Vielleicht war der Grund, daß wir nicht gebumst haben, der, daß wir andere Sachen miteinander geteilt haben.
Sobald du anfängst, mit 'ner Frau zu bumsen, verändert sich die Beziehung.
Es schleicht sich 'ne komische Art von Spannung ein.
Das war bei Pia und mir nie der Fall.
Pia war die einzige Frau, die ich kennengelernt hab (außer den Frauen in meiner Familie), die mir sexuell keinen Kummer gemacht hat.
Ich glaub nicht mal, daß Pia mich jemals als Sexobjekt gesehen hat.
Ich glaub nicht, daß ich ihr Typ war.
Pia fehlt mir.

* * 27. JUNI * 1991 * 14.00 UHR * *

Quentin ist immer noch da.
Ich hab versucht, ihn rauszuschmeißen.
Er fing zu flennen an.
Das wollte ich mir nicht bieten lassen.
Ich hab ihn am Schlafittchen genommen und zur Tür gezerrt.
Er hat gequietscht wie ein Schwein vor dem Schlachten.
Das war mir scheißegal.
Raus mit ihm.
»Warte! ... Warte!« hat er gebrüllt, und bevor ich die Tür aufgekriegt hab, reißt er sich von mir los und rennt durch

den Flur in mein Schlafzimmer. Dort dreht er sich noch mal um, schreit: »Warte!!!«, langt in die Tasche von seinem früher-grauen-und-dann-schwarz-gewordenen Trenchcoat und fischt sein ganzes Geld raus!!! Ich hab's verdammt noch mal nicht glauben können!!!
Der besoffene-stinkige-schleimige-traurige-früher-mal-mit-mir-in-der-Schule-gewesene Scheißdreck steht da in meinem Schlafzimmer mit 576 Dollar in der Hand!
Ich hab's nachgezählt!!!
Na ja, Quentin wollte nicht gehen, und ich wollt ihn nicht gehen lassen, nicht mit dem ganzen Geld.
Ich hab ihn überredet, es mir zu geben.
Er hat mich angebettelt, es zu nehmen.
Mann, ich war wie vernagelt.
Quentin hatte genug Geld, um sich 'ne eigene Bude zu leisten, und trotzdem lebte er auf der Straße!
Er hätte sich Klamotten von Gucci und Pucci kaufen können, und trotzdem war er ein lebendig-rumlaufender Klo-Scheiß-Lappen.
Ich hab ihn gefragt, was er mit dem ganzen Bargeld macht.
Er hat mir geantwortet, daß es einem Teufel gehört und daß dort noch mehr zu holen ist!
»Ach ja?« hab ich gefragt. »Wo denn?«
Quentin hat geheimnisvoll gelächelt.
Das könnte er mir nicht sagen.
Aber am Samstag um Mitternacht würde er mich mit hinnehmen. Heute ist Donnerstag. Hmmmm …
Er hat gesagt, daß es um Mitternacht sein muß, weil der Teufel in dem Baum, wo das Geld ist, um Mitternacht weggeht und wir nicht an das Geld rankönnen, wenn er im Baum ist.
Scheiiiiiiiiiiiße!!!
Ich wollte nicht noch mehr Scheiße über Teufel und Kobolde hören.
Der Junge hatte echt 'ne Schraube locker.
Ich hab Quentin gefragt, warum er auf der Straße lebt, wenn er soviel Geld hat.

Er hat sich von mir weggedreht. »Ich bin verflucht ... Ich bin ein gehender Holländer ...«
Ich hab gejohlt! Seit Jahrmillionen hab ich nicht mehr so gelacht!
»Ich kann keine eigene Wohnung haben, weil die Wände mich nicht wollen ... die Wände haben mir nicht verziehen ... sie würden mich verschlingen ... Du hast sie nicht aufgebracht, dich verschlingen sie nicht, darum kann ich bei dir bleiben ... du bist meine Rettung ...«
Hmmmm ...
Ich hab nicht gewußt, was ich dazu sagen soll.
Themawechsel.
Warum, hab ich ihn gefragt, kaufte er sich nicht 'n paar neue Klamotten?
»Neue Kleider würden mir die Haut verbrennen ... erst wenn mir die jetzigen von den Knochen fallen, bin ich neue wert ...«
Ich hab gesagt: »Scheiiiiße! Was hast du denn angestellt?!«
Und sobald die Frage gestellt war, hab ich gewußt, es wäre besser gewesen, ich hätte nicht gefragt, weil Quentin wirklich 'ne Schraube locker hatte.
Er hatte überhaupt keine Tassen mehr im Schrank!
Der Alkohol hatte ihm das Gehirn eingesülzt. Jedenfalls war die Story, die er mir dann erzählt hat, total abgefahren.

Quentin hat erzählt, daß er sich vor vierzehn Jahren, als er echt ganz down war, zum Selbstmord entschlossen und sich genau überlegt hatte, wie er's anstellen soll. Er hatte vor, um Mitternacht auf die Brooklyn Bridge zu gehen und runterzuspringen. Er bildete sich ein, daß er dann in die Zeitungen kommen würde.
Verstehst du, Quentin war 'n echter Überflieger gewesen, als wir noch Kinder und in der Schule waren. Wir hatten ihn Quentin den Berühmten genannt – sein Bild war dauernd in der Stadtteilzeitung, weil er als Basketballspie-

 ler ein richtiger Held war. Er sagte, er hätte sogar ein Stipendium an 'ner Uni gekriegt, weil die ihn für ihre Mannschaft brauchten ... Ich hatte gedacht, er wäre nach Yale gegangen.
Jedenfalls haben wir alle gewußt, daß er's zum Profi schaffen würde, in der Oberliga ...

ABER

Quentin hat schließlich bloß ein Semester an der Uni verbracht, dann ist er prompt rausgeflogen. Er hatte die Tochter vom Unipräsidenten (so 'ne weiße Judentussi) geschwängert, und ihr Vater wurde total hysterisch. Jedenfalls mußte Quentin nach Hause ins Viertel zurück, Riesenschande. Er hat sich dann ziemlich zurückgezogen und so vierzehn Jahre rumgebracht. Dann wurde er mit einemmal echt cool, sechs oder sieben Jahre lang. Ich hab damals gehört, daß er wieder auf dem Weg nach oben war. Er hatte 'nen guten Job in der City, 'ne Eigentumswohnung – eben diesen ganzen Mist. Aber dann fing er mit einem Schlag wieder an abzubauen, und ich hab nicht mehr viel von ihm gehört oder gesehen, bis ich ihn auf meinem Dach entdeckte.
Na, jedenfalls hatte Quentin gedacht, daß er, wenn er sich schon umbringt, eben von der Brooklyn Bridge springt und es wenigstens noch einmal schafft, in die Zeitung zu kommen. Wenn schon sterben, dann in 'nem Feuerschein aus Medienruhm ...
Auf dem Weg zur Brooklyn Bridge war er an 'nem Friedhof vorbeigekommen und sah ein Stück weit weg ein Licht.
Das Licht kam direkt auf ihn zu.
Wenn ich er gewesen wär, hätte ich die Beine in die Hand genommen und mich davongemacht, aber Quentin war schon immer 'n bißchen der tapfere Depp gewesen, also ist er dageblieben, bis das Licht direkt vor ihm stand, und aus dem Licht heraus ist sein Vater spaziert, der damals

gar nicht tot war, sondern irgendwo in Connecticut wohnte. Quentin sagte, er hätte total Schiß gehabt und darum angefangen, mit seinem Vater-aus-dem-Licht zu reden. Sein Vater hätte einen Finger auf die Lippen gelegt, als wollte er, daß er schwiege, und ihn auf den Friedhof gelockt, immer weiter hinein, und Quentin folgte seinem Vater, immer noch voller Schiß. Als sie dann ganz tief im Friedhof drin waren, weit weg vom Gehsteig und von der Straße, drehte sich sein Vater um und verlangte von Quentin, er solle ihm sein Herz geben. Quentin antwortete, daß er Angst hätte und nicht wüßte, was er tun sollte. Und er fragte seinen Vater, warum er nicht in Connecticut war.

Sein Vater hat geantwortet, daß er gekommen wäre, um sein Herz zu holen, und wenn Quentin ihm sein Herz geben würde, hätte er alles, was er brauchte. Sie würden wie die Könige und Fürsten leben, aber um die Sache perfekt zu machen, bräuchte er das Herz von Quentin.

»Mein Herz hab ich schon hergegeben, und jetzt brauch ich deins.«

Und damit, sagte Quentin, hätte sein Vater die Hand in die Brust von Quentin gesteckt und sein Herz rausgerissen.

Und daß es gedampft und noch geschlagen hätte und heiß, schwarz und blutig gewesen sei. Na ja, mehr wollte ich gar nicht hören.

Dieser Scheiß ging für meinen Geschmack dann doch zu weit. Das war doch Ninja-Scheiße, sonst nix!

Sein Vater, sagte Quentin, hätte sich dann, sobald er ihm das Herz rausgerissen hatte, in den Teufel verwandelt, einen großen, bösen Teufel, der über ihn lachte. Und weiß wäre er gewesen.

Grauweiß, wie Kutteln.

Der Teufel hätte ihm gesagt, daß er ihm sein Herz in sieben Jahren zurückgeben würde, dann wäre er verschwunden.

Und das Komische dabei war, daß alles, was der Teufel gesagt hatte, wirklich passiert ist.
Sein Vater und er sind über Nacht so 'ne Art Grundbesitzerbarone geworden, und sieben Jahre lang hatten sie ein Schweineglück.
1984 sind sie dann ins Schleudern geraten.
Sein Vater wurde wegen Betrug eingebuchtet, hat 'nen Herzinfarkt gekriegt und ist gestorben.
Danach hat Quentin den Mut verloren.
Er fing an zu saufen und ist seitdem nicht mehr davon losgekommen.
Er behauptete, daß er jede Nacht gegen den Teufel kämpfte, der ihm sein Herz zurückzugeben versuchte. Er wolle es aber nicht zurück, weil er Angst hätte, daß er stirbt, wenn er's zurückkriegt, und in die Hölle kommt.
Na, nach der ganzen Geschichte hab ich Quentin gesagt, er solle still sein ... mehr hab ich einfach nicht mehr verkraftet. Ich mußte raus aus der Wohnung und über den ganzen Mist nachdenken. Ich war schon wieder soweit, den Arsch vor die Tür zu setzen.
Er kämpft immer noch jede Nacht gegen den Teufel und schreit: »Behalt's! Ich will's nicht!!!« Und dort, wo sein Herz sein müßte, ist so 'ne scheußliche Narbe.
Total verrückt, diese Story.
Der Junge ist übergeschnappt.
Von diesen Teufelskram will ich nichts wissen.
Aber ich will wissen, ob noch mehr Geld zu holen ist.
Ich weiß, daß ich jetzt gerade furchtbar abgeschweift bin und daß ich dir eigentlich meine Geschichte erzählen müßte, aber dieser Quentin-Mist war so unglaublich, daß ich ihn hab aufschreiben müssen.
Geld in 'nem Baum auf 'nem Friedhof ...
Samstag.
Mal sehen.

Ich hab ewig gebraucht, um mich in New York wieder einzugewöhnen.

Lorraine war echt 'n Engel.
Sie war – ist alles, was das Wort Schwester bedeutet und beinhaltet.
Und zugleich war – ist Lorraine mehr ein Bruder für mich, als irgendein Mann sich rühmen könnte zu sein.
Ich liebe Lorraine.
Sie hat meiner verwundeten, beladenen Seele wieder Leben eingehaucht.
Die ersten paar Wochen nach meiner Rückkehr aus Boston hab ich niemanden sehen und nirgends hingehen wollen.
Lorraine ließ mich in Ruhe, damit ich mich ausschlafen konnte.
Einen Gesundheitsschlaf machen.
Mama rief an; sie wollte wissen, was wir an Weihnachten vorhaben.
Weihnachten hatte ich ganz vergessen.
Ich hatte kein Geld.
War noch nicht soweit, einen Job anzunehmen.
Zu schenken hatte ich nichts, und was zu kriegen war kein Thema.
Um Weihnachten konnte ich mich nicht kümmern.
Mein Mädchen war tot.
Cynthia hat immer noch in mir gesteckt.
Ihr Geruch hing immer noch in meinen Kleidern, ihr Gesicht war in mein Gedächtnis eingebrannt.
Wenn ich in dem damals noch gemütlichen Wohnzimmer am Fenster stand, hab ich manchmal gedacht, daß ich unten auf der Straße Cynthia sehe, bin zur Tür gesprungen und hab erst dann gemerkt, daß ich meinen Engel ja unmöglich erspäht haben konnte …
Mein Engel war im Lolita-Himmel.
Ich hasse die Endgültigkeit des Todes.

Mama hatte beschlossen, nach New York zu kommen und mit mir und Lorraine Weihnachten zu verbringen.
Eine Woche bevor Mama kommen sollte, hat Lorraine

mich an 'nem Samstagabend aus dem Bett geschmissen, aus der Wohnung geschleift und durch die Subway-Sperren und in die Linie A geschoben, die uns zur 72nd Street brachte. Dort sind wir ausgestiegen und durch die kalte, trübselige, ausgefranste Nacht von Manhattan geeilt.
Die Straßen, durch die der Verkehr rauschte, waren mit Ex-Hippies und Stricher-Clowns übersät.
Es war das Ende der Aquarius-Zeit.
Das silberne Futter des aufgehenden Disco-Mondes funkelte wie die Glassteine auf den Tanzklamotten der mit Koks vollgepumpten Glitteraten, die überall auf dem Kontinent Manhattan ihren bunten Federschmuck schüttelten.
Zu einer von diesen Hupfkneipen hat Lorraine mich geschleppt.

Sorglos hieß der Laden, und er lag im Keller eines Brownstone-Wohnhauses.
Ins *Sorglos* wurden nur Leute eingelassen, deren Aufmachung und Auftreten den Namen der Bar widerspiegelten.
Damals ging Lorraine mit einem der Besitzer des Ladens, darum war es egal, wie wir aussahen oder wie unser Auftreten war; wir standen auf der Gästeliste. Und schon waren wir drin.
Die Inneneinrichtung des *Sorglos*: direkt aus dem Film *2001 – Odyssee im Weltraum* übernommen, ganz in Weiß, ohne einen einzigen normalen Stuhl im ganzen Raum.
Die Besucher des *Sorglos*: lauter Ich-bin-cooler-als-du-je-hoffen-kannst-es-zu-werden-Typen. Leute, die sich bei dem Versuch, dich zu übersehen, fast den Hals ausrenkten. Leute, die in Türen rannten, um nicht zu sehen, wie du auf der Tanzfläche die Sau rausläßt, Leute in Hot pants von Versace mit Goldsaum und Pailletten.
Leute mit Yoko-Ono-Sonnenbrillen, die snifften und zuckersüß zu denjenigen waren, die sie kannten oder von denen sie glaubten, daß es sich lohnt, sie zu kennen.

Wer du warst, hat eine Rolle gespielt.
Wen du gekannt hast, eine noch größere.

Lorraine hat mich gefragt, was ich zu trinken will, das weiß ich noch, weil in dem Moment die Lichter auf der Tanzfläche vor uns anfingen, rot zu blinken.
Tänzer mit Federboas huschten von der Tanzfläche, die sich drehte und in eine Bühne verwandelte; Auftritt einer Drei-Mann-Band und einer Sängerin.
Von dem Moment an, wo die Lichtspots sie trafen, wußte ich, sie ist eine Diva.
Ein Gesicht schwärzer als Afrika. Der Körper von Kleopatra und die Eleganz von Nofretete.
Sie hat sich nicht gerührt. Kein bißchen.
Bis zum letzten Kool-Aid-Head in der Kneipe war jeder diesem schwarzen Engel sofort hoffnungslos verfallen. No chance.
Diese Person da auf der Bühne in ihrem bodenlangen lila Samtkleid-mit-Goldsaum war cooler als beide Polarkappen zusammen.
Sie wurde als Ms. Renée Anastasia angekündigt.
Den Namen von der Band weiß ich nicht mehr.
Kann mich kaum erinnern, wie sie gesungen hat … das Singen war egal.
Vor dir stand eine schwarze Königin, eine Göttin.
Sie war zum Hinknien.
Sie war übernatürlich.
Um ihre knochigen Somali-Gesichtszüge war das Haar in eine Flechtkrone gelegt.
Ich hab geglotzt.
Mit offenem Mund.
Ich weiß noch, daß Lorraine mich geknufft hat, damit ich den Drink probierte, den sie mir geholt hatte. Sie zog mich zu einem Tisch ganz vorn an der Bühne.
Da neigte die Schönheit aus dem Land unserer Wurzeln ihren Kopf ganz, ganz leicht nach vorn und nickte Lorraine zu!

 Die Kaiserin hatte unsere Anwesenheit bemerkt.
Ich hab nicht glauben können, daß Lorraine sie kannte.
Ich hockte nur da, lauschte ihren Songs und überlegte mir, was ich hinterher zu ihr sagen sollte.
Als der letzte Beifall verklungen war, zog ich Lorraine von ihrem Stuhl hoch, damit sie mit mir hinter die Bühne ging und diese goldene Diva mich kennenlernte.
Ich hätte fast geheult, als Lorraine gesagt hat, daß Ms. Renée Anastasia in ihrer Garderobe nie Besucher empfängt ...

ABER

sie lud uns in ihre Wohnung in der 87th Street West ein.
Ich konnte gar nicht schnell genug aus diesem öden und belanglosen, gestylten Gefängnis herauskommen. Aber ich mußte noch warten, bis Lorraine ein paar ganz-ganznette Kontaktspielchen mit Bekannten aus einer Firma fertiggespielt hatte, in der sie arbeiten wollte.
Nach dem letzten Umarm-Tätschel-Händedruck haben wir das *Sorglos* verlassen, uns ein Taxi geschnappt und sind die Stadt raufgefahren, wo ihre Majestät gewohnt hat.

Die Tür ging automatisch auf, kaum daß wir klingelten.
Ein kleiner brauner Junge mit Hornbrille machte uns höflich die Tür auf. Ihre Majestät war noch nicht eingetroffen, aber wir wurden erwartet und in dem alten Brownstone-Haus, dessen Fassade dringend hätte renoviert werden müssen, in eine geräumige, afrikanisch möblierte Wohnung geführt.
Der kleine braune Junge hieß Ramoses.
Er war der aufgeweckteste kleine Zehnjährige seit mir.
Seit mir-wie-ich-früher-mal-war.
Er hat den vollkommenen Gastgeber gespielt.
Unsere Drinks mixte und servierte er mit einer Gelassenheit, um die ihn viele der Stammgäste im *Sorglos* beneidet hätten.

Er war eindeutig der Sohn seiner Mutter.
Anmutig, geschmeidig, aber resolut männlich, schon in seinem Alter.
Es war ganz klar, daß er »der Mann im Haus« war.
Schließlich kam ihre königliche Hoheit.
Ms. Renée Anastasia rauschte ins Zimmer, küßte Lorraine, schüttelte mir die Hand, umarmte und küßte Ramoses und las die Nachrichten auf dem kleinen gelben Zettel, den Ramoses ihr gegeben hatte.
Anschließend nahm sie von ihrem Prinzen eine eiskalte Margarita entgegen und ließ sich in einen Sessel fallen, der aussah wie ein Thron aus Leder und Holz.
Ramoses machte formvollendet seine Reverenzen und zog sich in sein Zimmer zurück.

Forschende Blicke sind alles, an das ich mich erinnere, wenn ich an die anschließende Unterhaltung zwischen der Goldenen, Lorraine und mir zurückdenke.
Blicke, die jedes sichtbare Stückchen von mir fanden, lasen und analysierten, und ich konnte nur dasitzen und zusehen, wie ihr Mund das eine sagte und ihre Augen das andere taten.
Ms. Renée Anastasia zog mich in Erwägung wie einen Regierungsvorschlag zur Außenpolitik.
Ob ich ihre Zeit wert war.
Ob ich mithalten konnte.
Sex und Lust waren dabei nicht im Spiel.
Ms. Renée Anastasia war eine Königin.
Ihr Gemahl mußte mindestens ein Prinz oder ein Prinz-in-Ausbildung sein.

»Hat Ihnen meine Vorstellung gefallen?«
Eher ein Befehl als eine Frage.
Diese Stimme.
Dunkel an den Wort-Enden.
Schwebende Melodie.
Fast gesungen.

Sie war Sängerin.
Sie hielt mit Lorraine hof.
Ich hab erfahren, daß Ms. Renée nicht nur von ihren Auftritten lebte.
Tagsüber war sie leitende Angestellte in der Bank, wo Lorraine arbeitete.
»Ja ... ich würde gern Aufnahmen machen ... nicht um zum Star zu werden, obwohl die Erfahrung ja hübsch wäre ... Ich will vielmehr die Fülle meines Gefühls aufnehmen ... Will meinen jetzigen Lebenszustand aufnehmen, wie er sich in meiner Stimme ausdrückt ...«
Sie leckte ein bißchen Salz vom Rand ihres glücklichen Glases.
Mich schauderte, als ihre rosa Zunge an dem harten, geriffelten Glas spielte.
Mir war Dalek eingefallen und wie nützlich es war, daß er jetzt in New York arbeitete.
Ich beschloß, ihn bald anzurufen.
Ms. Renée Anastasia redete nicht viel mit mir, aber am Ende des Abend hat sie mir, als wir uns auf die Wangen küßten und die Hand gaben, ein Stück Papier in meine schwitzige Pranke gedrückt.

Ich weiß noch, daß ich mich wie Rip van Winkle nach seinem Tiefschlaf gefühlt hab, während Lorraine an meiner Schulter döste, die ganze endlose Fahrt mit der Subway nach East Brooklyn.
Ich war wieder wach.
Der Maggie-Cynthia-Horrorfilm war bald nicht mehr als das: ein flimmernder Alptraum, verbannt ans Ende einer Erinnerungsspule mit der Aufschrift **VERGESSEN**.
Ich brauchte oder wollte keine Alptraumerinnerungen, nicht wenn eine lebende, atmende schwarze Venus mir Telefonnummern in die erwartungsvollen Hände gedrückt hatte.

In der Woche darauf hab ich Dalek angerufen, um ihm mitzuteilen, daß ich wieder in der Stadt war.
Er war begeistert.
Er hat mich mit einem Wagen abholen und zu seinen New Yorker Büro in der 15th Street West bringen lassen. Was ich dort vorfand, war ein altes Warenlager aus Stahl und Beton, an dem in einsfünfzig hohen eisblauen Neonbuchstaben »Dalek« über der Tür geschrieben stand.
Es war ein Riesenladen.
Ein ziemlich großes Studio mit dem allerneuesten Schnickschnack – einem Proberaum für die New Sensations, die bei Dalek jetzt ganz oben auf der Liste standen, einem Spielzimmer, einer Küche und einem gemütlichen Besucherzimmer. Die Zusammenarbeit mit der Plattenfirma zeigte anscheinend erste Erfolge.
Als ich durch die Metalltür in den Besucherbereich der Büros kam, stand sämtliche Arbeit still.
Die neue Sekretärin, Crystal hieß sie, glaub ich, hat mich mit dem Summer in das Privatbüro von Dalek gelassen.
Dort saßen Dalek, die New Sensations und ein A&R-Mann von der Plattenfirma, den ich noch nicht kannte.
Dalek und die New Sensations waren echt aufgedreht.
Mitten auf dem Tisch lag auf einer Kuchenplatte ein Riesenhaufen glitzerndes Kokain.
Es war so viel da, daß ich fast ausgerastet bin.
Auf der Platte muß Kokain im Wert von mindestens zehntausend Dollar gelegen haben.
Mich fing's in der Nase an zu jucken.
Dalek, die New Sensations und der A&R-Typ haben ihre Nasen mit Plastikstrohhalmen gefüttert wie hungrige Säuglinge.
Sie haben gelacht, gesnifft, Pläne gemacht und ab und zu hochgeschaut und mich anzüglich angegrinst mit diesem glasigen Mir-gehört-die-Welt-Kokainblick.
In der Woche war nicht mehr vom Geschäft die Rede, weil Weihnachten war und es 'ne Menge Partys gegeben hat.

 Die Plattenfirma hat uns jeden Tag zwei Limousinen geschickt.
Wir haben sie optimal ausgenutzt.
Dalek hat mir einen Monat Gehalt vorgeschossen und fünfzig Gramm kolumbianisches Gold-Marihuana sowie zwei Gramm Kokain verkauft.
Ich war bereit.

In dieser verrückten, durchgefeierten Woche ist mir klar geworden, daß ich die Plattenindustrie haßte. Nicht wegen dem, was sie produziert, weil es als Kommunikationsmittel und zum Mitteilen von Gefühlen und Ideen nichts Besseres gibt als Musik, sondern weil damit so viel Geld gemacht und den Leuten abgeknöpft wird, daß diese Industrie die verkommensten Seelen und die bösartigsten Geschöpfe anzieht, die ein Universum überhaupt hervorzubringen vermag.
Das Plattengewerbe hat nichts mit Talent zu tun.
Ein Hund könnte zum Plattenstar werden.
Mit ausreichend Geld, um die Unterstützung der Götter des Gewerbes zu erkaufen – Radios, Discjockeys, Werbeträger und Händler –, könnte man aus einem Hund einen neuen Elvis Presley machen.
Talent steht auf der Liste von Kriterien für einen Popstar ganz unten.
Auf den Weihnachtspartys der Plattenfirma, zu denen ich zusammen mit Dalek ging, hab ich ein paar von den schleimigsten, drogenbesessensten Egomanen getroffen, mit denen ich jemals das Pech hatte einen Abend zu verbringen, und das waren nicht die Künstler.
A&R-Leute, die einen Hit nicht einmal dann heraushörten, wenn er von Stevie Wonder war und sogar nachdem man ihnen die Ohren mit Sagrotan ausgespült hatte.
A&R-Typen, die allem, was weiß war und sich bewegt hat, Multimillionen-Dollar-Verträge nachgeschmissen haben. Es war egal, ob da einer sprechen, singen, spielen oder

lesen konnte – wenn er ein bißchen ausgefallen und weiß war, hat er den Vertrag gekriegt.

Die einzigen Schwarzen, die in den gedankenlosen Siebzigern Verträge gekriegt hatten, waren Disco-Hühner, und die meisten von ihnen Eintagsfliegen.

Daß die New Sensations überhaupt eines Blickes gewürdigt worden waren, war eine Seltenheit an sich. Sie hatten bloß deshalb einen Vertrag gekriegt, weil ich darauf bestanden hatte, daß Dalek in Boston die Platten pressen ließ, damit die Nummer im Radio gespielt wurde und sich verkaufte. Wenn Dalek und ich nur irgendeinem A&R-Menschen ein Band geschickt hätten, wär's jedenfalls nie zu einem Vertrag gekommen.

Selbst die göttliche und talentierte Ms. Donna Summer hätte keinen zustande gebracht, wäre sie keine Amerikanerin im Exil in Deutschland gewesen.

Nur der Gerechtigkeit halber: Es waren ein paar große Firmen mit einem gewissen Anstand dabei, die die Interessen ihrer Künstler, ob weiß oder schwarz, wirklich vertraten, aber das waren die Ausnahmen.

New York City war ein Paradies für von Cowboys unabhängige Plattenfirmen. Überall waren kleine Labels zu finden.

Größtenteils gehörten diese Labels reichen weißen Jungs, die von dem Glanz und Glamour des Musikgeschäfts angezogen wurden, aber keinen Schimmer hatten, wie die Produktion funktioniert.

Aber das hat sie nicht davon abgehalten, für wenig oder gar kein Geld Dancefloor-Nummern aufzuspüren und das Produkt dann an eine größere Firma weiterzuverkaufen, ohne sich darum zu kümmern, ob die Künstler von dem Geschäft was abbekamen oder nicht.

Zu meinem Entsetzen hab ich entdeckt, daß es sich bei der »großen Firma«, mit der Dalek für sich und die New Sensations einen Vertrag geschlossen hatte, um einen von den Cowboyklamotten-Herstellern handelte, der wieder-

 um selber einen Vertrag mit einer waschechten großen Firma hatte.
Das bedeutete, daß die New Sensations einen geringeren Honoraranteil bekommen würden, nachdem erst mal diese Cowboyklamotten-Firma bezahlt werden mußte, die auch nichts weiter für sie tat, als ihr Produkt an die »richtige« Firma weiterzuleiten.
Ursprünglich hatte ich gewollt, daß die New Sensations einen Direktvertrag abschließen, und hatte Dalek gerade geraten, den Vertragsabschluß rauszuschieben, als das Maggie-Massaker passierte.
Gegen meinen Rat hatte Dalek abgeschlossen und sich mit diesen Piraten eingelassen.
Meine Befürchtungen in dieser Hinsicht versuchte ich Dalek damals während der Weihnachtswoche nahezubringen, aber er wollte nur feiern und mit den New Sensations für Fotos posieren, von denen er hoffte, daß sie in den Pop-Abteilungen von Record World und in den Billboard-Magazinen gezeigt würden.

* * 28. JUNI * 1991 * 17.00 UHR * *

Gestern hab ich mit dem Schreiben aufhören müssen, weil ich zu müde war.
Daß Quentin da war, hat auch nichts geholfen.

In der Woche danach war Weihnachten.
Ich. Mama. Lorraine.
Händchenhaltend um einen überladenen Tisch.
Mama hat uns gutes Gefühl gekocht.
Gebete und Hoffnungen für ein gesundes Neues Jahr.
Trauer um die, die nicht mehr unter uns waren.
Namen, die wir nur geflüstert ertrugen.
Nate. Daddy.
Mama hat sich wacker gehalten.

Ihr ging's gut, und in North Carolina war sie so glücklich, wie es zu erwarten gewesen war.
Ich und Lorraine haben immer wieder versucht, sie davon zu überzeugen, daß sie noch mal heiraten soll.
Mama brauchte jemand, der sich um sie kümmert, aber sie hat gemeint, ihre persönliche Freiheit wäre ihr wichtiger als eine abgesicherte Zukunft.
Ich wußte, wie ihr zumute ist.
Wir sind gemeinsam in die Kirche.
Die Kirche, wo Nate und Daddy bestattet worden waren.
Ich war überrascht, wie sehr sich Lorraine unter Kontrolle hatte.
Die Brüder und Schwestern in der Gemeinde waren glücklich, uns zu sehen.
Mama und ich waren seit Jahren nicht dagewesen.
Lorraine ist gelegentlich noch hingegangen.
Unter diesen Kirchenleuten hab ich mich unwohl gefühlt.
Sie haben mich zu sehr an Daddy und Nate erinnert.

Da ich ein bißchen Knete hatte, hab ich Mama und Lorraine ins Kino und dann zum Essen ausgeführt.
Ich kann mich nicht mehr erinnern, welchen Film wir uns angesehen haben.
Vom Essen weiß ich noch, daß immer wieder große Pausen entstanden sind, in denen keiner was sagte.
Mamas Augen hefteten sich an meine.
Ihre Lippen wollten all die Fragen stellen, die sie all die Wochen in ihrem Herzen verschlossen hatte.
Wir hatten noch nicht über die Sache mit Maggie geredet.
Ich war noch nicht soweit.
Es war noch zu nah.
Ich wußte selber noch keine Antworten.
Lorraine hat das Thema als erste angeschnitten.
»Wie hast du Maggie kennengelernt?«
Ich weiß noch, daß ich sie beide angestarrt hab.
Versucht hab, in ihren Augen zu lesen.
Ich bin mir sicher, daß Lorraine Mama zuliebe gefragt hat.

In all den Wochen seit meiner Rückkehr aus Boston hatte sie nämlich nicht danach gefragt.
Ich hab Mama angesehen.
Klein.
Gebückt.
Besorgt.
Ihren rosa Häkelpulli hielt sie fest um sich gewickelt, als wollte sie ihr Herz vor meinen Enthüllungen schützen, die dann doch nicht kamen.
Mama hat Lorraine angeschaut, dann wieder mich.
Sie war kurz davor, was zu sagen, hob aber statt dessen ihr Glas, schaute rein, als läge die Antwort auf Lorraines Frage wie ein Eiswürfel auf seinem Boden.
»Wie geht's deinem Rücken?« hat Mama schließlich gefragt.
Das K in dem Wort hat in ihrer Kehle geknackt.
»Er ist immer noch wund ... werd wohl bis nächstes Weihnachten auf dem Bauch schlafen müssen ...«
Ich wollte die Stimmung ein bißchen auflockern.
»Lorraine, denk dran, daß du ihm die Kakaobutter auf die Stiche reibst, bis er seine Farbe wiederhat ...«
Lorraine nickte verlegen, weil sie die Behandlung mit der Kakaobutter total vergessen hatte.
Ich auch.
Mama hielt immer noch ihre Radaraugen auf mich geheftet.
»Der Herr ist ein guter Gott ...«
Meine Augen huschten vor diesen heißen Suchscheinwerfern weg.
»Ja, das ist er, Ma ...« war alles, was ich rausgebracht hab.
Es verstrichen ganze Momente des Schweigens.
Alle Augen auf mich gerichtet.
Augen-die-eine-Erklärung-verlangt-haben.
Ich sah, wie Daddy sich hinter dem Stuhl von Mama aufrichtete und mit ihrem Finger deutete.
Seine Stimme war die von Mama.
Mama-Daddy-Worte.

»Cornelius ... du mußt auf dich aufpassen, Baby ... du kannst dich nicht mit diesen ganzen Leuten einlassen ... diese Leute sind nicht von Gottes Honig ... sie denken nicht mal an ihn ... diese Leute da draußen bringen dich um, Cornelius, wenn du sie läßt ...ein so junger Mann wie du ... mein ältestes Baby ... sei klug, Cornelius ... sei vorsichtig ... paß auf dich auf ... du, ich und Lorraine müssen auf uns aufpassen, füreinander sorgen ... du bist jetzt das Familienoberhaupt ... der Familienpriester, wie Moses es war ...«

In den Augen meiner Daddy-Mama glitzerten Tränen.

So viel hatte ich meine Mama noch nie auf einmal sagen hören.

Mama hat nie viel geredet.

Sie war schweigsam.

Wie ich.

Ich bin ihr Sohn.

Ich hab geschwiegen.

Meine Schweigsamkeit ärgerte mich.

Mein eigen Fleisch und Blut saß da vor mir.

Mutter.

Schwester.

Sie beide, mein Fleisch und Blut, waren fast drei Wochen lang jede Stunde bei mir gewesen, während ich bewußtlos war, gefangen zwischen Leben und Tod.

Mein Fleisch und Blut hatte zu unseren mächtigen Vorvätern gebetet, hatte gebettelt, um mein Leben gefeilscht.

Ich mußte ihnen einfach was sagen.

Da saß ich und atmete, war noch am Leben – anstatt selber bloß noch Erinnerung zu sein.

Nate.

Daddy.

Cornelius.

Hätte leicht sein können.

Ich war ihnen eine Erklärung schuldig.

Zögernd, stockend fing ich an, versuchte, Worte zu finden, die nicht zuviel sagten oder mich zu schnell verrie-

 ten. Ich wollte, daß Mama und Lorraine Maggie mögen, auch wenn ich sie nie so geliebt hatte, wie es vielleicht hätte sein sollen.
Ich wollte, daß sie Cynthia begriffen und uns beide nicht verurteilten.
Nach »Wie alt war sie?« kam »Und wie alt bist du?«
Dann hat Mama geschwiegen.
Lorraine wurde unruhig.
Sie stand auf, um ein Taxi zu bestellen.
Allein mit Mama.
Am Tisch.
Sie hielt den Kopf gesenkt, als läge sie unter 'nem Fallbeil und wartete auf das Unvermeidliche. Machte ein schuldbewußtes Gesicht, als wäre sie an allem schuld.
Auf einmal wollte ich nur noch zu meiner Mama hin. Ich zog sie hoch, fiel ihr in die Arme und weinte.
Wann ich das letzte Mal bei meiner Mama so geweint hatte, konnte ich mich kaum erinnern.
An diesem Abend hat Mama mir verziehen. Sie hat ihre Arme um mich gelegt, mich an sich gedrückt und mich getröstet, während ich meinen Maggie-Cynthia-Kummer an ihren Schultern ausgeweint hab, bis nichts mehr davon übrig war.
Als Lorraine wiederkam, saßen wir ganz eng beisammen.
Lächelnd.
Schweigend.

Weihnachten ging vorüber und Mama wieder fort.
Die Jahreszahl änderte sich.
Ich änderte mich.
Ich war entschlossen, in New York meine Spur zu hinterlassen, ob mit oder ohne Dalek, der mit seinem Lebenswandel seine Glaubwürdigkeit als Manager der New Sensations nicht gerade förderte.
Ihre Single »*Telephone Song*« war von einem DJ aus Manhattan entscheidend umgemixt worden, so daß,

wenn überhaupt, bloß noch wenig von Daleks ursprünglichen Ideen übrig war.

Es hörte sich so an, als wären die Jungs ernst zu nehmen.
In New York war »*Telephone Song*« vor allem auf dem Schwarzensender zu hören. Auch die Discos fingen an, den Song zu spielen. Es war ein Song zum Knutschen – die Girls waren verrückt danach, und die Typen, die snifften, haben dafür gesorgt, daß es als Hintergrundmusik lief, wenn sie eine vernaschen wollten.
Es ging alles viel zu schnell.
Plötzlich haben's alle wissen wollen, und wir waren noch gar nicht soweit.
Ich hab für die New Sensations einen Proberaum gemietet, weit weg vom Büro und von den Drogen, die dort rumlagen, und sie mit 'nem Stück Himmel versorgt.
Noch ein Coup.
Noch ein Geniestreich.
Mir war klar, daß die New Sensations die coolste Gruppe in New York sein mußten, um bei den fischärschigen, versnobten Schreiberlingen, die aus diesen ungehobelten Naturburschen über Nacht Stars machen konnten, Eindruck zu schinden.
Ein dicker Minuspunkt für sie war schon, daß sie aus Boston waren. Für die weltfeindlichen New Yorker war Boston eine Krankheit, die Leute zu freundlichen Optimisten vom Land macht – eine Krankheit, die für die hochnäsigen New Yorker so tödlich war wie Tageslicht für 'n Vampir.
Die New Sensations mußten vereist werden.
Zu cool für die Sonne.
Es gab nur einen Menschen, von dem ich wußte, daß er so vor Kälte triefte, daß er noch was davon abgeben konnte.
Ich hab sie angerufen.

Sie neckte mich.
Küßte mich.

Dann hörte sie auf.
Hielt mich in den Armen.
Ich weiß noch, daß ich gedacht hab: »So muß es sich anfühlen, wenn man Inzest begeht ...«
Eine mütterliche Zärtlichkeit ...
Das Baby wollte ich nicht spielen.
Sie hatte ja bereits einen gut abgerichteten Ramoses.
Ihre Berührung hatte Finger.
Selber vollständig angezogen, hat sie mich ausgezogen ... langsam.
Aufreizend glitten ihre Finger über den Stoff und zerteilten ihn in glühendheiße Bahnen.
Sie wollte sich nicht von mir berühren lassen.
Aber ich wollte ihre Titten!
Nein!
Ihre Brüste!
Sogar das Wort Brüste ist für die Festigkeit, die sie mir verweigerte, nicht heilig und würdig genug.
Nicht einmal einen kurzen Blick gewährte sie mir.
Ihre Zärtlichkeit zerstörte mich.
Ihre Berührung stieß mich fort.
Ms. Renée Anastasia hat nur gelacht.
Später lechzte ich bei Kaffee und Billie Holiday nach einem Joint, aber Ms. Renée hat mich angesehen, als würde sie mich ohrfeigen, wenn ich einen rausholen würde, also hab ich ihn eilig wieder weggesteckt. Von dem kleineren Problem abgesehen, war der Rest des Abends angenehm, und sie erklärte sich bereit, für alle Auftritte der New Sensations die Regie und Choreographie zu übernehmen.
Ihre Majestät war ein Profi.
An Ort und Stelle hat sie einen Vertrag aufgesetzt, der ihr 250 Dollar im Monat garantierte. Jeden Tag nach ihrer Arbeit in der Bank würde sie ins Studio kommen.
»Wenn ich mit ihnen fertig bin, sind sie reif für die Carnegie Hall!«
Ich wußte, daß Dalek nie seine Unterschrift unter ein

Stück Papier setzen würde, das irgend jemandem 250 Dollar zusagte, selbst wenn der Name auf dem Papier Ms. Renée Anastasia lautete.
Ich wollte nicht, daß ihre königliche Hoheit mich für einen Schlaffsack hält, darum hab ich sie gebeten, mit der Unterschrift unter den Vertrag zu warten, bis sie die New Sensations gehört hätte. So hatte ich noch ein bißchen Zeit, die Sache mit Dalek abzuklären.
»Du bist vielleicht zu gut für sie«, hab ich gesäuselt. »Womöglich sind sie nicht in der Lage, deine Schritte schnell nachzumachen – wenn sie mehr Zeit brauchen und ich dich bloß für zwei Wochen unter Vertrag hab ...«
Sie lächelte wohlwollend.
»Touché ... ruf mich morgen früh an ... wir machen eine Zeit fürs Vorsingen aus ...«

Ich dürfte nicht in dieser nach Tod riechenden Wohnung sitzen und die Überreste längst vergangener Schätze ausgraben.
Ich müßte leitender Direktor irgendeiner Weltfirma sein.
Fast zwei Jahre lang hab ich die Geschäfte von Dalek geführt.
Nachts war ich in Manhattan.
Unter der Leitung von Ms. Renée Anastasia wurden die New Sensations zu den heißesten Newcomern der Szene.
Ich hab für Dalek auch noch andere Gruppen entdeckt, aber er hat nie was mit einer angefangen – und meine Hauptaufgabe waren die New Sensations.
Dalek wurde allmählich immer lethargischer.
Er war bloß noch Fassade, und sein Geschäft war es nur noch dem Namen nach.
Ich war die Macht im Hintergrund.
Dalek war hauptsächlich damit beschäftigt, im obersten Stock des Lagerhauses eine Disco zu betreiben. Er hat sie *Cinderella* genannt.
Ich war gegen die Idee mit der Disco. Unsere Firma trat damit zu sehr in den Vordergrund, wir wurden verwund-

 bar, angreifbar. Und wir zogen die falsche Art von Leuten in unser Geschäft hinein.

Ms. Renée wurde meine geschäftliche Inspiration.
Durch ihre positive Haltung und ihren Elan fing das Büro zu leuchten an.
Fast zwei Jahre lang flatterte unsere coole lila Flagge höher als die all der anderen kleinen Firmen, die in der Discoszene von New York was zu sagen hatten.
Es war schwer, die New Sensations bei der Stange zu halten. Ich hatte gerüchteweise gehört, daß zwei von ihnen zwei der Vizepräsidentinnen der Plattengesellschaft gebumst hatten. Ich hab nichts dazu gesagt, weil ich dachte, daß mich das nichts angeht, und wenn das Gerücht stimmte, waren vielleicht ein paar dicke Schwänze am richtigen Platz ganz nützlich.
Jede Woche sah es so aus, als würde uns eine größere Managementfirma mit besseren Beziehungen die New Sensations abwerben. Zu meinem Glück aber hatte Ms. Renée jetzt das Sagen bei mir, und die New Sensations beteten sie an und sprangen nur so, wenn sie mit ihren manikürten Fingern schnippte.
Robbie Mitchell, der Vorsänger, war Renées eifrigster Schüler.
Außerdem war er derjenige, den ich am häufigsten irgendwo hab rausboxen müssen. Seine Kokainsucht wurde allmählich teuer. Ich hab Dalek gewarnt, aber er tat es mit einem Achselzucken ab: »*That's show business* …«
Dalek hatte sich mit ein paar finsteren Gestalten eingelassen, die ich wahrscheinlich besser im Auge behalten hätte, aber um alles hab ich mich nicht kümmern können.
Dalek war viel zu vertrauensselig, wenn's um Geld ging. Und er schmiß es mit beiden Händen zum Fenster raus.
Ich nahm an, daß es Geld aus dem *Cinderella* war – die Disco war immer gerammelt voll –, und weil Dalek mein Boß war, hab ich meine Aufgabe nicht darin gesehen, in seinen Geschäften rumzuschnüffeln. Ich hatte beileibe

schon genug damit zu tun, bunte Nebelwände um Daleks dunklere Geschäfte zu ziehen.
Ms. Renée wäre wie der Blitz auf und davon, wenn sie nur die leiseste Ahnung davon gehabt hätte, wie sehr Drogen – und Dinge, die mit Drogen zu tun hatten – in unserem Geschäft zum alltäglichen Leben gehörten.
Ich hab Ms. Renée und die New Sensations damit in Atem gehalten, daß ich sie in einem Studio, das weit weg vom Hauptbüro war, neue Shows und Effekte proben ließ. Von den Aufnahmestudios hielt ich Ms. Renée ganz fern, und ich sorgte dafür, daß das Büro »clean« war, wenn sie vorbeikam, um mich oder Dalek zu sprechen.

Das erste Album der New Sensations kam Ende Frühjahr '77 raus. Es hatte deshalb so lange gedauert, bis die Sache im Kasten war, weil wir warten mußten, bis unsere »große« Firma mit dem Geld ihrer »großen« Firma rüberkam.
An der Ostküste war das Album ein Hit, und wir waren gerade kurz davor, die Sensations zu ihren ersten Auftritten an die Westküste zu schaffen, als die dunklen Gestalten, die sich schon längere Zeit um Dalek drückten, beschlossen, permanent in Erscheinung zu treten.

Ich werd nie vergessen, wie ich zu der Besprechung kam, die Dalek anberaumt hatte, und da die zwei Gestalten saßen, die ich vorher schon im *Cinderella* hatte rumhängen sehen. Dalek stellte sie mir als seine beiden neuen Partner vor und sagte, daß sie die Tagesgeschäfte führen und auch für die Finanzen verantwortlich sein würden.
Daß das Zoff geben würde, hab ich so klar gesehen wie den Heiligenschein um den Kopf von Dalek.
Er konnte mir nicht in die Augen schauen.
Er hat sich benommen wie auf seiner eigenen Beerdigung.
Später hab ich versucht mit ihm zu reden, aber eine von den beiden Gestalten war immer bei ihm, und immer

wenn ich versucht hab, Dalek daheim anzurufen, nahm eine von den Gestalten ab. Dann endlich, eines Morgens, hab ich ihn erwischt, als er gerade in den Aufzug stieg – sein Begleiter war damit beschäftigt, das Taxi zu bezahlen. Ich hab auf den Knopf gedrückt, bevor einer der Kerle einsteigen konnte, und den Aufzug zwischen zwei Stockwerken angehalten.
Dalek wollte noch immer nichts sagen.
Er hat ein Gesicht gemacht, als würd er gleich losheulen. Das einzige, was er mir sagte, war, daß ich aussteigen sollte, bevor es zu heiß wurde.
»Die sind 'ne Nummer zu groß für uns … gegenüber denen sind wir bloß blutige Anfänger …«
Ich hab nicht gewußt, was ich mit dieser rätselhaften Botschaft anfangen sollte, aber ich hab bald rausgekriegt, daß was dran war.
Plötzlich war zu allem die Zustimmung von diesen Typen erforderlich.
Die Tournee der New Sensations an die Westküste fand nicht statt.
Plötzlich wurden unsere Platten nicht mehr gespielt, und die Läden bekamen keinen Nachschub. Jedesmal wenn wir die »große« Firma angerufen haben, wollte keiner mit Dalek oder mir reden.
Die dunklen Gestalten hatten die Macht übernommen.

An einem warmen Herbsttag im Jahr 1977 ist mir alles klar geworden.
Ira, der A&R-Mann, den ich gesehen hatte, wie er mit Dalek und den New Sensations Kokain sniffte, hat uns einen Besuch abgestattet. Ich war mit meinem Latein am Ende, weil Dalek nicht zur Arbeit gekommen war, und Ira konnte mir auch erklären, warum.
Mit der Firma war's aus.
Aus und zappenduster.
Die Muttergesellschaft hatte beschlossen, daß sie die New Sensations mit einem Direktvertrag für sich selbst wollte.

Laut Ira hätte Dalek über die letzten Jahre hinweg bewiesen, daß er unfähig war, eine Gruppe mit einem solchen Millionen-Dollar-Potential zu managen. Als Grund führte er die Drogenprobleme von Dalek an.

Dalek hatte offensichtlich Honorare der New Sensations für Drogen ausgegeben, und das *Cinderella* stand kurz davor, als mutmaßliche Drogengeldwäscherei von der Polizei unter die Lupe genommen zu werden.

Die dunklen Gestalten, mit denen ich Dalek gesehen hatte, waren Spitzel, die seltsamerweise für dieselbe Plattenfirma arbeiteten wie Ira.

Ira war gekommen, um den Laden von Dalek aufzulösen und mir einen Job in der Mutterplattengesellschaft anzubieten.

Ich bin so ausgerastet, daß ich einfach aus dem Gebäude gelaufen bin.

Ich hatte das Geschäft von Dalek aufgebaut.

Ich *war* das Geschäft von Dalek, und es war mir gestohlen worden.

Ich bin in den Central Park, hab mich auf eine Bank gesetzt und 'nen Joint geraucht, der mit 'ner Menge Kokain versetzt war, dort, am hellichten Tag.

Es war mir egal.

Ich hab Ms. Renée angerufen.

Sie wollte nicht mit mir reden.

Ich bin zu ihrer Wohnung gefahren.

Sie wollte die Tür nicht aufmachen.

Sie wollte nur durch die Sprechanlage mit mir reden.

Sie hat mich beschimpft und einen Lügner genannt.

Ein paar Tage später hab ich einen Brief von ihr bekommen. Beiliegend die Kopie eines Briefes, den sie von RCR Records bekommen hatte, der Mutterfirma der »großen« Firma.

Der Brief war von Ira, der, wie sich rausstellte, A&R-Chef der Abteilung für Schwarze Musik bei RCR war.

Ich hab's nicht glauben können!

 Ein weißer Judenjunge als Chef für Schwarze Musik ... das ergab keinen Sinn.
In dem Brief wurde Renée zwar für ihre »Hilfe« gegenüber den New Sensations gedankt, dann hieß es aber, daß die Jungs professionellere Leitung und Management bräuchten und daß ich vorgeschlagen hätte, sie sollten einen Choreographen einstellen, weil ich das Gefühl hätte, der neue Leiter könnte »die New Sensations auf ein Niveau bringen, von dem Renée Anastasia keine Ahnung hat«. Das war, laut dem Brief, ein Zitat von mir.
Ich bin explodiert.
Ich hab Ms. Renée angerufen, aber ihr Telefon war abgestellt.
Ich bin zu ihrer Wohnung gefahren. Keiner hat aufgemacht. Als ich immer wieder auf den Knopf drückte, ist eine Nachbarin vorbeigekommen und hat mir gesagt, daß sie vermutete, Ms. Anastasia sei umgezogen.
Ich bin ins *Sorglos* gerannt.
Dort haben alle gewußt, was ich ihrem Star angetan hatte. Keiner wollte mit mir reden.
Eine von den Bedienungen hat mir allerdings gesagt, daß Renée für eine Zeitlang aus New York fort wäre.
Sie wäre gedemütigt und gekränkt worden.
Jeder hätte gewußt, daß sie die treibende Kraft hinter den New Sensations gewesen wäre, und jetzt wäre es in der ganzen New Yorker Discoszene bekannt, daß sie rausgeflogen war.
Es war sogar in den einschlägigen Zeitschriften gemeldet worden.
Und über mich war zu lesen, daß ich bei RCR einen neuen Job antreten würde!!!
Ich hatte gute Lust, jemanden anzuzeigen.
In den folgenden Wochen bin ich nur so rumgewirbelt, weil ich nicht wußte, was ich machen sollte.
Dalek konnte sich nicht mit mir treffen oder wollte es nicht.
Die New Sensations waren schlagartig von der Bildfläche

verschwunden und an der Westküste in der Nähe des Hauptsitzes von RCR Records untergebracht worden.
Der »Job«, den man mir bei der Plattenfirma versprochen hatte, war in der Postverteilerstelle.
Ein Witz, dieser Job.
Das war's gewesen mit meiner Karriere.
Ein paar Tage vor meinem neunundzwanzigsten Geburtstag war ich am Ende.

Ja, ich hab versucht, den Schaden zu begrenzen und mich wieder hochzukämpfen. Ich hab mit dem Gedanken gespielt, zu klagen, aber dafür reichte meine Kohle nicht. Vielleicht hätte ich den Job in der Postverteilerstelle annehmen sollen, aber das brachte ich nicht über mich.
Ich wurde bestraft. Aber wofür?
Das einzige, was ich verbrochen hatte, war, einer Pipifax-Firma ein aufregendes, gewinnbringendes Gewand zu verpassen.
Ich war zu vertrauensselig gewesen.
Ich hatte das Büro geleitet, als ob's meins wäre, aber das war's eben nicht.
Mich packte die Paranoia.
Die New Sensations haben's geschafft und sind eine der größten Gruppen im Geschäft geworden. Ich werd krank, wenn ich ihre Platten hör.
Sie sind immer noch in der Szene.

Allmählich dachte ich, ich bin verflucht.
Ich dachte wieder mehr über Nate und Cynthia nach.
Mama hat immer gesagt, seiner Schuld kann man nicht entgehen.
Vielleicht hatte meine Schuld mich jetzt ja eingeholt.

Während meiner Tätigkeit in New York hatte ich mich mit vielen Leuten angefreundet, und ein paar von meinen Verbindungen halfen mir eine Zeitlang über die Runden,

 aber die Szene änderte sich wieder, und am Ende der 70er mußten wir uns alle nach neuen Jobs umsehen.
Anfang der 80er Jahre war die Disco Music tot.
Schwarze hatten in Plattenfirmen keine Chancen mehr.
Die suchten nach Bands wie den weißen englischen Punk-Gruppen, wie den Sex Pistols zum Beispiel.

Ich hab jeden Job angenommen, den ich kriegen konnte.
Bin wie ein Kneipengänger von einem Job zum nächsten gewankt.
Ziellos.
Ich hab mit Lorraine zusammengewohnt, die schon damals zu dem geworden ist, was sie jetzt ist. Ein Erfolg.
Ein rauschender Erfolg.
Um Kohle, Miete, Essen oder auch Klamotten hab ich mir nie Sorgen gemacht, weil Lorraine sich um alles gekümmert hat. Sie hatte ein Dach über'm Kopf, also hatte ihr Bruder auch eins.

Wie alle anderen auch, hab ich Anfang der 80er Jahre gefeiert, gefickt und gekifft.
Alles Geld, was ich kriegen konnte, hab ich für Drogen ausgegeben, und ständig hing ich im *Studio 54* rum.
Dort wollte ich, wenn irgend möglich, einen Job kriegen.
Aber das war genau der Punkt.
Jeder wollte dort arbeiten.
Statt dessen hab ich meine Zeit als Garderobier im *Under Line* verschwendet – einem jüdischen Livemusik-Laden im Village in der Nähe meiner früheren Bude. Dort hab ich 'ne Menge tolle Bands gesehen.
Bands wie The Voices of East Harlem, Ashford & Simpson, dann ein paar Gruppen von weißen Jungs, von denen ich die Namen nicht mehr weiß, und Prince.
Ja, ich hab im *Under Line* ein Prince-Konzert gehört. Ich hab gerade an der Garderobe gearbeitet, völlig zugedröhnt mit Kokain, als dieser hochkreischige, hübschärschige, dürre kleine Scheißer auf die Bühne stolziert, mit

nichts an außer einem winzigen Höschen mit Tigermuster und Stiefeln. Und dann nimmt er eine Gitarre und reißt die Welt in Stücke! Die Tussis haben gekreischt! Die Zuhälter haben gekreischt! Die Intelligentia hat gekreischt!
Sogar die Weißen haben gekreischt!
Ich hab gewußt, aus dem Jungen wird ein Star!
Scheiß auf »*Purple Rain*«!
Prince war am besten, als er noch auf einer kleinen Bühne in einer kleinen Scheißbar stand, einer Bar, die *Under Line* hieß.

Ich hab viele Leute kennengelernt, die auf Drogen waren.
Wer kokst, hat gern Gesellschaft.
Ich bin ein paar Kids begegnet, die bei *Dreamgirls* mitgemacht haben, einem schwarzen Musicalhit, der am Broadway heiß gehandelt wurde.
Vor allem ein Typ hatte mich ins Herz geschlossen.
Um diesen Typ, ich will ihn mal Sid nennen, bin ich rumgehangen, weil er immer Kokain hatte und irgendwie interessant war. Ich mußte ihn bloß an meinem Schwanz lutschen lassen und hab soviel Kokain gekriegt, wie ich wollte.
Ich nehme an, das war die Zeit, wo ich angefangen hab zu »traden«.
»Traden« ist ein Schwulen-Ausdruck für jemand, der bereit zu Sex mit Schwulen ist.
Nein, ich bin kein Homo.
Außer Eric hab ich nie eine dauerhafte sexuelle Beziehung mit 'nem Mann gehabt …

ABER

immer wenn ich was gebraucht hab, normalerweise Kohle für Essen oder Drogen (meistens für Drogen), hab ich meinen Schwanz getradet, um an das ranzukommen, was ich wollte.

 Sid war cool.
Er hat mir bloß einen blasen wollen.
Also hab ich ihn gelassen.
Ich hab ihn nach seiner Show im Theater abgeholt, und wir sind dann entweder in 'ne Disco oder zu ihm und haben getradet.
Er ist immer in den Laden, der *Continental Baths* geheißen hat, 'n echt ätzender Laden, wo Schwule (größtenteils Weiße) rumhingen, sich in 'nem Keller 'ne Swimmingpool-Show angeschaut haben oder oben in den Gängen und Kabinen auf Anmache waren.
Das *Continental Baths* war ein Versuchsfeld für heiße neue, fast alternative Musik- und Kabarettshows. Wenn eine Show die Queens zum Kreischen gebracht hat, waren die Chancen gut, daß sie von einer von den besseren Discos wie dem *Reno Sweeney* oder dem *Backstage* übernommen wurde.
Einmal hab ich Bette Midler unten am Schwimmbecken gesehen.

ABER

die eigentliche Party fand oben statt, wo die Action lief. Während unten die Männer johlten und klatschten, belustigt von den Mätzchen auf der Bühne, haben die Männer oben gejohlt und zu einer anderen Art von Be-Lustigung gestöhnt ...
Sid hat sich dann eine Kabine besorgt, und wir haben uns hingehockt und geraucht, er hat mir einen geblasen, und dann haben wir noch was geraucht. Anschließend ist Sid in dem Laden rumgestreunt, auf Beutezug, wie er sich ausgedrückt hat.
Der Laden hat mir nie gefallen.
Ich bin mir dort immer vorgekommen wie ein Stück Hamburger-Fleisch.
Normalerweise war es so dunkel, daß du nicht hast sehen

können, mit wem du's zu tun hast. Die Leute wollten's, glaub ich, auch gar nicht sehen.
Irgendein Typ kommt zu dir her und legt dir seine Hand auf den Schwanz, um zu sehen, wie groß er ist, und wenn du den Größetest bestanden hast und bereit bist, dann geht ihr zwei ins Kabinenland, um die Zeit mit Sex totzuschlagen, bis du oder er sich langweilen, und dann ziehst du wieder los, auf der Suche nach noch 'ner Nummer, wo du was abstauben kannst.
Ich hab dort ein paar wüste Dinger erlebt.
Gruppensexorgien, wo ein Kerl von fünf oder sechs Typen gefickt worden ist.
Leute, die Poppers geschnüffelt haben.
Poppers sind Fläschchen mit Amylnitrit, die manche Typen schnüffeln, um beim Sex ihre Erregbarkeit zu steigern.
Ich hab den Laden nicht ausstehen können.
Er war mir zu unpersönlich.
Das einzige, was die Leute interessiert hat, war, wie groß dein Schwanz ist.
Ich hab einen traurigen, einsamen Typen gesehen, der von allen stehengelassen worden ist. Er hat sich zu mir umgedreht, sein Handtuch fallen lassen, und ich hab gesehen, warum. Zwischen seinen Beinen waren zwei Zentimeter und ein paar Runzeln.
Keiner hat Kleine gewollt.
Die Größe war alles.
In die *Baths* bin ich bloß ein paarmal mit Sid.
Und nach 'ner Zeit hab ich ihn nicht mehr getroffen.
Er hat zuviel rumgemacht.
Ich wollte mir von ihm nicht irgend'ne komische Krankheit anhängen lassen, die er sich in 'nem Laden wie dort hätte holen können.
Später hab ich erfahren, daß er bei 'nem Brand in 'ner anderen beliebten Sauna umgekommen ist, von der ich den Namen nicht mehr weiß.

Den letzten richtigen Job hatte ich 1982.

Den hab ich drei Monate lang gemacht.
Sie haben mich rausgeschmissen, weil ich auf mein Gehalt Vorschußzahlungen gekriegt hatte (für Drogen) und in der Woche darauf dann nicht zu Arbeit erschienen bin.
Ich wollte nicht arbeiten.
Ich wollte nur Kokain rauchen.
Alles andere war mir schnurz.
Lorraine hat wahrscheinlich geahnt, was mit mir los war, aber sie hat nicht groß was gesagt, weil sie's nicht ganz sicher wußte.
Ich hab den ganzen Tag gepennt, während sie in der Arbeit war, und bevor sie heimkam, war ich schon wieder unterwegs, auf der Suche nach 'ner Party.
In dieser Zeit hatte ich keine ernsthafte Beziehung mit 'ner Frau gehabt. Die Mädels standen nur auf Yuppies und Buppies (schwarze Yuppies).
Typen auf dem Weg zum Millionär, und obwohl ich die Rolle spielen konnte, wenn mir danach war, hatte ich nicht den Kies, um sie durchzuhalten.

DAS GROSSE WARUM???

Wenn ich zurückdenke und mich frag, warum ich zugelassen hab, daß es so weit kommt mit mir, kann ich's echt nicht sagen. Ich glaub, es hatte was mit Freiheit zu tun. Ich versuchte rauszukriegen, was ich eigentlich wollte.
Nicht was Cornelius sen. oder Mama oder Maggie oder Cynthia oder Dalek oder Lorraine oder die Schule oder ein Chef wollte.
Ich wollte, was Cornelius jun. wollte.
Aber was ich damals nicht begriffen hab, war, daß das einzige, was ich wirklich wollte, Kokain rauchen war. Das konnte ich mir nicht eingestehen.
Ich war süchtig und konnte es nicht zugeben.
Ich hab gedacht, Kokain nähme ich bloß so zum Zeitver-

treib, als würde ich Wasser oder Orangensaft trinken. Ich hab nicht erkannt, daß es 'ne Arbeit war.
Aber das war's.
Ein riesiger Job.
Es aufzutreiben.
Die Quelle aufzutreiben.
Das Geld aufzutreiben.
Pläne auszuhecken, um an die Knete ranzukommen.
Leute aufzutreiben, die welches hatten, wenn ich keines hatte, und rauszukriegen, was sie dafür wollten. Es war 'n Fulltime-Job.
Und sobald ich high war, bin ich natürlich nicht mehr aufgestanden und in die Arbeit gegangen.
Wenn ich die ganze Nacht aufgeblieben war, hochgekokst, wollte ich am nächsten Tag bloß noch pennen. Ab und zu hat Lorraine getobt, wenn ich mal wieder blank war, und um sie zu besänftigen, hab ich dann irgend'nen x-beliebigen Job angenommen, um ihr die Rechnungen bezahlen zu helfen.
Was Lorraine aber immer noch nicht gemerkt hatte, war, daß ich keinen Ehrgeiz hatte.
Ich hatte kein Ziel mehr.
Das Feuer und die Begeisterung, die ich als Teenager und als junger Mann gehabt hatte, waren von diesem Ding namens Freiheit vollgepißt und schließlich ersäuft worden.
Die Freiheit ist nur dann erhaben, wenn sie an Disziplin gekettet ist.
Freiheit ohne Disziplin ist Faulheit.
Das hatte ich nie begriffen.
Wenn ich diszipliniert gewesen war, dann gezwungenermaßen. Durch eine Cornelius-sen.-oder-Mama-oder-Schul-Disziplin.
Sie war nie mit Freiheit gekoppelt gewesen.
Oder eine Wahlmöglichkeit.
Ich hatte nie gelernt, einen eigenen Willen zu entwickeln.

Bloß, weil ein Mensch machen kann, was er will, heißt das noch nicht, daß dieser Mensch ehrgeizig ist.
Ohne einen Willen tut dieser Mensch einen feuchten Dreck!
Nischt!
Nada. Nunca.
Nichts!
Ich wollte keinen Erfolg haben.
Ich wollte kein Millionär werden.
Ich hab vom großen Auto und vom großen Haus geträumt, aber immer wenn ich damit konfrontiert war, was ich hätte tun müssen, um diese Träume zu verwirklichen, hat mir der Kopf weh getan, und dann hab ich mir einen dicken fetten Joint gedreht, ihn geraucht und gesagt: »Morgen ... ich mach's morgen ... morgen kümmer ich mich drum.«
Morgen ist zu meiner Hymne geworden.
Meiner Bibel.
Vielleicht wollte ich's nicht ernsthaft genug.
Ehrgeiz ist harte, schmutzige Arbeit.
Ja, Kohle hätte ich schon gewollt, aber nicht unter Verzicht auf Spaß. Ich hatte meine Kindheit damit verbracht, zu schuften, um überdurchschnittlich zu werden, Nummer eins zu sein, und das alles nur, damit ich von meinem Daddy gelobt werde. Aber jetzt hatte ich keinen Daddy mehr, der mit der Peitsche knallte.
Ich bin nie mir selber zuliebe überdurchschnittlich gewesen.
Ich meine, zu meiner persönlichen Befriedigung.
Für Mama war gesorgt, also brauchte ich wegen ihr nicht zu arbeiten und überdurchschnittlich zu sein; außerdem war sie nicht da, um irgendwelche Leistungen zu würdigen, die ich vielleicht hätte erbringen können.
In den Augen von Lorraine war ich immer noch ein Held.

Ich hatte noch nicht angefangen, Crack zu rauchen, und irgendwo in meinem tiefsten Inneren verspürte ich doch

das Bedürfnis, überdurchschnittlich zu sein. Aber ich wußte, daß ich einen Riesenanstoß brauche.
Ein bißchen Anleitung.
Disziplin.
Also bin ich zur Army.
Na ja, eigentlich hab ich's nur versucht.
Eigentlich war ich zu alt für die Army, wie ich bald gemerkt hab.
Idealerweise sollte ein junger Mann, und das entscheidende Wort ist *jung*, so etwa mit siebzehn Jahren zur Army gehen, wenn sein Verstand noch frisch und formbar ist und sein Körper biegsam und stark.
Ich hab mich im Juli 1983 zum Militärdienst gemeldet. Da war ich fünfunddreißig Jahre alt.
Amerika war nicht im Krieg.
Der Anwerbeoffizier hat fast gelacht, als ich ihm gesagt hab, wie alt ich bin.
Er war sich nicht sicher, ob ich überhaupt noch genommen werden würde, aber meine Schulzeugnisse waren tadellos, also haben sie mich gleich die Formulare ausfüllen und die Musterung machen lassen.

Gerüche.
Umkleideraumgestank.
Männerkörpergestank …
Verschwitzte-Unterwäsche-Gestank.
Sportlersocken-Gestank.
Daß ich da in dem stinkigen Kellerraum gehockt hab und darauf wartete, daß mir ein Militärarzt in die Eier greift, während ich huste, hat mich an den Gestank beim Schulsport erinnert. Traurig hab ich vor mich hin gelacht, während ich mir die anderen zwei Kandidaten für den Militärdienst betrachtete.
Wir waren die Nachzügler.
Es war kein Krieg.
Es war gar kein rechter Grund vorhanden, warum einer von uns darauf scharf sein sollte, an so einem stinkigen,

 irre heißen Sommertag um halb neun Uhr früh zu einem Militärarzt zu gehen.
Wir waren stinkige Nachzügler.
Wir wußten nicht, wohin, und brauchten Daddy Militär, damit er uns zeigte, wo's langgeht.
Da saß ich also, zusammen mit einem weißen Jungen, der so um die zweiundzwanzig war, und diesem anderen Bruder.
Der Bruder muß mindestens dreißig gewesen sein.
Er war dicker als zwei Käfige Elefanten. Mir war klar, daß er nie durch die Musterung kommen würde.
Uns beiden war klar, daß wir dort waren, um einen Job zu kriegen, weil wir's draußen in der Welt nicht geschafft hatten, einen zu finden. Das war unsere letzte Chance, bevor die Krittler in unseren Familien uns anflehen würden, endlich was mit unserem Leben anzufangen.
Der weiße Junge ist reingegangen.
Ich und der Bruder haben uns angeschaut.
Den Kopf geschüttelt und gelacht.
Er ist als nächster rein. Ich hab ihn nie wiedergesehen.
Dann war ich dran. Ich hab mich mustern lassen, einen Blick auf das Ergebnis geworfen und eine schriftliche Prüfung abgelegt, die leicht war. Dann hab ich ihnen gesagt, daß ich einen Job will, der was mit Kommunikation zu tun hat. Sie haben gelacht.
Ich bin heim und hab gewartet.
Zwei Wochen später hab ich einen Brief gekriegt, in dem stand, daß sie mich nehmen. Das hat mich unendlich deprimiert.
Ich hatte gebetet, daß mit mir was nicht in Ordnung wäre, damit ich mich nicht der Tortur unterziehen mußte, die mir bei der Army bevorstand, und mir war klar, daß es eine echte Tortur werden würde.
Mit Weißen zu tun zu haben ist fast immer eine Tortur.
Mama und Lorraine waren überrascht, daß ich mich überhaupt so entschieden hatte.
Mama war froh, daß ich »was mit meinem Leben anfan-

ge«, aber sie war sich nicht sicher, ob die Army gut genug für mich war.

»Warum denn nicht zu den Marines?« hat sie gefragt.

Lorraine, die nie was von mir verlangte und mir alles gab, was ich wollte, hat mich wie immer unterstützt und erklärt, daß sie glücklich sei, wenn ich glücklich sei. Ich hab gelächelt und so getan, als wäre ich glücklich, aber mir war hundeelend. Ich lief herum wie ein Schlafwandler.

Ich versuchte Zeit zu gewinnen.

Meine letzten Tage in Freiheit hab ich mit Rauchen zugebracht. Dann, morgens, hab ich mich in der Crescent Street gemeldet und den Bus nach Fort Dix in New Jersey genommen.

Meine militärische Laufbahn dauerte genau einundzwanzig Tage. Elf davon hab ich im Bunker oder unter Beobachtung verbracht. Und jede Mikrosekunde davon war mir verhaßt.

Auf das Gebrüll, Gestoße, Gestänker und den Schock des Militäralltags war ich nicht vorbereitet. Außerdem war ich miesgelaunt, weil die Army bedeutete, daß ich einen kalten Entzug von meiner Kokainsucht machen mußte. Nachdem ich lange Zeit fast jeden Tag geraucht hatte, bin ich in weniger als vierundzwanzig Stunden auf Null runter.

Ich übte mich in Widerspenstigkeit.

Jedesmal, wenn der Kompanieführer uns angebrüllt hat, hab ich's darauf angelegt, genau das Gegenteil zu machen, und zwar so schnell, wie *ich* wollte.

Ich hatte Schiß, aber ich war entschlossen, sie nicht merken zu lassen, daß sie mich einschüchterten.

Ich war blöd.

Ich hätte in der Army weiterkommen können, aber ich wollte eigentlich nicht dort bleiben.

Mein Ausbilder war so 'n weißer Hollywood-Hills-Typ, der einmal zu oft *Das dreckige Dutzend* gesehen hatte.

 Er war über meinen Fall unterrichtet worden und ist mit der Holzhammermethode auf mich losgegangen.
Sofort.
Nachdem sie mir meine Unterkunft gezeigt hatten und ich begriff, wo ich die nächsten Monate während der Grundausbildung verbringen mußte, ist mir aufgegangen, daß ich einen riesigen, schrecklichen Fehler gemacht hatte.
Ich mußte alles nur Erdenkliche tun, um aus diesem furchtbaren Laden wegzukommen.
Ich hatte mich mit meiner Unterschrift für vier Jahre selber eingesperrt! Vier Jahre!!!
Ich wußte, daß ich's nie länger als vier Tage aushalten würde.
In den ersten vierundzwanzig Stunden versuchten sie mir meine Identität, meinen Stolz und meinen eigenen Maßstab zu nehmen – und das war auch ihre Aufgabe.
Verdammt noch mal, das war die Army, und keine Kuranstalt für Schlafwandler – auch wenn es mir manchmal genau so vorkam. Nachdem ich drei Tage und Nächte zusammen mit einundzwanzig Fremden (mit denen ich die ganze Zeit, die ich dort war, nicht einmal geredet hab) in der Kaserne geschlafen und den ekligsten Fraß gefressen hatte, den du dir vorstellen kannst, wußte ich, ich muß abhauen. Als der Zugführer am vierten Tag morgens, am Ende des Weckrufs, kam, um das Licht anzuknipsen, hab ich mich geweigert, aufzustehen, und das machte mich zum Ziel seiner Morgenwut.
»Heb deinen Arsch hoch, Washington! Wir sind hier kein Freudenhaus!« Er packte mich von hinten an meinem Unterhemd. Ich hab mich umgedreht und ihn abgeschüttelt, er ist wieder auf mich los, und dann haben wir uns geschlagen. Er mußte nach Verstärkung rufen.
Sie haben mich ganz schön vermöbelt.
Der totale Wahnsinn.
Ich kam in Einzelhaft.
Ich war blöd.
Ich war so sauer und durcheinander.

Auf die Idee, einfach hinzugehen und zu versuchen, mit jemandem darüber zu reden, daß ich einen Fehler gemacht hatte und was ich dagegen tun könnte, bin ich nie gekommen. Aber geredet hat in dem Laden sowieso keiner.
Sie haben dich alle bloß angeschrien und angebrüllt wie einen Köter.
Ich war kein Kind.
Ich war ein ausgewachsener Mann.
Ein ruheloser, drogenbesessener, zielloser Fünfunddreißigjähriger, aber trotzdem ein Mann.
Die Army hatte ungefähr 26.000 Cornelius senior, die einen den ganzen Tag aus jeder Richtung anbrüllten und angrölten.
Bloß mein allererster Feldwebel war anders. Er hat mich besucht, als ich im Bunker war, und mit mir geredet wie mit einem menschlichen Wesen.
Zum erstenmal, seit ich dort war. Ich hab ihm gesagt, daß es ein großer Fehler von mir war, zur Army zu gehen. Daß ich's nicht schaffen würde.
Daß ich gehen will.
Er hat gelacht.
Er hat gesagt, daß ich für vier Jahre unterschrieben hätte.
Er hat gemeint, daß ich nur Heimweh hätte und daß ich's mir wenigstens noch mal in Ruhe überlegen sollte.
Er hat mir elf Tage Zeit gelassen, es mir zu überlegen.
Und überlegt hab ich.
Da in diesem dunklen, stickigen kleinen Holzkasten hab ich mir so vieles geschworen. Ich hoffe, der Herr hat nicht alles aufgeschrieben.
Ich hab mir geschworen, mir, sobald ich rauskomme, einen Job zu suchen und nie wieder Kokain anzurühren.
Ich hab mir geschworen, mir eine Frau zu suchen und eine Familie zu gründen, bevor es zu spät ist.

Dort im Bunker hab ich meinen ersten Nervenzusammenbruch gehabt.

Es war am vierten Tag.
Nach dem Frühstück.
Ich hab angefangen, hysterisch zu lachen.
Ich hab nicht gewußt, warum ich lache, aber das Lachen ist in Stößen aus mir herausgekommen wie Keuchhusten. Dann hab ich angefangen zu flennen und gegen die Wände zu schlagen. Es ist keiner gekommen.
Schließlich hab ich mich wieder beruhigt und angefangen, mir Geschichten auszudenken. Ich hab mir vorgestellt, daß ich Jesus bin und auf meinen Prozeß warte und am Kreuz sterben muß, um die Menschheit von ihren Sünden zu erlösen. Mann, ich hab echt 'nen Hammer gehabt.
Am sechsten Tag hat mich der Zugführer besucht und mich zur Beobachtung in den San-Bereich raufbringen lassen, nachdem ich ihn mit einem vollen Kuß auf den Mund begrüßt, ihn Judas genannt und ihm erzählt hatte, daß mein Vater und ich ihm vergeben hätten und ich bereit fürs Kreuz wäre.
Sie haben eine ganze Latte von Tests mit mir gemacht.
Sie haben mir Drogen gegeben.
Ich weiß nicht, warum sie meinten, daß Drogen nötig sind, aber ich denke, sie wollten mich ruhigstellen. Ich hab mit ein paar Psychiatern geredet, die mir immer wieder die gleichen Fragen gestellt haben, nämlich, warum ich mich zur Army gemeldet hätte und ob ich mir sicher wäre, daß ich wieder raus wollte. Und ich hab ihnen immer wieder gesagt: »Ich hab einen Fehler gemacht ... ich halt's nicht aus ... ich will heim ...«
Sie haben mich wieder in den Bunker gesteckt.
Schließlich, am elften Tag, haben sie mich aus dem Bunker gelassen.
Sie haben mir ein Schreiben gegeben, in dem gestanden hat, daß ich innerhalb von zehn Tagen aus medizinischen Gründen entlassen werden würde.
Der Grund: Plattfüße!
Ohne Scheiß!!!

Bei allen Gründen, die sich hätten ausdenken und zusammenspintisieren können, sind sie ausgerechnet auf Plattfüße gekommen.
Die letzten drei Tage meiner Militärlaufbahn hab ich in der Bibliothek beim Lesen verbracht. Ich hab mich geweigert, an irgend'ner Pflichtübung teilzunehmen, bis sie mich rausließen.
Der Fairneß halber muß ich sagen, daß die Army nachsichtig mit mir umgegangen ist.
Ich hatte alle möglichen Horrorstorys über Kumpels gehört, die gequält und sogar zu medizinischen Experimenten rangezogen worden waren, aber zu mir war die Army ziemlich cool, wenn man überlegt, daß ich derjenige war, der den ganzen Schlamassel angezettelt hat.
He, die Army ist die Army.
Sie ist schließlich dazu da, einem den Verstand zu ficken.
Ich bin ins Zivilleben zurückgekehrt, und Lorraine war total von der Rolle, weil sie am Anfang des Sommers Kenneth, ihren Zukünftigen, kennengelernt und ihn in die Wohnung aufgenommen hatte, während ich in der Army war.
Ich war daheim.
Ich war komisch.
Ich war im Weg.
Allmählich hat meine kleine Schwester Lorraine kapiert, daß mit ihrem großen Heldenbruder nicht alles gestimmt hat.

* * 30. JUNI * 1991 * 2.00 UHR * *

Ich bin gerade vom Friedhof zurückgekommen.
Ich hab Quentin dort gelassen.
Er ist hoffentlich in Ordnung.
Dort war's mir einfach zu sonderbar.
Ich bin nicht mal lange genug geblieben, um festzustellen, ob wirklich Geld da war.

Ich hoffe bloß, Quentin ist in Ordnung.
Ich hätte ihn nicht dort lassen sollen, aber er hat zu zittern, zu spucken und so laut zu brabbeln angefangen, daß ich weg mußte.
Ich hatte Angst, daß uns einer hört und die Polizei holt.
Ich weiß nicht, warum ich überhaupt mit bin.
Die Fahrt mit der Subway war echt peinlich.
Im Zug war 'ne Mutter mit 'nem Fünfjährigen.
Das kleine, frühreife Balg hat immer auf mich und Quentin gedeutet und seine Mutter gefragt: »Warum? Mami, warum sehen die so aus? Warum? Die sehen so dreckig aus, Mami, warum?« Na ja, die arme Mutter war total verlegen und ein bißchen verängstigt. Sogar mit sauberen Klamotten sieht Quentin wie einer aus 'nem Flüchtlingslager aus, und ich nicht besser. Gott sei Dank ist die Mutter mit dem Kind ausgestiegen und hat es in einen anderen Waggon gebracht.
Quentin ist am Ende.
Er hat wahrscheinlich das Versteck von 'nem Drogenbaron gefunden.
Dealer sind dafür bekannt, daß sie ihr Drogengeld an irgendwelchen Plätzen verstecken, wo kein Mensch, der noch alle hat, hingehen würde; und wir wissen ja, daß Quentin sie nicht alle hat.
Sollte das Geld, das er immer nach Hause schleppt, wirklich Drogengeld sein, will ich nicht in der Nähe sein, wenn der Dealer rauskriegt, daß jemand daran rumgemacht hat. Also hab ich Quentin auf dem Friedhof gelassen.
Ich laß ihn nicht wieder in die Wohnung.

Ich bin froh, daß der Monat vorbei ist.
Übermorgen krieg ich meinen Scheck.
Quentin muß das Geld, die 576 Dollar, von denen er gesagt hat, ich kann sie haben, aus der Schachtel unter meinem Bett genommen haben, wo ich das Bild von mir

wie-ich-früher-mal-war aufhebe, weil das Geld weg war, als ich vom Friedhof zurückkam und nachgesehen hab.
Heute da.
Morgen fort.
Verrückt.
Nachdem ich aus der Army weg war und mir klar wurde, daß die Hoffnung, auf der mein Leben gebaut werden sollte, zu Treibsand geworden war, hab ich das große Zittern gekriegt.
Ich war fast sechsunddreißig.
Ohne Job.
Ohne Aussichten.
Ohne Ideen.
Gefühlsmäßig am Ende.
Ideenmäßig ausgelaugt.
Still und düster.
Ich hab mich in mich zurückgezogen.
An diese Zeit erinnere ich mich kaum.
Ich weiß nur noch, daß ich mich meistens deprimiert und müde gefühlt hab.
Ich hab nur das gemacht, was nötig war, um high zu bleiben.
Tagelang hab ich in meinem Zimmer gehockt und die Wände angestarrt.
Hab in meinem Kopf irgendein ödes, anderes Leben geführt.
Während ich in Gedanken den Globus durchquert hab, sind Stunden vergangen.
Zum Sprechen brauchte ich nicht meinen Mund.
Ich hab Telepathie gemacht.
Ich konnte mich mit der gesamten Menschen- und Tierwelt über meine Gedanken verständigen. Damals hab ich's nicht gewußt, aber ich hatte noch mal einen geistigen Zusammenbruch. Nachdem ich mit Lorraine darüber gestritten hatte, wie viele Erbsen sie eines Abends beim Essen auf meinen Teller gelegt hatte, haben Kenneth und sie

 gewußt, daß was nicht stimmt. Sie haben den Notruf 911 gewählt.
Am nächsten Tag bin ich aufgewacht und hab festgestellt, daß doch tatsächlich die legendären Männer-in-Weiß im vorderen Zimmer auf mich warteten. Sie haben mich in das General Hospital in Queens gebracht, wo ich auf Lithium gesetzt wurde.
Dort bin ich drei Wochen geblieben.
Lorraine hat mich besucht.
Mir gesagt, daß ich nicht heimkommen könnte.
Daß sie ein Leben mit Kenneth führen wollte.
Daß ich im Weg wäre.
Das hat sich nicht nach Lorraine angehört.
Es hat sich angehört, als hätte ihr das jemand in den Mund gelegt. Jemand wie Kenneth.
Damals hab ich meine Schwester gehaßt.
Ich kam mir vor wie verraten.
Als die Ärzte und Sozialhelfer mich fragten, was ich nach meiner Entlassung aus dem Krankenhaus vorhätte, bin ich in Tränen ausgebrochen. Hab geschluchzt, daß ich keine Ahnung hätte, wo ich hin soll.
Daß meine Schwester mich daheim nicht mehr haben wollte.
Sie haben mir gesagt, ich sollte ganz ruhig bleiben.
Sie würden mir Sozialhilfe und die Krankenversicherung bezahlen.
Der Zusammenbruch war ein verfluchter Segen.
Solange ich verrückt bleibe, kann ich die Schecks kriegen.
Sie wollten mir ein Zimmer in einem Fürsorgeheim in Manhattan geben und Essensmarken. Mir war nicht klar gewesen, daß Lorraine sich vorher mit meinen Ärzten und meinem Sozialarbeiter getroffen hatte, um dieses kleine »Paket« auszuhandeln, mit dem sie mich wieder auf den Weg zur Selbständigkeit zurückführen wollten.

Nach drei Wochen bin ich aus dem Krankenhaus entlassen worden.

Meine einzigen Habseligkeiten auf der Welt waren in einer schwarzen Mülltüte, die ich auf meinem Rücken getragen hab wie ein Afro-Nikolaus, der Weihnachtsgeschenke ausliefert.
An dem Tag hat es geregnet.
Ich war traurig, verdrießlich und sonderbar verlegen.
Meine Turnschuhe waren am Auseinanderfallen.
Ich kam mir wie ein Penner vor und hab auch so ausgesehen.
Ich hab Lorraine gehaßt.
Ich sollte in einem Haus mit Namen *Hotel Operatic* an der Ecke 77th Street und Broadway wohnen.

Die Eingangshalle des *Hotel Operatic* war ein Mischmasch aus fernöstlichem Horrorfilm und Nippes, abgewetzten, abgeschabten grauen Flurteppichböden und zerschlissenen Ledersofas, auf denen kein Schwein saß. Schilder mit »Setzen verboten« zierten die Wände. Die Empfangstheke war ein Würfel aus kugelsicherem Glas, durch das ich meine ersten zwei Wochen Miete im voraus gezahlt hab. Der Aufzug wurde von einer mittelalterlichen, zahnlosen, hexenmäßigen Hippie-Frau bedient und brachte mich rauf in mein Zimmer 1021.
Auf den Stockwerken gab es keine Knöpfe, und so mußte man, um den Aufzug zu bestellen, das gewünschte Stockwerk rausschreien oder -brüllen und drauf hoffen, daß die Aufzuglady einen auch hörte. Als ich zu meiner neuen Bleibe hochgehievt wurde, begrüßte mich ein Chor von Stimmen, die zum Beispiel brüllten: »Runter! ... Acht! ... Rauf! ... Arschloch, acht hab ich gesagt! Rauf! Du Schlampe, ich knall dich ab« und mich gleich mit meinen neuen Nachbarn bekannt machten – einem Haufen Zuhältern, Nutten, Drogensüchtigen, einsamen, verlorenen Menschen, Kriminellen, Endlosstudenten und Durchreisenden, allesamt Teil der namenlosen-gesichtslosen-vergeßbaren Masse, die man von null bis sieben Uhr durch die Straßen von Manhattan geistern sieht.

 Die eigentlich nirgendwo hingehen, sondern sich bloß durch den Tag treiben lassen.
Ein und dasselbe Menschenkaliber waren wir, Menschen aus der Gosse.
Das Bindeglied war unsere Abhängigkeit vom Sozialamt.
Unsere Abhängigkeit von Drogen.
Abhängige waren wir alle.

Das *Hotel Operatic* wurde mein Zuhause.
Zimmer 1021 war circa einen Meter zwanzig breit und drei Meter lang. Dazu gehörte ein Waschbecken. Ein Bett. Ein Schrank. Eine Kommode.
Das Bad war auf dem halbem Weg den Gang runter. Ich hab's mir mit 'nem puertorikanischen Junkie geteilt, der regelmäßig seiner Frau/Freundin die Scheiße aus dem Leib geprügelt und sie dann in einem Anfall von Reue wie wild gebumst hat.
In dieser Schuhschachtel hab ich vier Jahre lang gewohnt, bis Lorraine und Kenneth im Dezember 1989 geheiratet haben und in die Wohnung in Brooklyn gezogen sind, wo sie jetzt leben.
Kenny hat mich nie richtig leiden können.
Er hat nicht kapiert, warum Lorraine mir treu ergeben war.
Kenny hat mich kennengelernt, als ich gerade dabei war, den Bach runterzugehen.
Ich hab mein kleines Schuhschachtelzimmer verabscheut.
Ich hab Lorraine und Kenneth gehaßt, weil sie einander gefunden hatten. Ich hab Mama gehaßt, weil sie mich nicht da rausholte ...

ABER

im Keller von dem Hotel hab ich ein paar alte Showposter vom Broadway gefunden und sie mir an die Wand geklebt; und in einem Müllcontainer hinter einem Chinarestaurant hab ich einen von Flöhen zerfressenen Kaktus aufgegabelt und ihm einen Ehrenplatz auf meinem Fen-

sterbrett gegeben. Ich hab ihn Trigger genannt, wie den Abzug an 'ner Knarre.
Mein Beschützer. Mein symbolisches Schießeisen.
Für eine Doppelkochplatte hab ich zehn Dollar von meinem Scheck ausgegeben ('ne kleine Extravaganz), und bald hatte ich gelernt, mir meine außerirdischen Mahlzeiten aus Bohnen, Thunfisch, Reis, Zwiebeln, Knoblauch, Paprika und Pilzen zu machen.
Sonderbarerweise hab ich mich langsam in mein esoterisch-bohemienhaftes Sub-Leben verliebt ... Ich hab Kerzen entdeckt und stundenlang in meinem von flackerndem Licht beleuchteten Zimmer gehockt ... hab gelauscht ... dem öffentlich-privaten Leben der Elenden, die das *Hotel Operatic* ebenfalls ihr Zuhause genannt haben. Das Haus war zutreffend benannt – nach dem Wort Oper. Die Tragödien und Komödien, die sich in der großen Eingangshalle des *Hotel Operatic* abspielten, sind legendär. Seine Bewohner waren genauso riesig, bunt und exzentrisch wie jeder Wagner-Held oder jede Puccini-Diva.

Wie in 'nem grotesken Theaterstück hab ich gelernt, ein Niemand zu sein.
Sozialhilfe ist eine wunderbare Sache.
Sie bringt dir bei, zu lügen, zu betrügen und zu stehlen, damit du zweimal im Monat deine Zuteilung-zum-von-der-Hand-in-den-Mund-Leben kriegst. Sie bietet dir nämlich keinen Anreiz, es besser zu machen. Wenn (und das ist ein großes Wenn) du beim Warten auf deine nächste Zuteilung-zum-von-der-Hand-in-den-Mund-Leben irgendeinen wichtigen Job findest und es ihnen erzählst (was du auch sollst), dann schröpfen sie dich. Darum lügst du und stiehlst soviel Geld nebenbei, wie du kannst, und auf welche Weise du's kriegen kannst, und kassierst trotzdem deine Sozialhilfe.
Ich hab angefangen, Taschendiebe zu begreifen.
Ich hab mir angewöhnt, immer mit gesenktem Kopf zu

 gehen, um die Straße nach Geld abzusuchen. Ich hab gelernt, wie man in Läden klaut.
Meistens hab ich in Läden Essen geklaut.
Ich bin einfach in 'nem Laden rumgelaufen und hab Kuchen, Torten, Kekse, Obst, Joghurt, Eis, Kartoffelchips gegessen – alles, was ich gewollt hab, mir aber nicht hab leisten können, wenn mir die Essensmarken ausgegangen waren. Sogar wenn ich Lorraine besuchen wollte, hab ich mir normalerweise das Fahrgeld nicht leisten können.
Ich wurde ein Gefangener von Manhattan.
Aber ich war immer high.
Die Bewohner des *Hotel Operatic* waren immer high.
DER TOTALE WAHNSINN!!!
Wenn wir auch nie zu essen hatten, Drogen haben wir immer gehabt.
Alle möglichen.
Wenn du selber keine hattest, hat jemand auf dem Stockwerk welche gehabt. Wir haben geteilt.
Während ich im *Hotel Operatic* gewohnt hab, hab ich erst begriffen, was »high werden« bedeutet.

Die Sommer waren im Hotel nicht so schlimm, weil du, wenn dir die Decke auf den Kopf fiel, die Straße runter in den Central Park flüchten konntest.
Du mußtest bloß an diesem riesigen, alten Rocky-Horror-Picture-Show-Gebäude vorbei, um zum Park zu kommen.
Einmal hab ich gesehen, wie Roberta Flack aus einer Limousine ausgestiegen und in dieses nach-Bestattungs-institut-aussehende Gebäude gegangen ist. Sie hat dort gewohnt. John Lennon auch.
Im Park konntest du dir dann mit ein bißchen Glück jemanden zum Ficken suchen.
Aber es gibt nichts Drögeres als einen kalten, regnerischen Februarmorgen in einem Sozialhilfehotel in Manhattan, wenn schon seit zwei Tagen die Heizung kaputt ist, dir die Essensmarken ausgegangen sind und der Fahrstuhl nicht funktioniert.

Meistens hab ich dafür gesorgt, daß ich schon high war, bevor ich aufstand, damit ich überhaupt durch den Tag kam. In dieser Zeit rauchte ich Shit, mit Tabak vermischt. Kokain hab ich mir fast nie leisten können.
Bloß wenn ich's mal riskiert hab, das Sozialamt mit 'nem vorübergehenden Job auszuschmieren.

Allmählich hab ich Freunde gefunden.
Zum Beispiel Wanda-Fay, einen Transvestiten/eine Fummeltrine (was von beiden, hab ich nie rausgekriegt), der/die im sechzehnten Stock wohnte und gerade mit seinem/ihrem Zuhälter Schluß gemacht hatte, der im zwölften Stock wohnte.
Der Zuhälter hat Marcel geheißen. Er war aus Birmingham, Alabama.
Er sah aus wie ein 450-Pfund-schwerer Little Richard.
Die mittelalterliche, hexenmäßig aussehende Aufzugbedienerin hieß Myles. Sie hatte früher mit Ethel Merman in *Annie Get Your Gun* getanzt, war in der Schauspielergewerkschaft, und wenn sie dich zwischen den Stockwerken voller Gemeinheit und Elend hin und her chauffiert hat, hat sie dich mit Geschichten von ihren Triumphen am Broadway erfreut.

Die Einzelheiten meines Lebens im *Hotel Operatic* sind nicht wichtig.
Entscheidend an der Zeit, die ich dort verbracht hab, ist, daß dieses Hotel die Brutstätte für meine Sucht war.
Ich hab angefangen, eine negativ regressive Persönlichkeit auszubilden.
Zur Arbeit hat's mich bloß getrieben, wenn mich die Drogen getrieben haben.
Die meiste Zeit haben meine Freunde und ich uns in Nichtstun gesuhlt.
Wir haben Wettbewerbe veranstaltet, in denen es darum ging, wer morgens am längsten schlafen konnte. Gewonnen hatte, wer in der Lage war, den ganzen Tag zu

 verschlafen und die Langeweile und den Überdruß zu verpassen, mit denen all die Unglücklichen zu kämpfen hatten, die tatsächlich aufgestanden waren, um sich dem Tag zu stellen.

Ich hatte im *Hotel Operatic* zwei Hauptkumpel, wobei das Sonderbare daran war, daß die beiden Typen nicht mal im Hotel gewohnt haben. Da ich es mir nicht leisten konnte, Geld für Fahrten mit der Subway und dem Bus zu verschleudern (Taxis konnte ich sowieso vergessen), bin ich immer überallhin zu Fuß gegangen. In einer Punkdisco im East Village hab ich dann Kicker, einen Drummer, und Skeets, einen Sänger, kennengelernt. Die Disco hieß, glaube ich, *Tin Angel* oder so, aber es kann auch das *CBGB* gewesen sein.

Ich bin immer ins *CBGB* gegangen, um Angel Dust zu rauchen und zuzusehen, wie die weißen Jungs sich lächerlich machten, wenn sie versuchten, eines der köstlichsten weißen Mädchen anzubaggern, die du jemals diesseits von New Orleans gesehen hast. Nicht nur weiße Mädchen, auch exotische, orientalische Mädchen. Der einzige Grund, warum ich Kicker und Skeets überhaupt kennengelernt hab, war, daß sie am gleichen Tisch saßen wie diese orientalische Vision zarter Schönheit.

Diese Seuno, so hieß sie nämlich.

Bei Seuno fühlte ich mich gut, wenn ich sie bloß angesehen hab. Damals hab ich noch keine Rocks geraucht, aber ich hätt's aufgeben können, wenn Seuno mir gesagt hätte, daß ich ihr Macker sein kann und für immer und ewig ihre Muschi haben darf.

Seuno war scharf.

Außerdem hat Seuno Muschis noch mehr gemocht als ich ... nein, geliebt. Seunos Geliebte Chika war auch scharf. Seuno und Chika haben nur einander geliebt. Sie brachen mir das Herz.

Viele Male.

Jedenfalls hab ich Kicker und Skeets durch Seuno kennengelernt, und wir sind alle gute Freunde geworden.

Kicker und Skeets spielten in 'ner Jazz-Funk-Band mit Namen Black Magic, und sie wohnten in dem Kellerloch, wo sie auch geprobt haben. Das Loch war in der Bleeker Street. Wenn Kicker und Skeets in den Discos keine Tussi-mit-einem-Dach-über-dem-Kopf abgeschleppt hatten, haben sie die Nacht durchgemacht und in ihrer Probebude Milch und Brot gefrühstückt, die sie in der Nachbarschaft den Leuten von der Türschwelle geklaut hatten. Den restlichen Tag haben sie verpennt und auf die Ankunft von den anderen aus der Band um sechs Uhr nachmittags gewartet, die eine Wohnung hatten und Jobs, um die Band zu finanzieren.
Einer dieser Typen war Mornay, ein weißer Gitarrist, der in den Electric Ladyland Studios Toningenieur war. Genauer im Studio von Jimi Hendrix. Mornay hatte einen Loft in der Bond Street gehabt – die Black Magic waren seine Band.
Außerdem war Mornay Drogenhändler.
Er und seine Freundin Tish, eine Off-Broadway-Schauspielerin, die davon träumte, mit Devine in Tom-Eyen-Shows aufzutreten, waren die Drug Dealer Nummer eins des East Village von der New York University bis zur 2nd Avenue.
Ihr Loft in der Bond Street war auf der anderen Straßenseite des Dachgeschoßlofts von Seuno und Chika.
Mornay ist insofern für diese Geschichte wichtig, als er derjenige war, der mich, Kicker, Skeets, Seuno, Chika und noch ein paar an einem Winternachmittag '86 mit der Pfeife bekannt gemacht hat.

Kicker und Skeets waren mir zu Dank verpflichtet, weil ich eines Morgens, nachdem wir alle durch die Kneipen gezogen waren, ihre Ärsche vor der Kälte gerettet hab. Keiner von uns war bei 'ner Tussi gelandet, und die beiden wollten mir ihre Höhle zeigen. Es war so gedacht, daß ich bei ihnen penne und dann später, wenn die Sonne schien, zu mir hochlaufe. Aber als wir zu ihnen gekommen sind, war das Metalltor, das zu ihrem Bau runtergeführt hat, von ihrem Vermieter zweifach verschlossen worden, denn der hatte spitzgekriegt, daß sich Kicker und Skeets dort wohnungsmäßig breitgemacht hatten.

Darum hab ich sie zu mir eingeladen. Wir haben ungefähr 'ne Stunde gebraucht, um von der Bleeker Street zur 77th Street West zu gehen, und ich weiß noch, daß wir den ganzen Weg rauf Gras geraucht haben. Kicker tobte und fluchte auf den Vermieter. Mit jedem Schimpfnamen, den er von seinen dicken, braunen Lippen abgeschossen hat, wackelten seine langen, roten Rastalocken im Takt. Kicker war aus Belize und hätte Model oder Filmstar werden können, wenn er gewollt und den Drive dazu gehabt hätte.

Die Tussis sind voll auf Kicker abgefahren, aber nur so lange, bis sie gemerkt haben, daß er von ihnen ausgehalten werden wollte. Kicker hätte damals, vor sechzehn Jahren, mit mir auf Beutezug gehen sollen. Die Hippie-Girls hätten ihm mit Freuden den Arsch geküßt. Diese Power-Tussis von heute dagegen erwarten Champagner und Kaviar zum Frühstück, Mittagessen UND Abendessen, einen Testarossa und eine Stange Platin- und Goldkreditkarten, bevor sie die Möglichkeit 'ner dauerhaften Beziehung auch nur in Betracht ziehen.

Kicker stand auf diese Uptown-Tussis, die sich beziehungsmäßig nur mit ihresgleichen einließen, denen er mit seinem Aussehen und seinem Schwanz aber für einen Quickie zwischendurch gut genug war.

Ansonsten konnte man so schlicht gestrickte Kerls wie Kicker und Skeets eigentlich nicht ernst nehmen, aber ich hab sie trotzdem gemocht.

Skeets war ein gutaussehender schwarzer Junge, der die ganze Zeit so high war, daß er seine Sätze nie zu Ende gebracht hat und du nie genau wußtest, wovon er eigentlich redet. Als ich Skeets kennengelernt hab, hab ich ihn einfach für dämlich gehalten, und die meisten anderen Leute hielten ihn für besoffen.

In der Nacht, in der sie bei mir im *Hotel Operatic* geblieben sind, hab ich viel über sie erfahren.

Danach sind wir oft auf meinem Bett zusammengehockt und haben alle möglichen High-Macher verraucht, die wir irgendwo gefunden hatten.
Kicker und Skeets hatten Porzellanträume vom großen Rock-'n-Roll-Ruhm. Kicker gab mordsmäßig an: »Wir spielen doch mit dem Scheiß-Jazz-Funk bloß so rum, um unseren Sound härter zu machen ... wenn wir erst richtig in Fahrt sind, klinken wir uns ein und machen den echt harten Rock los!«
Er hatte 'ne Vision von 'ner total heißen Vier-Mann-Rock-'n-Roll-Band. Er an den Drums, Skeets als Sänger, dazu ein japanischer Gitarrist und ein einsachtzig großes, blondes Schwedenbaby am Baß. Die Band sollte Testi-Vagj heißen.
Der obskure Klang dieses Namens gefiel ihm.
Beide haßten Discomusik, obwohl Skeets in der Woche davor erst für zweihundertfünfzig Dollar auf einer Zwölf-Inch-Disco-Platte mitgesungen hatte.
»Ich komm nie weiter ... sogar wenn ... ausverkauft ... nämlich ... ich ... nie ... ich«, war der Kommentar von Skeets zu dem Thema.
Wir haben alle den Kopf geschüttelt und am x-ten Joint gezogen.

Während der Zeit war ich ein Gespenst in Ausbildung.
Bewegte mich am scharfen Rand des suburbanen Lebens.
Ich kannte die wichtigen Leute, hab mich mit den Obermackern zugedröhnt, aber trotzdem hing ich rum.
Ohne den Boden oder irgendeinen greifbaren Aspekt des Lebens von irgend jemand zu berühren.
Ich hab nichts angeleiert.
Ich hab nichts beigetragen außer vielleicht Raum und Form.
Ich hab nur halb hingehört. Meine Antenne war nur auf

 Gelaber über Drogen und Sex und Knete geeicht, sofern sie gut und leicht zu kriegen waren.
Es war ein nomadisches, aber zugleich statisches, ein spontanes, aber zugleich voreingenommenes, ein horizonterweiterndes, aber zugleich geisttötendes Dasein ohne-Ende-in-Sicht.
Damit war kein Blumentopf zu gewinnen.
Das war auch der Grund, warum mir dann die Pfeife so verlockend erschien. Sie hat nichts verlangt und nichts gegeben.
Sie war Schein.

Ich hatte von Crack gehört, es aber mit den unterprivilegierten jungen Gangstern assoziiert, die wild durch die South Bronx rannten ... Ich hab nicht gewußt, daß ich jemand kenne, der's nimmt. Gras wurde allmählich echt teuer, und Crack trat als sparsamer, wundersamer Lebensretter in mein Leben.
Ein guter Trip für wenig Kohle. So jedenfalls hat Mornay das Thema Crack in der Gruppe zur Sprache gebracht, die an dem Winternachmittag im Jahr '86 in seinem und Tishs geilen Loft versammelt war.
»Heute probieren wir was Neues aus!« Mornay hat uns nicht mal verraten wollen, was es war.
Er hat nur gesagt, daß es ein »High-Macher« sei und wir ihm vertrauen sollten.
Mornay hat was von den Dire Straits aufgelegt und uns vorgeführt, wie man ein Rock-Star wurde.
Seuno die Superfrau war die erste Kandidatin.
Als ihre Augäpfel aus den Höhlen traten wie Glühbirnen aus der Fassung und sie vor uns zusammengeklappt ist – nach bloß einem Zug!!! –, da ist uns allen der Puls schneller gegangen, ist uns die Zunge rausgehangen, und wir haben danach gelechzt, daß wir an die Reihe kommen.
Ich erinnere mich an meinen ersten Zug so wie ein geretteter und geheiligter Pfingstjünger sich an den Tag,

die Stunde und das Jahr erinnert, an dem Jesus ihm zum erstenmal begegnet ist.
Ich erinnere mich noch, daß ich die Pfeife in meinen Mund nahm und ihre harte Kälte zwischen meine Lippen und Zähne schob.
Ich erinnere mich, daß der heiße-heilige Geist Rauch wie ein mächtiger-tosender Wind in meine Lungen geschossen ist.
Ich erinnere mich, daß es nach Pfefferminz geschmeckt hat. Mein Lieblingsbonbongeschmack.
Ich erinnere mich, daß mir Diiiing-Doooong-Glocken durch die Ohren zuckten wie Elektroschocks und die Welt auf den Kopf stellten.
Ich erinnere mich, daß ich mir klein vorkam und als würd ich schrumpfen, bis nichts mehr von mir übrig war, und daß ich gedacht hab, daß der Spalt zwischen dem Boden und dem unteren Türrand größer, breiter, dunkler und seltsamer ist als fünf Schwarze-Löcher-Galaxien.
Ich erinnere mich an die grausame Bruchlandung.
Die Kälte in meiner Magengrube.
Daß ich mich nackt gefühlt hab und dem allerhärtesten, allerhellsten Licht ausgesetzt.
Daß ich dafür gestorben wär, zur Hitze des Rausches zurückzukehren.
Zum Schutz, den einem das High bot.
Ein Aquarium voll Sicherheit.
Ein Inkubator voll Schutz.
»Nackt biste, ohne High!« ist zu meiner Lieblingsredensart geworden.
Die Pfeife wurde zum perfekten Accessoire meines gespensterhaft-alternativen Sub-Lebens geworden, zum perfekten Gewürz für ein Abendessen der Zerstörung.
Wenn du zusammenkrachen mußt … besorgt Crack das am besten.
Es fällt schwer, auch nur das Wort zu schreiben.
Crack.

 Pfeiferauchen ist leichter zu denken.
Und die Selbstverleugnung ist leicht zu spüren.

* * 2. JULI * 1991 * 12.00 UHR * *

Mein Scheiß-Scheck ist nicht gekommen.
Er hätte gestern kommen müssen.
Heute früh von halb neun bis vor einer halben Stunde hab ich drauf gewartet, daß die Post kommt.
Um sicherzugehen, daß keiner von den Gespensterleuten mein Zeug gestohlen hat.
Irgendwie wünsch ich mir, daß Quentin mit seinem Geld hier wär.

Gestern ist Lorraine mit dem Mietbuch vorbeigekommen.
Ich hab sie nicht um Kohle angehauen, weil sie mir letzten Monat soviel geschenkt hat.
Bis zu ihrem Umzug sind's bloß noch vier Wochen.
Ich mag gar nicht daran denken.
Lorraine hat meine Miete für Juli bezahlt. Ab August bin ich dran.
Sie hat meinen Wohngeldscheck direkt an mich umgeleitet, so daß ich jetzt auf noch ein Scheißstück Papier warten, aufpassen und es von den grapschigen Gespensterhänden fernhalten muß.
Vielleicht mach ich 'nen Spaziergang zur Telefonzelle und ruf das Sozialamt an, um zu fragen, was mit meinem Geld los ist; aber zu versuchen, die Typen dort anzurufen, ist, wie wenn man probiert, das Pentagon anzurufen.
Vielleicht ruf ich sie doch an.
Ich spüre, wie der Monsun der Verantwortung mir voll ins Gesicht peitscht wie eine Sturmbö, und das gefällt mir nicht.
Es gefällt mir kein bißchen.
Aber die Miete zu entrichten ist der Preis, den ich dafür

bezahlen muß, daß ich ein Dach überm Kopf behalte.
Einfach die Straße runtergehen.
Kinderleicht.
Das macht mir kein Kopfzerbrechen.
Der Wille macht mir Kopfzerbrechen.
Das Richtige zu tun ... Das macht mir angst.
Werd ich in der heißesten Gier nach der Pfeife stark genug sein, das Richtige zu tun, selbst wenn mir die Aussicht, ansonsten zum Vampir-Zombie zu werden, ins Gesicht starrt?
Ist die Obdachlosigkeit bedrohlich genug, um mich dazu zu zwingen, für das Dach *über* meinem Kopf Knete zu sparen, im Gegensatz zu dem Dach *in* meinem Kopf, wo das Pfeifen-Monster lebt, das mir mein Handeln nach seinen Bedürfnissen und Wünschen diktiert?
Und die Tatsache, daß ich mich irgendwann zwischen einem Zuhause und der Pfeife entscheiden muß, macht mir noch größere Angst.
Zurück zur Vergangenheit.
Die ist sicherer und weiter weg.

Lorraine und Kenneth haben sich nicht kirchlich trauen lassen. Sie haben vor einem Friedensrichter geheiratet und sind dann für die Flitterwochen zu Mama und zu Kenneth' Mama nach North Carolina runtergefahren. Ich bin nicht mit.
Es hat mich nicht interessiert, und Geld hatte ich auch keins.
Für Lorraine hab ich mich gefreut, aber Kenneth hielt ich für einen kleinen Deppen. Eigentlich hatte ich dazu keinen Grund, denn er war mir wie-ich-früher-mal-war sehr ähnlich.
Ehrgeizig. Fleißig. Zuverlässig.
Empfehlenswerte Eigenschaften.
Ein Mann, den jedes Mädchen geheiratet hätte.
Ich hab gewußt, daß für meine Schwester gesorgt ist. Sehr gut.

 Wahrscheinlich hab ich ihn deswegen gehaßt.
Es war der Vorschlag von Mama, daß ich zurück in die Wohnung ziehen sollte, als Lorraine und Kenneth ankündigten, sie wollten die Heimstatt der Washingtons verlassen und in ihrer eigenen, auf Darlehen gekauften Eigentumswohnung im schönen Brooklyn wohnen.
Ich denke, Mama hat einfach sicherstellen wollen, daß für sie noch eine Bindung zu dem früheren Tummelplatz unserer Familie bestehenbleibt.
Erst wollte ich nicht aus dem *Hotel Operatic* fortgehen.
Ich genoß meine sorglose Existenz in Gesellschaft von meinesgleichen, denjenigen, denen all die besessenen Konkurrenzkämpfer, die die Flammen für die Fegefeuer der Eitelkeiten in den yuppiemäßigen achtziger Jahren angefacht hatten, scheißegal waren.

ABER

dann hab ich einen von meinen Kumpels verloren: Skeets.
Trotz allem hatte nämlich Skeets Glück. Der totale Wahnsinn.
Eines Nachmittags hat er auf meinem Bett gehockt, an einem Joint gezogen, *Back Stage* (ein Stellenanzeigenmagazin für die Unterhaltungsbranche) durchgeblättert und plötzlich verkündet: »Ich muß ... so 'n Vorsingen ... London ... riesig ... später!« Und damit hat er auf seine Uhr geschaut und ist gegangen.
Ich und Kicker haben uns angeschaut, den Kopf geschüttelt, gelacht, den Joint fertiggeraucht und dann 'nen neuen angefangen.
Später haben wir gehört, daß Skeets 'nen Job gekriegt hatte und nach London gegangen war!!!
Skeets, der keine zwei Sätze zusammengebracht hat, aber singen konnte wie der Teufel, muß doch noch 'n bißchen Grips gehabt haben. Und einen Willen.

Die Leute, die du nicht im Blickfeld hast, sind irgendwann für dich gestorben.
Den einen Tag bist du umgeben von einer Gemeinschaft von Gesichtern, die die letzten vier Jahre lang zu deinem Leben gehört haben wie ein Fenster, durch das du nach draußen schaust ... Und dann gehst du fort.
Die Gesichter siehst du nie wieder.
Dein Leben hat jetzt ein anderes Fenster, durch das du schaust.
Die verschwundene Gesichtergemeinschaft lebt irgendwo im Fenster von irgend jemand anderem.
Für dich sind die Gesichter gestorben.
Ich möchte bloß wissen, was aus ihnen geworden ist ...

Zwei Dinge haben mich dann davon überzeugt, daß es für mich wahrscheinlich die beste Wahl wäre, in die Wohnung von Mama zurückzuziehen:
1. Das *Hotel Operatic* war an einen Immobilienhai verkauft worden und sollte in Eigentumswohnungen umgewandelt werden (jeder wollte damals eine), so daß ich bald hätte ausziehen müssen.
2. Lorraine und Kenneth besuchten mich nach ihren Flitterwochen, und Kenneth hat in meinem Zimmer rumgeschnuppert wie ein Weißer in einem mit Niggern vollgepackten Aufzug, und zwar die ganze Zeit über, in der er in meiner winzigen Zelle war.
Lorraine hat immer wieder gesagt: »Hier kannst du doch nicht wohnen bleiben ... das sind Tiere hier ... du brauchst Platz ... ich würde in dieser winzigen Schuhschachtel verrückt werden.«

Sie hatte recht.
Ich war verrückt geworden.
Total. Rasend.
Ich hatte den Verstand verloren. Meinen Willen. Zwei der kostbarsten Güter, die jeder Mensch, ob Mann oder Frau,

braucht, um diese kaputte Reise durch das Leben zu schaffen.
Ich bin dagehockt und hab zugehört.
Wenn es mir nicht schnurz gewesen wär, wär ich leicht sauer geworden.
Lorraine und Kenneth haben sich benommen, als hätten sie noch nie gesehen, wo ich wohne. Beide hatten mich schon ein paarmal im *Hotel Operatic* besucht. Daß ich in dieser tierisch winzigen Schuhschachtel wohnte, war ihnen damals vermutlich lieber gewesen, als daß ich mit ihnen die Wohnung von Mama teilte, aber jetzt, wo sie sowieso am Umziehen waren ... na ja, da hatte der Hund doch gleich ein anderes Fell, oder?
Ich hab dagehockt.
Und zugehört.
Ich hab nichts gesagt.

Sie haben für mich entschieden, daß ich noch am gleichen Abend ausziehen sollte.
Ich hab meine Klamotten in einen neuen schwarzen Müllsack gepackt, meine Kochplatte und Trigger, meine Pflanze, genommen und bin gegangen.
Meine Broadway-Poster hab ich als Erinnerung an mich an der Wand gelassen.
Vier Jahre meines Lebens hatte ich im *Hotel Operatic* verbracht, aber ich hab ihm den Rücken gekehrt, als wäre ich bloß eine Stunde dort gewesen. Keine Krokodilstränen. Kein Auf Wiedersehen.
Myles, die Aufzugslady, hat mir alles Gute gewünscht und mir angeboten, daß sie dem Drachen am Empfang nichts sagt. Sie dachte, ich wollte versuchen mich davonzustehlen, ohne zu bezahlen, was im *Hotel Operatic* die Regel war, sobald sich jemand zum Gehen entschlossen hatte.
Das Monumentalste, was ich aus dem *Hotel Operatic* mitgenommen hab, war jedenfalls meine allerneueste Liebe ... die Droge Crack.
Ich hab Crack geliebt ... geliiiiiiieeebt.

Es war ewig billiger als Gras und Kokain, und das High war stärker – bloß kürzer.
Zu der Zeit war ich noch nicht davon abhängig.
Ich hab Crack nur geraucht, wenn ich nicht genug Geld für Gras hatte oder einfach mal was anderes wollte. Crack fing damals – teils, weil es so billig war – an, im Viertel den Ton anzugeben, wie ich ein paar Wochen nach meiner Rückkehr in die John-H.-Blue-Häuser festgestellt hab. So hieß der Wohnkomplex in Brooklyn, wo ich aufgewachsen war und wohin ich jetzt als einundvierzigjähriger Mann zurückkehrte.

Ich bin nicht als König zurückgekehrt, ruhmbedeckt, um den Nachbarn, die immer noch da waren und mich noch aus meiner Jugend kannten, zu zeigen, daß ich's zu was gebracht hatte.
Nein.
Ich bin als blutiges Opfer zurückgekehrt.
Ein wandelnder Verletzter.
Nein.
Ein wandelndes Gespenst.
Ich hatte den Krieg verloren.
Ich war einer der Verachtenswerten geworden.
Ein Gespensterwesen.
Ich hatte ein Diplom in Abhängigkeit.
Daß ich kein ausgewachsener Vampir-Zombie geworden war, war das einzige, wozu ich mir hab gratulieren können.

Ich hab die Verantwortung für die Wohnung übernommen und bin ganz gut zurechtgekommen, bis ich nach ein paar Monaten die Crack-Läden entdeckt habe. Läden, von denen ich dir schon erzählt hab.
Das *Centa-Renta* und das *Sexpo*.
Mein Crack-Konsum ist steil und regelmäßig angestiegen, sobald ich anfing, in meinem Viertel rumzuhängen, in diesen Läden.

Lorraine hatte die meisten der Möbel, die Mama für uns gekauft hatte, in der Wohnung gelassen, so daß ich's am Anfang recht gemütlich hatte.
Nachdem ich den Fernseher und die Stereoanlage gegen Pfeifen-Geld verkauft hatte, hab ich Schiß gekriegt und gewußt, daß ich Hilfe nötig hab.
Da hab ich Eric gefunden.
Du weißt ja schon, was zwischen ihm und mir passiert ist.
Jetzt glaub ich, daß ich damals meine Sachen verkauft hab, weil ich unbewußt versuchte, meine Besitztümer zu vermindern; und durch die Verminderung meiner Besitztümer hab ich geglaubt, auch meine Verantwortung zu vermindern.
In den vier Jahren im *Operatic* hatte ich mir keine leiblichen Genüsse leisten können.
Ich schätze mal, ich hab versucht, mein neues Zuhause dem Gespensterhaus ähnlich zu machen, aus dem ich gerade kam.
Leer und karg.

Ich hab Lorraine nie erzählt, daß ich Crack nahm.
Sie hat's selber rausgekriegt, bei einem ihrer regelmäßigen Besuche, um sicherzugehen, daß ich okay bin.
Ich erinnere mich noch an den Abend, an dem Lorraine mich im Bad auf dem Klositz stehend entdeckt hat.
Erstarrt.
Vom Crack total von der Rolle.
Wild halluzinierend.
Ich hatte im Bad geraucht und die Keramikfliesen angestarrt, mit denen der Fußboden gekachelt war.
Ich hab mich in den Ritzen verirrt.
Ich dachte, daß ich ewig durch die Ritzen falle und mich in dem weißen Ritzenland verirre und daß mich nie jemand dort findet, darum hab ich mich auf den Klositz gestellt, bis Lorraine mich gerettet hat.
Lorraine hat erst nicht gewußt, was mit mir los ist. Sie hat mich ins Bett gesteckt, aber ich konnte nicht schlafen. Sie

hat Kenneth angerufen (damals hatte ich noch ein Telefon) und ihm gesagt, daß sie bis zum nächsten Tag bei mir bleibt. Weil ich nicht zugegeben hab, was mit mir los ist, hat sie mich dann am nächsten Tag in die Klinik gebracht. Der Arzt hat eine Urinprobe und eine Blutprobe genommen, und ein paar Tage später hat er Lorraine gesagt, was Sache war.
Ich hatte Lorraine nie so erbost erlebt.
Nicht seit dem Tod von Nate.
Sie hat mich geboxt.
Sie hat mir ins Gesicht geschlagen und dann, unter einer Arie von Tränen, in meinen hilflosen Armen gezuckt.

Zu sagen, daß ich nichts daran ändern konnte, was mit mir passiert ist, wäre die Wahrheit, aber nicht die ganze Wahrheit ...
Das Leben ist an mir vorbeigelaufen.
Mit dem Handeln stand ich auf Kriegsfuß.
Ich hab in einer Gedankenwelt existiert.
Wenn mich schon der Gedanke an eine Aufgabe ermüdet hat, dann hätte das Handeln, das hab ich gewußt, mich vollends erledigt.
Ich war jenseits jeder Faulheit.

Lorraine hat meine Mietzahlung übernommen, nachdem ich die Miete zwei Monate nacheinander für Crack ausgegeben hatte. Sie hatte die endgültigen Mahnbescheide von der Hausverwaltung gefunden.
Eines Nachts hab ich das Telefon aus der Wand gerissen, nachdem ich beim Pfeiferauchen im Wohnzimmer in meinem Kopf die Gespräche vom ganzen Haus gehört hatte.
Sie haben alle über mich geredet.
Danach hab ich mich geweigert, ein Telefon zu haben; das hat den Kontakt mit Mama erschwert.
Ich hab nicht gewußt, ob Lorraine es Mama erzählt hatte.
Vermutlich ja.
Aber ich hab nicht gewußt, was meine Mama von mir hält,

 bis mich Lorraine und Kenneth eines Abends auf Mamas Bitten nach North Carolina runtergefahren haben.

Inzwischen hab ich Lorraine monatelang nicht gesehen, wie ich dir schon erzählt hab. Nach dem Zwischenfall mit mir und Spartacus und dem blutverschmierten Scheck, den ich auf ihn überschrieben hatte, war sie sauer auf mich. Davon hab ich dir schon erzählt.

* * 4. JULI * 1991 * 23.30 UHR * *

Gestern ist mein Scheck gekommen. Halleluja!
Natürlich hab ich Stoff für die Pfeife gekauft.
Ich kann doch den Geburtstag der Nation nicht ohne High-Macher feiern!!!
Eigentlich hatte mich Lorraine zur Feier des 4. Juli und als Abschiedsparty für sie und Kenneth zum Barbecue eingeladen, aber damit kam ich nicht zu Rande.
Also bin ich einfach daheim geblieben und hab geraucht. Was sonst.
Ich hab nicht so viel geraucht.
Bloß genug, um von der Erinnerung daran wegzukommen, daß Lorraine mich verläßt. Um von dem Gefühl wegzukommen, daß mein Leben vorbei ist, wenn sie mich verläßt. Ich weiß nicht, was mir soviel Angst macht, aber ich bin total verstört. Deswegen bin ich wahrscheinlich nicht zu der Party, weil ich gewußt hab, daß ich 'ne peinliche Szene machen würde ... Ich hätt geheult und geflennt und Lorraine angebettelt, daß sie nicht fortgehen soll.
Ich fühl mich elend.
Es ist Zeit, daß ich dir von Pia erzähle.
Und wenn ich dir von Pia erzählt hab, dann hab ich alle meine Wunden aufgerissen.
Dann hab ich den ganzen gelben Eiter rausgelassen.
Und dann bin ich frei.

Aber frei für was?
Um 'nen Scheiß-Job zu kriegen?
Wie üblich kommen mir die äußeren Umstände entgegen.
Die USA befinden sich in einer Rezession.
Sogar die Überflieger stürzen ab.
Wenn die die Jobs nicht halten können, die sie schon haben, wie komm ich dann darauf, zu glauben, daß ich einen finde?
Pfeifenlogik.
Macht Sinn.

Es war eine lange Fahrt bis North Carolina.
Kenneth fuhr auf Nummer Sicher.
Es hat fast zwölf Stunden gedauert.
Die ganze Zeit über haben weder Lorraine noch Kenneth mit mir geredet.
Sie haben mich höchstens gefragt, ob ich Hunger hab, und mir dann Hähnchen, Kartoffelsalat und hartgekochte Eier nach hinten gereicht.
Bloß zum Pinkeln haben wir angehalten und dann unseren Weg über die dunklen Straßen nach Süden fortgesetzt, bis wir am nächsten Tag so um ein Uhr mittags bei Mama waren.
Lorraine und Kenneth haben sich aufs Ohr gelegt und sind dann sofort nach New York zurückgefahren.
Sie haben am Montag wieder arbeiten müssen.
Bevor sie weggefahren ist, hat Lorraine mich geküßt, und Kenneth hat mir die Hand geschüttelt.
Als Mama bei unserer Ankunft aus dem Haus kam und mich gesehen hat, sah sie geschockt aus. Sie hatte mich seit Weihnachten 1985 nicht gesehen, als sie nach New York gekommen war, um uns zu besuchen, und bei Lorraine und Kenneth in der Wohnung übernachtete. Damals hatte ich die Subway von Manhattan nach Brooklyn genommen und den Abend mit der Familie verbracht. Eines von den seltenen Malen, daß ich nicht im *Hotel Operatic* schlief.

 Als ich zu Mama nach North Carolina kam, war es September 1990.

Der Geruch von Mama hat was. Es ist, glaub ich, der Mutterleibsgeruch.
Eine tröstliche Mischung aus verschwitzter Freude, ewigem Schmerz und Sorge um die Zukunft, vermischt mit Hühnerfett, gebratenem Schinken und Freitags-Fisch.
Mama riecht.
Ein liebevolles Lächeln um den Mund, blitzende Augen und das Wissen, daß sie dich mit der nächsten Ohrfeige umbringen könnte.
Porzellan-Nippes, Wedgwood-Glöckchen und Plastik auf dem Sofa …
»Setz dich da nicht hin … das ist für Gäste …«
Eine Schranke mitten im schönsten Zimmer des Hauses.
Daddy hat da drin manchmal Fische aufbewahrt – als Muttertagsgeschenk für Großmutter.
Großmutter.
Große Behälter voll.
Nate und ich haben sie dann ausgenommen.
Lorraine hat uns beobachtet.
Frauen.
Stink-Gerüche.
Scheiß-toter-Fisch-Gerüche.
»Du siehst müde aus, Cornelius …«
Mama ist ein Geier, der kreist … eine gutwillige Art von Geier … aber trotzdem ein Geier. Mit Krallen.
Keine Fragen.
Bloß offene Schlangengruben-Feststellungen …
Ich lasse mir Zeit, um Mamas flehentliche Augen zu durchforsten. Ängstliche Augen … die meine Antworten fürchten … die beten, daß ich sage: »Ja, Ma, ich bin müde … ich hab schwer gearbeitet …« Ich sag nichts.
Ich trink noch ein Glas Milch.
Ich eß noch ein Stück von Mamas Süßkartoffelkuchen. Mit vollem Mund kann ich nicht lügen.

Als Mama sich einen Stuhl ranzieht und mir näher ist, als sie es je war, macht mein Herz einen Satz, und ich brauch was zum Rauchen.

Dringend.

Meine Stirn wird feucht.

Von Angesicht zu Angesicht.

Traurige, wartende Augen in einem vertrauten Gesicht.

Mama-Augen.

»Du warst so ein lautes Kind ... bist überall hingesprungen ... hast die ganze Welt vollgebrüllt ... bist aus deinem Bettchen gesprungen, bevor du hast laufen können ...«

Vor dem hier kann ich nicht davonlaufen. Keine Chance. Wie soll ich meiner Mama erzählen, daß ich das Fliegen verlernt hab?

»Dein Vater hat dich immer mit der Hundeleine an dein Bettchen gebunden, damit du nicht mehr springen kannst und dir den Kopf nicht aufschlägst.« Ich nicke. Ich lächle. Ich hab Bauchweh. Und ich kann sehen, wie sich Schwärme von Schuldgefühlen in den Augen von Mama sammeln.

Wenn sie doch verdammt noch mal schreien würde!

Wenn sie doch verdammt noch mal 'nen großen Stock nehmen und mir die Scheiße aus dem Leib prügeln würde! Wie Daddy es früher gemacht hat.

»Sag mir, daß ich Scheißdreck bin!« will ich sie anbrüllen. »Sag mir, daß ich ein Versager bin, kurz vor dem Abkratzen! Sag mir, daß ich Jesus brauche! Sag mir, daß ich was brauche! Sag mir irgendwas, Mama, bloß, schau mich nicht so an ...«

Das alles wollte ich zu meiner Mama sagen und so viel mehr ... Ich wollte zu ihren Füßen hinknien und weinen und ihr alles sagen.

»Mama, ich muß meine Sünden beichten ... Ich brauch die Absolution ... Ich seh meine Engel durch die Zimmer wandeln, mit dem Finger auf mich zeigen ... Ich seh das triumphierende Lächeln des Satans, wie's bösartig aus dem Auge einer zersprungenen Glaspfeife zuckt, und ich spür die Macht des heiligen Throns – aber ich kann das Gesicht von Seiner Heiligkeit nicht sehen … und so wie ich bin, werd ich Sein Gesicht nie sehen …«

Die Träne, die langsam das Gesicht von Mama runterkrabbelt, verurteilt mich.

Sie richtet mich und gebietet mir Schweigen.

Mama richtet sich auf, mit dem Lappen in der Hand, und putzt den saubersten Tisch auf der Welt. Räumt Sachen weg. Macht das Licht aus.

Im Dunkeln kommt Mama zu mir … wird sie's gut sein lassen … Sie küßt mich auf die Wange, gleich neben meinen Mund … packt meinen Kopf wie eine beschützende Löwin … stößt einen Seufzer aus, so groß wie meine Geheimnisse … Mama durchpflügt meinen Haarschopf mit ihren Fingern, wie sie's gemacht hat, als ich klein war, um mich zu trösten, wenn Daddy eine Wut auf mich hatte, weil ich die Lektion für die Sonntagschule nicht konnte.

Mama dreht sich um, geht zu Bett, läßt mich mit Sorgen zurück, von denen ich vergessen hatte, daß ich sie habe. Wie soll ich meiner Mama sagen, daß ich das Fliegen verlernt hab?

Die nächsten Tage haben Mama und ich wie Schatten verbracht, die so tun, als wären sie richtige, lebendige Menschen.

Wenn wir jemanden besuchen gingen, hab ich so gut wie möglich den ehrerbietigen, hilfsbereiten Sohn einer Mutter gespielt, die stolz auf ihn sein sollte. Bei den Fragen ihrer Freundinnen bin ich zusammengezuckt wie ein Aal, der ins kochende Wasser geschmissen wird.

»Cornelius, was arbeitest du denn? Bist du verheiratet, Cornelius? Du bist Anwalt, Cornelius? Ich wette, du hast eine riesige schicke Altbauwohnung da oben in New York, Cornelius!« Ich hatte vergessen, daß die Leistungen von einem Sohn die Mutter vergöttlichen. Ihren Kopf mit Ruhm bekränzen.

Heiliger Sohn. Göttinmutter.

An einem kritischen Punkt beim Verhör bin ich ausgerastet. Ich bin aus dem Haus des Pfarrers gestürmt und raus auf die unbefestigte Straße davor. Ich hab mich umgedreht, bin die auf dem roten Lehm entlanggerannt bis zur Tankstelle am Ende. Dort bin ich in den Laden gerauscht und hab laut die Tür zugeknallt.

»He! Machen Sie mir meine Tür nicht kaputt, verdammt noch mal! Ich hab Ihnen nichts getan!«

Ich hab mich umgedreht, um zu sehen, zu wem die Stimme gehörte.

Knallrotes Haar. Lang. Bis zur Taille. Knallblaue Augen. Eine Haut wie Milch. Schmal gebaut wie eine Ballerina. Klein, fast winzig. Vielleicht zweiunddreißig.

Die Stimme hat den alten, rotnackigen Herrn fertig bedient, der auf einen Hot-Dog-mit-Chili reingekommen war.

»Sag's ihnen nur, Pia! Türen kosten Geld!« Der alte Krächzer hat sich umgedreht und mich mit der Stimme allein gelassen.

»Wollen Sie was?« Die Stimme war wütend, gelangweilt, wollte offenbar nach Hause, und genau das sollte ich auch mitkriegen.

Ich war aus dem Haus des Pfarrers gestürmt ohne einen Cent Geld in der Tasche.

»Ich hab mein Geld vergessen ...« Auf einmal war meine Stimme wieder da. Sie klang wacklig.

»Tja, ohne Geld können Sie nichts kaufen ... das weiß jeder Dummkopf ...«

Auf dieses Goldstück an Weisheit hin machte ich meinen Abgang.

In den drei Monaten, die ich bei Mama in North Carolina verbrachte, hab ich diese Stimme oft gehört.

Diese Stimme hätt ich fast geheiratet.

Diese Stimme gehörte der großartigen Pia.

Erst hab ich Pia gehaßt.

Ich hab sie für ein schnippisches-altes-weißes-verkommenes-Mädchen gehalten.
In ihren Laden zu gehen hab ich gehaßt.
Anfangs hätt ich sie ein paarmal am liebsten beschimpft, aber ich wollte meiner Ma keinen Ärger machen.

An einem nassen Sonntagnachmittag hab ich nach der Kirche in den Laden von Pia gehen müssen, um für Mamas gefülltes Brathuhn Preiselbeersoße zu holen.
»Du blöder Affenarsch!« Pia war gerade dabei, einen armen, ahnungslosen weißen Knaben zu bestrafen, der Schlammspuren auf ihrem frisch geputzten Fußboden hinterlassen hatte.
»Ich hab diesen Boden gerade erst gewischt, du Arschgeige! Du hast ja wirklich keinen Funken Hirn im Schädel!«
Der Junge ist puterrot angelaufen.
Ich mußte einfach was sagen: »Sie haben das ordinärste Mundwerk, das ich je bei einer Frau erlebt hab! Solche Wörter sollten einer Frau nicht einmal über die Lippen kommen.«
Der weiße Junge hat die Gunst der Stunde genutzt, seinen Dollar auf die Theke gelegt und ist rausgeflitzt. Jetzt war ich mit Pia allein und stellte mich auf eine schlimmes Gemetzel ein.
Doch das kam nicht.
Pia hat mich angesehen, als wär ich ein Stück Scheiße von einem Marsmenschen, dann ist sie in brüllendes Gelächter ausgebrochen.
Sie hat so fest und so lang gelacht, daß sie zu würgen angefangen hat.
Dann sind die Tränen gekommen.
Wütende Tränen voller Verachtung und Frustration.
»Ich hasse diesen Scheiß-Laden … dieses Provinznest und all die Deppen hier!«
Ich hab die Dose mit der Preiselbeersoße auf die Theke gestellt, mir ein Päckchen Taschentücher genommen, es aufgerissen und Pia eins gegeben.

Während sie sich die Augen abgetupft und geschneuzt hat, hat sie mich ganz komisch angeschaut.

Nach diesem Tag wurden Pia und ich Freunde. Es war eine seltsame Freundschaft.

Wir hatten alles und nichts gemeinsam.

Wie oft hab ich an Pia zurückgedacht und mir bei allen bekannten und unbekannten Sternen in der Milchstraße gewünscht, ich hätte nie ein Wort zu ihr gesagt.

Wenn du jemanden kennenlernst, kannst du nie wissen, was für eine Rolle in seinem Schicksal du einmal spielen wirst ... Ich wußte genug über mich selbst, um mir um die Leute Sorgen zu machen, die in mein Umfeld gerieten ... Etwas an mir hat den Unheilsfaktor in ihnen geweckt, der das Leben derjenigen, in deren Nähe ich kam, in Gefahr brachte ... Eins hab ich mir damals geschworen: mich auf gar keinen Fall irgendwie gefühlsmäßig oder körperlich mit Pia einzulassen ... Damals dachte ich, es würde mir leichter fallen, diesen Schwur zu halten ... und eine weiße Freundin hatte ich nie gehabt. Ich fand nämlich eigentlich, daß weiße Frauen sensationell doof sind.

Richtig dumm sogar.

Verklemmt, frigide und herablassend. Ehrlich gesagt, haben mir die meisten Weißen leid getan, und ich hab mich gefragt, wie sie jemals zu diesem völlig unangebrachten Überlegenheitskomplex gekommen waren.

Pia war eine traurige Seele.

An diesem ersten Tag unseres Kennenlernens hat sie viel geweint.

Noch nie zuvor hatte ich eine weiße Frau wirklich so verzweifelt weinen sehen.

Nicht mal Doris Day oder Patty Duke in ihren Filmen.

Pias Tränen rührten die Tränen in meiner eigenen Seele.

Wir sind Seelengeschwister geworden.

Ein Liebespaar waren wir nie.

Jeder von uns war für den anderen jemand, mit dem er reden und dem er sich anvertrauen konnte.

Beide haßten wir den Ort, an dem wir uns befanden.
Es war nicht einmal eine intellektuelle Geschichte.
Es war eine North-Carolina-Geschichte.

Pia war in New Jersey aufgewachsen und hatte einen Berufsoffizier von der Air Force geheiratet, der vor sechs Jahren bei einem Autounfall in Deutschland ums Leben gekommen war, als Pia mit Zwillingen, zwei Jungen, schwanger war. Die Air Force hatte Pia nach North Carolina verfrachtet, wo die Familie von ihrem Mann wohnte. Ihre eigene Familie war eins der Themen, über die sie lieber nicht geredet hat, außer über ihren jüngeren Bruder Dukey, der ebenfalls in North Carolina lebte.
Mit der Witwenrente von der Regierung hatte Pia sich ein Haus und die Tankstelle mit Gemischtwarenladen gekauft und war nach und nach in den Südstaatenkleinstadttrott geraten. Für sie war es nur deswegen gut, in North Carolina zu sein, weil sie und die Zwillinge dadurch von der Familie ihres Mannes Hilfe und Unterstützung bekamen. Pia hatte vorher einige Zeit in New York City verbracht, darum gab's viel zu erzählen.
Unsere Beziehung bestand aus Reden.
Wir haben über alles und jeden geredet.
Und unsere Streitereien!
Gefühlsausbrüche, daß die Fetzen flogen! Schnaubend vor Wut!
Pia hat total an ihren Überzeugungen geklebt. Sogar wenn sie im Unrecht war, sagte sie, es sei ihr gutes Recht, im Unrecht zu sein.

Pias Laden wurde mein zweites Zuhause.
Ich hab dort soviel Zeit verbracht, daß Pia mich angestellt hat, damit ich ihr an Tagen, wo viel los war, zur Hand ging.
Nach fünf Uhr nachmittags, wenn die Zwillinge Jacob und Esau vom Kindergarten daheim waren, hab ich mich allein

für sie in den Laden gestellt, damit sie ihren Mutterpflichten nachkommen konnte.
Erst hat es mich gestört, daß ich zu einer weißen Frau so offen sein konnte.
Ich hab Pia Sachen sagen können, die ich nie jemandem aus meiner Familie erzählt hätte.
Von der Pfeife hab ich ihr nichts gesagt, weil ich sie nicht erschrecken wollte, aber ich hab ihr von Nate und Eric (in groben Zügen) und von Maggie und Cynthia erzählt.
Sie hat mir, ohne eine Regung zu zeigen oder ihre Meinung zu äußern, zugehört, bis ich fertig war, dann hat sie mich niedergemacht. Pia hat mich gehängt und gevierteilt.
Sie sagte zu mir: »Dein Leben ist eine einzige Ausrede, verdammt noch mal! Werd endlich erwachsen oder gib dir die Kugel!«
Rührselig war sie nicht die Spur.
Jene ersten Tränen, deren Zeuge ich geworden war, waren Zufall gewesen, kein echter Riß in ihrer Gefühlsschminke.
Sie hatte nicht mal geweint, als sie um ihren Mann trauerte.
Mitleid war kein Wort, das zu ihrem Wortschatz gehörte.
Pia war hart.
»Das größte Problem auf der Welt sind die Männer! Ihr Typen habt schon soviel Scheiß gebaut, daß mittlerweile nichts mehr anderes rauskommt als Chaos!«
Ich hab gesagt, es seien doch wohl die weißen Männer, die dafür die Verantwortung trügen.
Pia schnaubte. »Die berühmten letzten Worte eines unterdrückten Volks ... Wenn ich schwarz wäre, würd ich mich einen Scheißdreck um die weißen Männer scheren, weil die sich auch keinen Scheißdreck um euch scheren ... um euch Schwarze ...« Ich fuhr sie wegen ihrem »Ihr-Schwarze«-Ton an.
Pia hat gesagt, ich sollte die Klappe halten und aufhören, so weiß zu sein.
»Was stört's dich denn, wie ich zu euch sage ... Ich bin niemand! Ihr haltet viel zuviel von den Weißen. Die sind

 nicht so schlau ... aber sie sind Kämpfer bis zum Letzten. Euer Volk muß lernen, wie man kämpft, und damit meine ich verdammt noch mal nicht, wie man sich gegenseitig erschießt! Ich meine, wie man für sein Leben kämpft ... für sein Recht, selbst wenn's eigentlich gar nicht sein Recht ist. Die Weißen sind Meisterdiebe: Alles, was sie haben, ist gestohlen. Vielleicht liegt es daran, woher ihr gekommen seid: Afrika ... die Sonne ... das leichte Leben ... Während die Weißen den ganzen Weg vom Kaukasus runterkriechen mußten. Nackt. Ohne Schuhe. Und weil sie andere Weiße umbringen mußten, um an Essen ranzukommen, zögern sie auch nicht, euch umzubringen ... Sie haben kein Gewissen ... Euer Volk muß sein Gewissen abschütteln ... Es ist alles Quatsch! ... Moralischer Quatsch!«
Und so weiter und so fort. Pia schwadronierte vor sich hin, bis ich's nicht länger ausgehalten hab und mit jedem aufrechten afrozentrischen Knochen, der noch in mir war, auf sie losgegangen bin. Ich hab sie als naiv beschimpft, als »dumm und rassistisch und rückständig!«, und der Laden hat gewackelt! Wir stritten sogar, während wir die Kunden bedient haben.

Daß ich so wild und intensiv mit Pia gestritten hab, hat es mir leichter gemacht, offener zu Mama zu sein, und während die Tage langsam wie Molasse in Wochen übergingen, hab ich Mama ganz behutsam und in kleinen Dosen erzählt, was sie über mich wissen wollte. Nicht die allergrößten Klöpse, aber genug, um meine Mama an die Tür meines Herzens zu führen. Bloß angst machen wollte ich ihr nicht.

Die Kleinstädter haben angefangen, über mich und Pia zu flüstern, und Pia hat nur gelacht. »Blöde Ärsche, die haben doch keine Ahnung!« hat sie geschimpft. Meistens hab ich Pia nach Ladenschluß heimgebracht. Mit einem schlafenden Zwillingsjungen um meinen Hals und den anderen in den Armen von Pia. Sie hat mich nie reingebeten, und ich hab sie nie danach gefragt. Ich bin heimgegangen, hab Mama-Essen gefuttert und bin ins Bett.

Die ersten zwei Monate in North Carolina hab ich nichts geraucht.

Das Pia-Gerede hat das Pfeifen-Gerede ersetzt.

»Sein Gewissen abschütteln …« Diese Worte von Pia haben mich verfolgt.

»Ein Gewissen ist was für Feiglinge!« Ich war ganz anderer Meinung, aber vielleicht nicht genug, um Pia davon zu überzeugen, daß sie möglicherweise doch im Unrecht war.

Es war wie ein Wunder, meine Mama wiederzuentdekken, mich daran zu erinnern, wie sehr ich sie liebte; und nach einer Weile hat es keine Rolle mehr gespielt, daß ich in diesem North Carolina, diesem Land-das-von-der-Zeit-vergessen-worden-ist, versauert bin. Es war einfach unbezahlbar wichtig für mich, daß ich bei meiner Mama war und es mir besser ging.

Und es ging mir besser.

Das Crack hat sich aus meinem Körper verzogen.

Die Vereisung in meinem Kopf ist geschmolzen.

Weil kein Stoff für die Pfeife zu finden war (wenigstens keiner, den ich finden wollte), hab ich nach einer Weile sogar nicht mehr daran gedacht. Wenn mir die Dinge zu klar geworden sind und das Verlangen, dahinzutreiben, mich aus meiner Träumerei gerissen hat, hab ich ein paar Bier getrunken und war leicht angesäuselt.

Ich hab mich nicht getraut, nach irgendwelchem Stoff für die Pfeife zu suchen, weil ich nicht wollte, daß jemand meiner Mama steckte, was ihr Sohn für ein Doppelleben führte. Vor allem, weil ich in meinen Herzensgesprächen mit Mama alle Einzelheiten über meinen Drogenkonsum ausgespart hatte. Sicher, Mama war nicht dumm und wußte wahrscheinlich, was Sache ist, aber sie hat das Thema nicht angeschnitten, ich hatte nicht vor, es zu tun, und erst recht wollte ich nicht, daß eine ihrer Freundinnen

sie am Ärmel zupft und ihr erzählt, was sie mich hat tun sehen.
Aber ich wußte, daß in der Gegend Stoff für die Pfeife zu haben war.
Ich hatte von GIAs (Gangstern-in-der-Ausbildung) aus dem Norden gehört, die angeblich nach Süden ausgewichen waren, um ihre eigenen Drogenreviere zu gründen, weil dort oben der Konkurrenzkampf zu wild war. Ein paar dieser Jungs waren sogar von ihren besorgten Familien nach Süden geschickt worden, um ihr Leben von der Gewalt zu retten – damit sie neu anfangen oder sich wenigstens von dem Großstadt-Wahnsinns-Blues erholen konnten.
Wenn ich ernsthaft hätte Rocks finden wollen, hätt ich welche gefunden. Aber danach zu suchen hätte bedeutet, Fragen zu stellen, und Fragen zu stellen führt normalerweise bei denen, die du fragst, dazu, daß wiederum sie sich Fragen stellen; und ich hab nicht gewollt, daß mir jemand Fragen stellt und dann meine Antworten darauf womöglich wieder bei Mama landen.
Wenn ich meiner Mutter schon keine Vergangenheit bieten konnte, auf die sie hätte stolz sein können, dann wollte ich wenigstens nicht meine zerbrechliche Gegenwart, die ich mit ihr zu teilen versuchte, in den Dreck ziehen.

Zu sagen, daß ich mit meiner Sucht fertig geworden wär, wenn ich in North Carolina geblieben wäre, ist ein zu großes Wort, und womöglich hätt's ja auch gar nicht funktioniert.
Vertrautheit erzeugt Vertrauen, aber auch Verachtung.
Je länger ich in North Carolina geblieben wär, desto mehr Leute hätte ich kennengelernt, und früher oder später wär ich in einen Kreis von Leuten geraten, die mit meiner Mutter nichts zu tun hatten, und hätt mich an ihrem Spiel beteiligt, weil ich damals die Pfeife noch gar nicht aufgeben *wollte*. Ich hatte einfach noch keinen Felsen, auf den

ich hätte bauen können und der mir das Crack ersetzt hätte.

ABER

Pia hat mir dabei geholfen, mein Leben wieder schöner zu machen und mein Interesse wachzuhalten. Pia und Mama halfen mir dabei, mit der Langeweile fertig zu werden, die in der Stadt die Pfeife für mich zum aufregendsten Ereignis des Tages gemacht hatte.
Beide gaben mir morgens einen Grund zum Aufstehen, und Jacob und Esau, die Zwillingsengel von Pia, hatte ich richtig ins Herz geschlossen.
Jacob war acht Minuten älter als Esau. Jeder von beiden liebte die schöne Spiegelung seiner selbst, die er tagtäglich in den Augen des anderen bewundern konnte.
Die Erinnerung an diese zwei Jungen verbrennt mich in unbeschreiblichem Maß.
Ich muß jetzt aufhören.
Mir ist eiskalt.

* * 10. JULI * 1991 * 9.00 UHR * *

Wohnungsamt

Ich sitze hier und warte auf den Typen von der Hausverwaltung.
Sie brauchen für meinen neuen Wohnungsausweis und die Kartei eine Unterschriftprobe von mir.
Hierher muß ich jeden Monatsersten kommen, um meine Miete zu bezahlen.
Die Frau an der Pforte hat mich schief angesehen.
Ich bin wahrscheinlich nicht dem Anlaß entsprechend angezogen.
Ich hab ein T-Shirt und eine alte khakigrüne Army-Hose

 an. Ich hab heimlich dafür gesorgt, daß ich meine Army-Klamotten behalte. Klamotten sind Klamotten.
Gewaschen bin ich auch.
Meine Klamotten sind nicht so dreckig.
Ich rieche bestimmt nicht wie ein Vampir-Zombie, aber die Frau an der Pforte hat mich trotzdem so angeschaut, als wär ich den Atem in mir nicht wert.
»Was wollen Sie hier?«
Kein »Guten Morgen! Kann ich Ihnen behilflich sein?«
Abgeurteilt.
Ich konnte hier doch unmöglich was verloren haben, also:
»Was wollen Sie hier?«
Mit meinem besten Zwei-Jahre-Jurastudium-an-der-Columbia-University-Akzent hab ich gesagt: »Die Hausverwaltung braucht eine Unterschrift von mir für meine Wohnungskartei ...«
Völlig unbeeindruckt haben ihre Augen mich angestarrt.
»Sie wohnen hier ... in den John-H.-Blue-Häusern???«
Sie hat das »hier« gesagt, als wär's der Tadsch Mahal oder der Kalvarienberg ... irgendwas Großartiges und Heiliges, – und nicht der beschissene, fast-wie-nach-einem-Bombeneinschlag-aussehende, verkommene Wohnkomplex, der er ist.
Ich hab den Brief von der Hausverwaltung und dazu meinen Sozialhilfeausweis zücken müssen, bevor sie mir geglaubt hat.
Ich bin froh, daß ich die Papiere dabeihatte.
Die macht ein solches Brimborium, und dabei haben die mich aufgefordert, herzukommen.
Ich bin hergekommen, um mich auszuweisen.
Um zu sagen: »He! Ich bin der, von dem hier auf dem Stück Papier steht, daß ich's bin!«
Als würd sonst jemand herkommen und ihnen das Geld für meine Miete geben. Weiße sind solche Scheißtypen.
Jedenfalls hat mir diese Oberschwester-mit-Haaren-auf-den-Zähnen schließlich erlaubt, mich hinzusetzen und

auf den Verwaltungstypen zu warten, und das mach ich jetzt gerade.
Die Tür geht auf, und ein Riesenkerl mit Vollbart taucht auf. Vielleicht ist er der Verwaltungstyp.
Schauen wir mal.

* * 19. JULI * 1991 * 16.00 UHR * *

Noch zwei Wochen bis zum Tag X, an dem Lorraine umzieht. Am Montag, dem 5. August.
Der Möbelwagen kommt um neun Uhr früh.
Sie fliegen am gleichen Tag um sieben Uhr nach San Francisco los. Ich hab Lorraine noch nie so durchgedreht erlebt.
Heute hat sie mir erzählt, daß Mama am 1. August nach New York kommt, um ihr beim Packen zu helfen, und daß sie dann mit ihr nach San Francisco fliegt, um bei der Geburt dabeizusein.
Mama wird auf unbegrenzte Zeit dort drüben sein.
Und ich bleib ganz allein hier.
Meine ganze Familie an der Westküste. Na ja …
Scheiß drauf!
Wenn sie's so wollen … dann sei's drum, verdammte Scheiße! Ich komm schon zurecht.
Ich komm immer zurecht.
Ich werd vielleicht total daneben sein …
Oder tot …
Aber ich komm schon zurecht.

Gestern abend hab ich Eric besucht.
Diesmal hab ich seine ganzen Rocks aufgeraucht, mich aber nicht von ihm ficken lassen.
Ich hab ihm eine in seine Scheiß-Fresse gehauen.
Eric war eher überrascht als sauer.
Er hat am Boden gelegen und mich angeschaut, als hätt

 ich ihm seinen Dreißig-Zentimeter-Schwanz abgeschnitten. Das nächste Mal tu ich's.

Ich hab die ganze Woche gewütet.
Leute auf der Straße angemotzt.
Leute, die ich nicht kenne.
Ich bin sogar in den Safeway, hab ein ganzes Regal mit Lebensmitteln umgeschmissen und den ganzen Laden niedergebrüllt.
Ich kannte den Typen vom Wachdienst.
Arty. Arty, der kleine Bruder von Fisher Styler, einem Jungen, mit dem ich auf die Schule gegangen bin.
Arty hat mich nicht vermöbelt. Er hat mich an der Hand genommen, als wär ich erst fünf, und mich aus dem Laden geführt. Er hat mir diesen »Tut-mir-so-leid-für-dich«-Blick zugeworfen und mir zehn Dollar in die Hand gedrückt.
Ich bin schnurstracks ins *Centa-Renta* und hab mir ein paar Rocks gekauft. Und sie gleich dort geraucht.
Ich war laut und rabaukig, und die Stammkunden haben mich angeschaut, als hätte ich aufgepeppten Shit geraucht.
Ich weiß nicht, was ich mit mir anfangen soll.
An meinem geistigen Himmel zieht ein schwarzer Gedanke auf wie ein Neumond. Lorraine und Mama gehen an die Westküste, um mich loszuwerden. Sie haben's satt mit mir.
Sie haben's satt, sich um mich zu kümmern und daß ich so lang zum Sterben brauche.
Ich bin nicht so angenehm vorzeitig gestorben wie Nate und Daddy.
Vielleicht haben Mama und Lorraine Nate und Daddy umgebracht.
Sie vergiftet.
Wer hätt das je rauskriegen sollen …
Ein langsames Vergiften ist kaum nachzuweisen.
HÖR AUF, SCHWACHSINN ZU DENKEN!!!
Ich hab totale Angst.

Angst bis ins Mark.
Aber sie gehen alle an die Westküste.
Alle.
Außer mir.
Sie erwarten neues Leben im Clan. Das Kind muß den rechten Weg gehen.
Man kann es nicht zulassen, daß seine Chancen beeinträchtigt werden, bloß weil es mit einem scheiß-stinkigen-dreckigen Crack-Süchtigen verwandt ist.
DAS KÖNNEN WIR DOCH NICHT ZULASSEN, ODER?!!!
Das senkt doch das Niveau, nicht?
Nein, stinkige Scheiß-Kokain-Freaks können wir nicht gebrauchen.
Vor unserer Haustür.
Nein, wir erwarten eine saubere, reine Seele.
Das Kind braucht keinen Onkel.
Es hat einen Daddy.
Scheiß-Kenneth.
Mr. Selbstgerecht.
Er hätte mal Pia kennenlernen sollen.
Pia hätt ihn auf seinen Platz verwiesen.
Pia hat diese ganzen möchtegernweißen Schwarzen gehaßt.

Ich weiß ja nicht, ob's ganz fair ist, zu sagen, daß Kenneth eigentlich ein Weißer sein möchte. Ich schätze mal, das weiße Amerika verlangt, daß diejenigen Schwarzen, die ins Allerheiligste der Macht zugelassen werden, einer Checkliste von weißer Korrektheit genügen müssen, bevor sie einen grünen Einlaßstempel und einen Job kriegen.
Es ist seltsam.
Du kannst den Fernseher einschalten oder auch Radio hören, und die Schwarzen, die dort auftreten, sind so angepaßt, so verweißlicht, aber wenn du dann in die Straßenkultur eintauchst, d. h. in Musik und Entertain-

 ment, dann sind da bloß weiße Jungs, die sich den Arsch dafür aufreißen, schwarz zu sein.
Das Ganze hat weder Sinn noch Verstand und bringt mich richtig auf die Palme, so wie jetzt. Pia hätte mich zur Sau gemacht und mich aus dem Haus geworfen.

Schließlich bin ich nämlich doch in das Haus von Pia gekommen.
Nicht daß es mir eigentlich wichtig gewesen wär oder daß sie's eigentlich gewollt hätte – es hat sich einfach so ergeben. Es hat sich so ergeben, nachdem wir abends in ihrem Laden fertig waren und ich sie mit ihren schlafenden Zwillingen nach Hause brachte.
Pia hat ihren Schlüssel in die Tür gesteckt, aber die Tür ist aufgegangen, ohne daß sie den Schlüssel umgedreht hat. Wir schauten uns an. Es war eins von den seltenen Malen, an die ich mich erinnern kann, wo die metallene Gelassenheit von Pia ins Schleudern kam.
Ich hatte nie vorher erlebt, daß sie Angst hatte.
Ich gab Pia den Zwilling, den ich getragen hatte, und ging ins Haus. Pia war direkt hinter mir, mit einer Hand auf meiner Schulter.
Ich betrat die Diele. Irgendwo brannte Licht, und ich ging dem schwachen Schein einfach nach.
Im Wohnzimmer saß auf einer Couch ein blonder, untersetzter junger Mann, etwa siebenundzwanzig, und wog auf einer Waage Gras.
»Dukey!« Die Stimme von Pia donnerte wie eine Kanone. »Mach wenigstens die Haustür zu, wenn du hier reinkommst, du Arschgeige, sonst will ich meinen Schlüssel zurück! Du hast mir totale Angst eingejagt, und außerdem hab ich dir extra gesagt, daß du mit dem Mist da fertig sein sollst, wenn ich mit den Kleinen zurückkomme!!! Corny, das ist mein Bruder Dukey, der Blödmann…« Pia nannte mich Corny, weil sie fand, Cornelius klänge wie der Titel von 'ner Broadway-Show.

Der Junge grinste mir zu. »Willste dir eine drehen?« Er zeigte auf das Gras.
»Hier drin nicht!« antwortete Pia für mich. »Wenn ihr diesen Scheißdreck rauchen wollt, geht in den Wald raus!«
Dukey grinste wieder. Ein breites, doofes Ich-bin-schon-den-ganzen-Tag-lang-high-Grinsen. Er hat ein paar große Brocken genommen, sie schnell zu einem riesigen Joint gedreht und ist auf mich zugegangen ...
»Kommst du mit?« Mein Bauch fing an weh zu tun.
Die gleiche Art Schmerzen, die ich immer kriegte, wenn ich dem Pfeifenmann meine Kohle gegeben hatte und er mir die Tüte mit den Rocks in die Hand drückte. War es möglich, daß Dukey, der fröhliche kleine Bruder von Pia, Zugang zu den Rocks hatte, denen ich monatelang fernzubleiben versucht hatte?
Fast hab ich gebetet, daß nicht.
»Kommst du?« Dukey war schon fast an der Tür.
»Nein ... ich muß eigentlich heim ... es ist schon spät ...« druckste ich herum.
Dukey zuckte die Achseln, grinste und verschwand in die Nacht hinaus. Pia war schon nach oben gegangen, um die Zwillinge ins Bett zu bringen.
»Willst du 'n Kaffee?« brüllte sie von oben. »Mach das Gas unter dem Kessel an ... Die Küche ist links von dir, geradeaus nach hinten ...« Ich hab Streichhölzer gefunden und den alten Gasofen angezündet. Gasöfen hab ich schon immer gehaßt.
Ich hielt sie für gefährlich.
Ich hab ihnen nicht getraut.
Ich hab nie begriffen, wie jemand mit einem davon im Haus ruhig schlafen kann.
Pia ist runtergekommen, als das Wasser gerade gekocht hat.
Sie lächelte.
Beim Kaffee hat sie mir erzählt, daß Dukey der einzige in ihrer Familie war, mit dem sie halbwegs noch was zu tun

 hätte. »Er ist ein guter Junge«, sagte sie. Er müßte bloß zu sich selber finden und sich darüber klar werden, was er mit seinem Leben anfangen wollte. »Warum bist du nicht mit und hast mit ihm geraucht?« fragte sie dann nach. »Mir ist es piepegal, ob du rauchst oder nicht.«

Ich hab Pia erzählt, daß ich zum Teil deshalb in North Carolina war, weil ich mit den Drogen aufhören wollte.

Na ja.

Hier mußte Pia natürlich eine ihrer Predigten über das Übel Drogen loslassen.

Fünf Minuten später kam Dukey wieder rein, aber als er schnallte, worüber wir redeten, steckte er seine Drogen mit Zubehör in seine schwarze Ledertasche und verduftete. Als er weg war, ging es mir tatsächlich besser. Ich hab zu schwitzen aufgehört, und mein Bauch tat nicht mehr weh.

Pia hat mich die halbe Nacht vollgelabert, über ihre Hoffnungen für die Zukunft geredet und ihre Sorgen um ihre Söhne. Und daß sie auf der Suche nach einem passenden, zuverlässigen Mann wäre, der ein gutes Vorbild für ihre Söhne abgegeben hätte.

Wie auf Stichwort hörten wir ein Trapp-Trapp-Trapp auf der Treppe, und Esau, der jüngere Zwilling, kam in die holzverkleidete Küche gewatschelt. Er krabbelte auf den Kletterbaumkörper von Pia, schmiegte sich in ihre Arme, gähnte, versuchte sich den Schlaf aus den Augen zu wischen.

Eine schöne, blauäugige, honigblonde, reine Seele.

Es ist zu schwer, hier weiterzuerzählen.

Die Erinnerung an Pia mit diesen Bächen aus Haar, die über ihr Gesicht strömten, wie sie den blonden, blauäugigen Esau an sich drückte oder den tapferen Kind-Krieger-Jacob ermahnte (der genauso blond und blauäugig wie seine Zwillingskopie war), hängt mir wie ein Wolkenkratzer aus Schuld am Hals.

Ich kann Dukey keine Schuld geben.

Dukey war nur die Quelle.
Die Sucht ist der Teufel.
Sie findet dich.
Egal, wie weit du wegrennst.
Sie findet dich.
Pia war der beste und womöglich der einzige Freund, den ich in North Carolina hatte. Ich hab mit ihr mehr Zeit verbracht als mit meiner Mama. Pia half mir, stark zu sein. Damals dachte ich, daß was von ihrer rauhen Bestimmtheit auf mich abfärbt. Ich hab irgendwie geglaubt, daß ich Pia liebe, aber ich hab's nicht geschafft, rauszufinden, ob es wirklich stimmte. Und jetzt red ich mir ein, daß ich Pia sogar hätte heiraten können, und das hätte ich wohl.
Ich weiß nicht, ob ich mit ihr hätte schlafen können, so wie ich mit schwarzen Frauen schlief, weil ich immer noch dieses »Problem« mit weißen Frauen hatte, aber je besser ich Pia kennengelernt hab, desto weniger »weiß« war sie und desto menschlicher kam sie mir vor. Ich hab erfahren, daß die Farben Schwarz und Weiß für mich außer Rassenbeziehungen auch Bezeichnungen für Geisteshaltungen waren – d. h. Schwarz für alles Sichere und Positive, Weiß für alles Gefährliche und Negative. Ich bin darauf gekommen, daß es Weiße mit schwarzem Denken gibt und umgekehrt. Pia war eine weiße Frau, die mir Sicherheit gab.
Und sie war bestimmt nicht dämlich.
Mama kannte Pia, weil sie in ihrem Laden eingekauft hat.
Mama hätte Pia gemocht.
Pia hatte was, das mich an Lorraine erinnert hat. Es war, glaub ich, ihr Elan.
Beide waren sie extrem ehrgeizig, man hatte das Gefühl, daß sowohl Pia als auch Lorraine jedes Ziel erreichen würden, das sie sich im Leben steckten, mit oder ohne Hilfe.
Also, ja, ich hätte Pia heiraten können, und wenn ich sie vielleicht gefragt hätte, hätte sie gelacht und gesagt:

 »Corny, du spinnst!«, so wie sie's jeden Tag unzählige Male gesagt hat.
Ich hab nie die Gelegenheit bekommen, ihr einen Antrag zu machen.

Dukey, der Bruder von Pia, war der Drogendealer in der Gegend. Er hätte alles mögliche sein können, war aber ausgerechnet der Drogenhändler in der Gegend. Dealer kennen ihre Kunden so gut wie ihre Drogen. Manche guten Dealer brauchen dich bloß anzuschauen und können dir sagen, welche Drogen du nimmst.
Jedenfalls bin ich nach meinem ersten Abend bei Pia dort zu einem willkommenen Gast geworden. Meine Mama hat nur noch wenig von mir gesehen.
Ich hab den ganzen Tag in Pias Laden gearbeitet und dann den größten Teil des Abends bei ihr daheim verbracht, Kaffee getrunken, vielleicht Videos geschaut und geredet. Pia liebte Videos. Ihr Lieblingsvideo war *Thelma und Louise*. Das waren Frauen nach ihrem Geschmack.

Ich war immer noch nicht mit Dukey high geworden und deswegen stolz auf mich. Aber als ich dann an einem Sonntagnachmittag mit Mama von der Kirche kam, hat's an der Tür geklingelt, noch bevor ich zu Pia in den Laden rüber gekonnt hab. Ich bin zur Tür gerannt, und draußen auf der Veranda stand Dukey.
Ich war überrascht, ihn zu sehen.
Ich hab ihn nicht reingebeten.
Er hat sein doofes Grinsen aufgesetzt, seine Baseballkappe abgesetzt und mich gefragt, ob ich was vorhätte.
Ich hab nein gesagt.
Er hat mich gefragt, ob ich mit ihm spazierengehen will. Das hätt ich nicht sollen, aber irgendwas in mir, das ich lange verleugnet hatte, wollte es. Mein Bauch fing wieder an, weh zu tun. Ich hab sogar einen Steifen gekriegt, was nun überhaupt keinen Sinn für mich ergab.

Ich brauchte keine Jacke, es war warm, aber ich brauchte meinen Schlüssel. Ich lief Mama direkt in die Arme.
Sie hatte gleich hinter mir gestanden.
Sie hat mich angeschaut und bloß gesagt: »Paß auf dich auf ...« Dann drehte sie sich um und ging ins Haus.

Also sind wir in den Wald.
Dukey und ich.
Bäume.
Riesengroß und uralt wie Methusalem, sperrten sie die heiße Nachmittagssonne aus.
Meilenweit Moos, so grün wie Paradiesteppiche.
Schlangen.
Die ein Stück weit weg vorbeigekrochen sind.
Wir sind nach rechts abgebogen.
Ich hoffte, daß Dukey wieder nach Hause finden würde, weil ich keine Ahnung hatte, wo wir waren und wo wir hingingen.
Wir haben eine kleine Lichtung gefunden, die von Gruppen aus Ahornen und Eichen umstanden war. Dukey setzte sich in einen Kreis voll Sonnenlicht, zog seine Jacke aus, knüllte sie zu einem Kopfkissen zusammen und streckte sich auf dem heißen Boden aus.
»Mach die Tasche auf ... nimm dir, was du willst ...« Dukey schirmte sich die Augen vor der Sonne.
Ich hab die Tasche so langsam aufgemacht, als wär eine Kobra drin.
Mein Magen krampfte sich zusammen, auf meiner Stirn sammelten sich die Schweißperlen. In der Tasche lagen Beutel über Beutel voll mit Gras.
Aber ich hab weitergekramt, in der vagen Hoffnung, das zu finden, wonach mein Hirn verrückt war. Ich spürte eine Glasröhre, dann Plastik.
Was Hartes.
Hartes und Weißes.
Rocks.
Da waren sie.

Ich fuhr zusammen, in meinen Fingern zuckte es vor Aufregung.
»Hast du was gefunden, was du magst?« Die Stimme von Dukey hörte sich an wie ein gewundenes Echo aus einer Höhle.
Ich hab ihm keine Antwort gegeben.
Ich war schon dabei, mir eine Pfeife zu stopfen.
Hab die Streichhölzer gefunden.
Die Pfeife an den Mund geführt.
Mein Magen hat Purzelbäume geschlagen.
Feuer an die Pfeife.
Inhalieren.
Inhalieren.
Blendende Glocken aus Licht.
DIIIIIINGDOOOOOONG...
Horch!
Die Engelsherolde sangen.
DIIIIIINGDOOOOOONG ...
Und ich lag am Boden, auf Dukey drauf.
Dukey hat gelacht wie ein Rodeostadion voller Cowboys.
»Ich weiß, was du genommen hast! Ich weiß, was du genommen hast!« lachte Dukey und warf mich von sich runter ins feuchte Grasbett.
Die Erde verschlingt mich mit einem Bissen, und ich kämpfe wie ein Ertrinkender im Treibsand. Dukey sitzt vor mir und schluckt das gute Gefühl wie Bier.

Wir sind im Wald geblieben, bis die Sonne langsam unterging und wir die Waldfeen aus den Bäumen hervorspitzen sahen.
Wir haben gehört, wie die Elfen über uns lachten, während sie in der Dunkelheit ihre Zauberstäbe schwangen und die Schatten der Nacht herniedersanken.
Da wußten wir, daß es an der Zeit ist, wieder aus dem Wald herauszufinden.
Wir müssen an die zwei Stunden lachend und albernd im Wald rumgelaufen sein. Dukey hat einen Joint gedreht.

Dadurch konnten wir uns besser orientieren.
Plötzlich tauchten vor uns Autoscheinwerfer vom Highway auf und zeigten uns den Weg nach Hause.
Dukey ging zu Pia.
Ich schlich in das Haus von Mama und schlüpfte gleich ins Bett. Ich konnte nicht schlafen. Ich horchte auf die Stille im Haus, auf sein vorwurfsvolles Flüstern.
Schatten auf der Tapete meines Zimmers spielten das nach, was ich am Tag gemacht hatte.
Ich fiel in ein schwarzes Loch der Schuld.
Ich hab Pia gehaßt, weil sie Dukeys Schwester war.
Ich hab Mama gehaßt, weil sie in der Nähe von Pias Laden wohnte.
Ich hab mich selber gehaßt, weil ich diese Leute haßte – dabei waren sie nur unschuldige Akteure in meiner eigenen Schuldtragödie.
Ich hab Dukey gehaßt, weil er mein Bedürfnis erkannt hatte.
Erst als die Sonne wieder aufging, bin ich eingeschlafen.

Ich ertappte meine Mama dabei, wie sie mich beim Essen scharf musterte.
Ich hab schnell mein Hähnchen aufgegessen, aber nichts gesagt.
Es war Montag, und ich hatte den besten Teil des Tages verschlafen. Pia würde rumtoben.
Ich hab Mama zum Abschied geküßt, ohne die geringste Ahnung, daß das das letzte Mal mit meiner Mama sein würde.
Seither habe ich sie nicht mehr gesehen, bis heute nicht.
Ich hab mit ihr telefoniert, aber gesehen hab ich sie seit dem Tag nicht mehr.
Ich bin bei Mama zur Haustür raus und zum Laden von Pia gerannt.
Pia hat mir Machetenblicke zugeworfen, während sie einen Kunden fertig bedient hat. Sie hat nichts zu mir gesagt.

Die blonden Engelszwillinge haben mit den Cornflakesschachteln in den Regalen eifrig Bauklötzchen gespielt. Als sie mich sahen, sind sie auf mich zugerannt und haben fröhlich gequasselt. »Wo warst du denn, Corny? Wir haben Eis und Hähnchen gegessen …«
Glücklich, sorglos, frei, sicher.
»Hast du Dukey heut gesehen?« hat Pia mich schließlich lächelnd gefragt. Ich hab ihr gesagt, daß ich ihn am Tag vorher gesehen hätte.
»Er ist hier reingekommen und hat dich gesucht … Das soll ich dir geben.« Pia hat mir einen dicken, kleinen Umschlag gegeben. Dabei hat sie mich angeschaut, als würde sie von mir erwarten, daß ich ihn nicht annehme. Aber ich hab ihn genommen und in meine Tasche gesteckt, ohne reinzuschauen.

Schließlich war der Tag vorüber. Schweigend bereiteten wir den Laden für den nächsten Tag vor.
Der tapfere Jacob und der mächtige Esau lagen aneinandergekuschelt wie Romulus und Remus unter der Ladentheke und schliefen.

Ich und Pia haben nicht viel geredet, als wir im Mondschein langsam zu ihr nach Hause gingen. Aus irgendeinem Grund, das weiß ich noch, war ich traurig.
Über dem ganzen Weg lag die Atmosphäre eines Schwanengesangs. Wie bei meinem letzten Mal mit Nate in der Subway.
»Was ist denn mit dir los? Hat dir jemand die Zunge abgebissen?« Pia hatte meine schlechte Laune gleich bemerkt. »Du hast also doch was geraucht. Dabei hab ich gedacht, du wolltest davon loskommen … Ich weiß, daß Dukey ein Charmeur ist, aber du darfst nicht viel Zeit mit ihm verbringen. Dukey ist ein Geschäftsmann. Er würd's fertigbringen, dem Papst Crack zu verkaufen und ihn abhängig zu machen. Weißt du, er hat kein Gewissen. Er wird's noch weit bringen. Und wenn man nein sagt, das

akzeptiert er einfach nicht ...« Ich hab mir allmählich überlegt, ob Dukey was zu Pia gesagt hatte, aber ich hab sie nicht gefragt. Ich wollte nicht darüber reden.

Wir kamen bei Pia an.
Ich hab versucht, mich zu verabschieden und gleich heimzugehen, weil ich mich bei dem ganzen Gerede über Dukey ein bißchen unwohl gefühlt hab, aber vor allem war ich ganz wild darauf, irgendwo ungestört zu sein, um den Umschlag aufmachen zu können.
Aber Pia wollte nicht, daß ich schon heimgehe.
»Ich bring bloß die Jungs ins Bett, und dann trinken wir 'nen Kaffee ... Mensch, ich hab dich den ganzen Tag noch nicht angekeift, du schuldest mir wenigstens 'nen ordentlichen Anschiß.« Mit diesen Worten rauschte sie nach oben, um die Zwillinge schlafen zu legen.
Als Pia weg war, hab ich die Gelegenheit genutzt, um in den Umschlag von Dukey zu schauen. Ich hab gewußt, was drin ist, bevor ich ihn aufgemacht hab. Na ja, zum größten Teil hab ich's gewußt; die Rechnung von Dukey hatte ich nicht erwartet.
Zusammen mit der Pfeife und einem Tütchen Rocks war eine Rechnung über fünfundsiebzig Dollar drin.
Ich und Dukey mußten am Tag davor also Rocks im Wert von um die fünfzig bis sechzig Dollar geraucht haben. Kein Riesenbetrag, aber Dukey hatte mir den Teil, den ich geraucht hatte, in Rechnung gestellt.
»Mach die Tasche auf und nimm, was du willst«, hatte Dukey gesagt. Ich hatte nicht geahnt, daß das hieß, ich würde ihm etwas bezahlen müssen.
Das Tütchen Rocks in dem Umschlag war allerhöchstens fünfundzwanzig Dollar wert, und das bedeutete, daß Dukey mir zwanzig oder dreißig Dollar für eine Pfeife berechnet hatte, die ich nicht mal verlangt hatte.
Mist.
Scheiß auf die Pfeife!
Wenn ich wirklich hätte rauchen wollen, dann hätt ich

einen abgebrochenen Flaschenhals oder eine Limodose nehmen können. Eine teure Pfeife hab ich bestimmt nicht gebraucht. Dukey hatte echt Nerven.

Ich würde ihm die Rocks bezahlen, aber das war alles, dachte ich mir, als ich das Aroma vom Kaffee roch. Pia kam mit Kerzen und einem breiten Lächeln zurück. Sie zündete die Kerzen an, schenkte Kaffee ein. Wir haben geredet.

Wir müssen stundenlang geredet haben.

Das heißt, Pia hat geredet.

Ich hab zugehört.

Sie hatte so große Pläne.

Sie wollte den Laden verkaufen und nach Connecticut umziehen. Auf die Yale University gehen.

Auf den Kaffee folgten zwei Flaschen Wein, und bald war Pia beschwipst und faßte mich ab und zu am Arm, während sie mir ihre tausend Hoffnungen verriet.

Auf das Gelächter folgte Gähnen.

»Ich geh zum Pinkeln rauf ... ich bin gleich wieder da.«

Ich hab auf sie gewartet und gewartet, aber sie ist nicht wieder runtergekommen. Auf Zehenspitzen bin ich die Treppe hoch, um nachzuschauen, ob sie in Ordnung war. Pia lag mit angezogenen Beinen auf dem Bett und schnarchte laut.

Ich hab mir gedacht, ich trink noch eine letzte Tasse schwarzen Kaffee, damit ich nicht zu betrunken bin, um heimzulaufen. Ich bin leise nach unten, hab den Gasherd angezündet, mich hingesetzt und gewartet, daß der Kaffee warm wird.

Auf einmal spürte ich wieder den Umschlag in meiner Hosentasche und das harte Glas darin.

Mein Magen zog sich zusammen in Vorfreude auf eine Mitternachtspfeife draußen auf dem dunklen Rückweg, während ich darauf wartete, daß der Kaffee heiß wurde. Ich hab mir eine von Pias Kerzen geschnappt. In dem Moment kam mir das ganz locker vor. Ich würd mir 'nen Hit gönnen und dann 'nen Kaffee trinken.

Der Gedanke an einen Hit-im-Dunkeln hat mich zur Tür rausgetrieben. Die fiel hinter mir zu und sperrte mich aus. Pia hatte so 'ne Tür mit automatischem Verschluß, aber das war mir egal, weil ich im nächsten Moment alles um mich herum vergaß.
Sobald das gute Gefühl meinen Verstand erreicht hatte und mir der Rauch durch die Lungen raste wie ein Olympiasprinter, der nach Gold jagt, waren allen Gedanken an Pia, die Zwillinge, den Kaffee und den brennenden Gasherd verschwunden. Da war nur noch ich.
Die Pfeife.
Der Mond.
Und die Dunkelheit.
Ich hab mich vergessen.
Immer wieder hab ich die Pfeife angezündet und inhaliert und bin dabei heimgelaufen. Ich hab nicht mal mehr gewußt, wie ich dahingekommen bin.
Irgendwann stand ich schließlich vor dem Haus von Mama, setzte mich auf die Veranda und zündete wieder und wieder die Pfeife an, bis das Plastiktütchen leer und mein rauchgetränkter Verstand am Taumeln war. Ich fühlte mich sauwohl.
Ich hab mich gefühlt wie ein Siebenjähriger, der irgendwas anstellt, während seine Mama im Nachbarzimmer seelenruhig schläft und nichts davon merkt.
In Dukeys Rocks kann nicht viel Speed gewesen sein, weil ich tatsächlich auf der Veranda eingeschlafen bin.
Das Morgengrauen hat mich aufgeweckt.
Ich hab die Haustür von Mama aufgemacht, bin in mein Zimmer rauf und hab weitergeschlafen.

Als ich wieder aufgewacht bin, war's Mittag vorbei.
Ich bin in meine Klamotten gesprungen und den ganzen Weg zum Laden von Pia gerannt.
Mama war zum Mittagsgebet in die Kirche gegangen, darum mußte ich mich zum Glück nicht mit ihr rumschlagen.

Noch bevor ich beim Laden war, hab ich gewußt, daß was nicht stimmt. Davor standen drei, vier Leute rum. Einer von ihnen hat geflennt.
Der Laden war immer noch abgeschlossen.
Ein Polizist hat mit zwei Feuerwehrleuten geredet.
Ich bin abgebogen und zum Haus von Pia rübergelaufen.

Über den grünen Bäumen, die vor Pias Haus Wache standen, sah ich grauen Rauch in den blauen Nachmittagshimmel aufsteigen. Schnell bin ich dorthin, wo einmal das Haus von Pia gestanden hatte. Rußgeschwärztes Holz. Weißgrauer Rauch.
Rotbraune zerbröckelte Ziegelsteine. Noch mehr Rauch.
Er war kein Haus mehr da.
Eine kleine Menschenmenge stand vor dem abgebrannten Scheiterhaufen. Ich blieb ein Stück weiter weg stehen.
Auf einmal war die Erinnerung an die Nacht zuvor da, brutal wieder da. Mir fielen die Kerzen ein, das zischende Gas unter dem wartenden Kaffeetopf.
Ich hatte den Herd angezündet gelassen, als ich raus war, um mir meine Pfeife anzuzünden, und ihn vergessen, einfach vergessen.
Ich wagte kaum, mir vorzustellen, was passiert war, nachdem ich gegangen war. Ich lief los, um Pia und die Zwillinge zu suchen.
»Sind alle tot … Vor 'ner Stunde haben sie die Leichen in Säcken weggetragen.« Da stand ich vor der ehemaligen Veranda und versuchte die Worte zu überhören, die ein Nachbar zum anderen sagte.
Bevor ich jemand nach Pia fragen konnte, hatte ich's schon erfahren. Die Antwort haute mich um.
Ich wahrsten Sinne des Wortes.
Ich brach mitten auf der Straße zusammen.
Pia.
Jacob.
Esau.
Tot.

Ein paar von den Leuten dort kannten mich vom Laden her.
Einer von ihnen, ein Mr. Andrews, ist zu mir rübergekommen und hat mir aufgeholfen. Ich erinnere mich daran, daß ein paar Kinder lachten.
Es ist erstaunlich, wie leicht Kinder angesichts eines Unheils lachen können. Kinderlachen.
Ich hab mich umgedreht und gehofft, es sind Jacob und Esau.
»Sind alle tot ... Vor 'ner Stunde haben sie die Leichen in Säcken weggetragen ...«
Plötzlich war mir zu heiß.
Der Schweiß lief mir in Strömen das Gesicht runter.
Ich mußte weg von da, nur weg.
Ich fing an zu rennen.
Bloß weg von diesem schrecklichen Ort.
Ich hab immer noch gehofft, daß ich gleich aufwachen würde und alles wäre nur ein Drogenalptraum. Mit mir rannten Verantwortung und all das, was ich getan hatte.
Sie hielten meine Arme, drängten meine Füße vorwärts.
Ich mußte weg von da, nur weg.
Sie würden Fragen stellen.
Ob jemand Pia am Abend zuvor gesehen hatte.
Es mußte ja gar nicht ich gewesen sein. Vielleicht war Dukey gestern abend zurückgekommen.
Vielleicht waren die Kerzen bis zu dem alten Spitzentischtuch runtergebrannt.
Wahrscheinlich hatte es gar nichts mit dem kochenden alten Kaffeetopf auf dem alten Gasherd zu tun gehabt.

Ich kam in die Kühle des stillen Hauses zurück.
Mama war immer noch in der Kirche.
Gott sei Dank.
Ich mußte aus Mamas Haus verschwinden, bevor mir die Nerven durchgingen.

Panikmäßiges Geflenne.
Heulseuse.
Wieder mal – wie üblich – hab ich geheult. Pia hätte mich geohrfeigt ... Pia!!!
»Sind alle tot ...«
Pia ...
Jacob ... Esau ...
Was würde Mama sagen ...
Ich mußte fliehen.
Ich rannte nach oben und warf meine paar Sachen in den Holzkoffer, den Lorraine mir geliehen hatte, als wir nach North Carolina runterfuhren.
Bloß die Klamotten, die meine Mama mir während meines Aufenthalts genäht hatte, ließ ich in dem begehbaren Eichenschrank in meinem Zimmer zurück.
Als Opfergabe sozusagen.
Als Buße.
Ich bin zur Haustür rausgerannt, hab alle Götter angefleht, mich nicht meiner Mama in die Arme laufen zu lassen, und den Weg zum Bahnhof gefunden.
Ich hatte etwa fünfzig Dollar in der Tasche.
Nicht genug bis nach New York, aber aus North Carolina kam ich damit raus. Ich bin an einem Telefon stehengeblieben und rief die Zuginformation an. Der nächste Zug nach New York ging in einer Stunde.
Jesus sei Dank.

Ich bin um den Bahnhof rumgelaufen und hab immer wieder »*Jesus keep me near the cross*« gesungen.
Das hab ich tun müssen.
Ich konnte nicht zulassen, daß ich nachdenke ... über Pia ... Jacob ... Esau ... Mama. Ich bin nicht in den Bahnhof rein.
Ich wollte nicht, daß mich jemand sieht.
Vor allem meine Mutter nicht.
Ich wollte nicht, daß mir jemand Fragen stellt. Nach einer Ewigkeit ist der Zug gekommen.

Ich hab mich reingeschlichen und im hintersten Waggon eine leere Damentoilette gefunden.
Frauen sind geduldiger als Männer.
Ich hab mich eingeschlossen.
Dann hab ich geweint.
Ich hab die ganzen zehn Stunden lang geweint, die der Zug gebraucht hat, um nach New York zu kommen. Unzählige Frauen haben an die Klotür geklopft, und ich war mir sicher, daß eine davon den Schaffner holt und der die Polizei, weil ich keine Fahrkarte hab.

ABER

weil ich im hintersten Waggon war, war es für die Frauen wahrscheinlich einfacher, sich ein anderes Klo zu suchen, als lange vor meinem zu warten.
Ich bin damit durchgekommen.
Wie ich mit den ganzen anderen Horrorgeschichten durchgekommen bin, die in roten Buchstaben in mein Lebenstuch eingestickt sind.
Ich bin damit durchgekommen.
Und mein schlechtes Gewissen war die einzige Strafe, die sich wie glühende Kohlen in meinem Herzen und meinem Verstand aufgehäuft hat.
In meiner Seele auch.
Das schlechte Gewissen wurde mein Lebensgefährte.
Mein Gemahl.
Mein Mann.
Es hat mich gefickt.
Geschwängert.
Ich hab schuldige Kinder geboren.
Ich hab sie Schuld-Rappel getauft.
Ich hab sie mit Kaiserschnitt zur Welt gebracht.
Ich hab sie selbst entbunden.
Die Nabelschnüre sind nie durchgetrennt worden.
Ernährt werden meine Kinder von den immer wiederkeh-

 renden Erinnerungen in mir – Erinnerungen, die im Kino meines Kopfes vorgeführt werden wie ein Endlosband.
Das ist ihr Spielplatz.
Nur die Pfeife kann den Schuld-Rappel daran hindern, daß er mir was vorweint.
Die Pfeife ist sein Fläschchen und auch meins.
Ein Beruhigungsmittel, das sie zum Verstummen und mir Frieden bringt. Erholung. Ob ich die Verantwortung für meine Taten übernehme oder nicht, ist unwichtig. Doch ganz klar ist, daß ich ein Gewissen hab. Ich weiß, was ich getan hab, was ich verbrochen hab … und ich leide.

Psychiatrische Abteilung, Kings County Hospital, New York City

Es gibt Leute, die behaupten – und vielleicht ist das ja eine Art philosophischer Quatsch –, die jedenfalls behaupten, daß wir vor der Geburt einen Vertrag mit dem Schicksal abschließen.
Daß wir über die Bausteine unserer Zukunft bestimmen, aus denen unser späteres Schicksal entsteht. Daß wir über die Lektionen bestimmen, die wir im Leben zu lernen haben. Daß wir über unsere Eltern bestimmen.
Daß wir bestimmen, ob wir arm oder reich sind.
Daß wir bestimmen, ob wir Erfolg haben oder Mißerfolg.
Daß wir über unsere Ehemänner, Ehefrauen, Kinder bestimmen.
Daß wir über die Zahl unserer Lebensjahre bestimmen.
Daß wir über unseren Tod bestimmen.
Na ja ...
Wenn das so ist, dann muß ich in meinem letzten Leben ein echtes Genie gewesen sein.
Das Leben muß echt gold gewesen sein; weil das Leben, in dem ich mich jetzt befinde, echt null ist.
Eigentlich ist das Leben für die meisten von uns Erdlingen im Jahr 1992 richtig beschissen. Wir als Seelen müssen früher alle miteinander Kaiser, Könige, Zaren, Königinnen und Milliardäre gewesen sein, Kaufleute und Erbauer, geachtete Künstler, Menschen, die sich Träume erfüllten. Oder Kriegsgeneräle, große Denker und Lehrer, die vom Tag eins an die Schönheit, die Reichtümer und das Wissen schufen, welche aufgezeichnet oder nicht aufgezeichnet wurden und in der Geschichte verlorengingen. Wir alle müssen in den vergangenen Jahrhunderten gepraßt haben, was die Erde hergab, weil wir als Welt jetzt wahrhaftig dafür mit Blut zahlen. Aber das Rad dreht sich trotzdem weiter.

 Es gibt nur ein paar Glückliche, die in den Himmel gekommen sind und alles zu haben scheinen, Leute wie die Königin von England, Michael Jackson, Madonna, Forbes, der Papst … solche Leute. Diese Leute müssen in vergangenen Zeitaltern gefährlich wie Hitler gewesen sein, weil sie's nie so gut gehabt haben können, wie sie's jetzt haben.
Die übrigen von uns sind Sklaven in den hinteren Teilen der Hölle.

Ich hab gelacht, als der Pfleger mir dieses Notizheft zugeworfen hat.
»Washington«, hat er mich angebellt, »denk schnell!«, und hat mir das Notizheft zugeworfen.
Das ist meine Geschichte.
Ich dachte, ich hätte den ganzen Scheiß fertiggeschrieben.
Ich hab ihm in meiner Wohnung zurückgelassen … na ja, zurückgelassen eigentlich nicht. Als die Leute von der Hausverwaltung kurz nach Neujahr Leim in mein Schloß schütteten und Ketten vor meine Tür hängten, ist alles, was in meiner Wohnung war, dort geblieben, einschließlich diesem Notizheft. Ich hab nicht gedacht, daß ich's noch einmal zu Gesicht kriege.
Meine Handschrift ist irgendwie sonderbar.
In dem Notizheft steht manchmal komische Scheiße.
Auch 'ne Menge beängstigende Scheiße.
Mir ist gesagt worden, daß einige von den Psychiatern, die für meinen Fall zuständig sind, es auch gelesen haben. Sie meinen, daß es für mich nicht schlecht wäre, weiterzuschreiben. Ich weiß nicht so recht.
Ich werde immer mißtrauisch, wenn einer von diesen Gehirnkratzern mir was vorschlägt.
Ich trau ihnen nicht.
Die könnten mich reinlegen.
Eine Falle.
Ich hab noch mit keinem von ihnen geredet, seit ich hier bin.

Ich glaub, die haben sich gedacht, wenn ich zu schreiben anfange, können sie sich mein Tagebuch schnappen und dort lesen, was sie wissen wollen.
Aber ich hab Neuigkeiten für sie.
Sie kriegen das hier nie wieder in die Hände.
Ich werd weiterschreiben, aber nur, weil ich's will, und dann verbrenn ich's. Meine Gründe zu leben sind *meine* Gründe, und ich will nicht, daß mich irgendwelche weißen, bärtigen, linsenfressenden, nichttanzenkönnenden Arschlöcher zu analysieren versuchen. Mir ist es piepegal, wie lang sie mich dabehalten.
Auf mich wartet draußen nichts.
Ich weiß, daß man, sobald die den Gerichten sagen, daß ich bei Verstand bin, wahrscheinlich versuchen wird, mir den Prozeß zu machen, aber ich hab nicht vor, jemals wieder bei Verstand zu sein.
Niemals.
Seit ein paar Wochen erst kann ich meine Beine wieder gebrauchen.
Ich bin total im Arsch gewesen.
Richtig im Arsch.
Ich hab mir den Rücken und die Beine gebrochen, als die Leute mich vom Dach runtergeschmissen haben.
Diesmal hatte ich wirklich 'ne Nummer hingelegt.
Ich hab gedacht, das ist das Ende.
Aber auch das ist in den Arsch gegangen.
Ich bin immer noch am Leben.

Seitdem ich das letztemal was geschrieben hab, bin ich echt tief in der Scheiße gewesen.
Die Scheiße war zwar vorsehbar, aber echt tief.
Sogar Stelzen hätten mir nichts genützt.
Ich hab mir selbst den Ritterschlag erteilt, Cornelius der Herold des Unheils.
Hoffentlich sind meine Unheilstage vorbei.
Ich bleib, glaub ich, den Rest meiner Tage hier und laß mich versorgen. Ich werd kleine Stückchen wie das hier

 schreiben, und vielleicht bring ich einen von den weißen, großherzigen, wohltätigen Sozialarbeitern dazu, daß er mir einen Verleger sucht, der diesen Scheiß veröffentlicht. Ich hab's mir nämlich anders überlegt.

Ich werd dieses Notizheft nicht verbrennen.

Ich hab über ein Jahr lang an der Sache geschrieben. Das ist das einzige Stück »Arbeit«, das ich seit Jahren gemacht hab.

Echte, kontinuierliche Arbeit.

Wer weiß, vielleicht liest es irgendein verrückter Süchtiger und kriegt mit, was ich durchgemacht habe, und bleibt weg von du-weißt-schon-was. Ich bring's zur Zeit nicht über mich, diese Wörter auszusprechen.

Ich hab seit Ende Dezember nicht mehr geraucht. Das ist das Beste an dem Laden hier. Ich kenne niemanden draußen, der mir was reinschmuggeln könnte. Ich will sowieso nichts. Meine Familie, Mutter, Schwester, Schwager, Nichte, Neffe sind an der Westküste mit ihrem Leben beschäftigt. Soviel ich weiß, bin ich für sie gestorben. Ich bin mir sicher, daß sie sich um mich Sorgen machen, aber so ist es am besten. Ich brauch Zeit, um mein ganzes Leben aus mir rauszuspülen, und die Zeit nehm ich mir, und sogar wenn ich sterbe, bevor ich's geschafft hab, bleib ich hier und spüle.

Es ist warm.

Ich hab ein eigenes Bett.

Sie geben mir zu essen.

Ich hab ein Dach über dem Kopf.

Ich weiß, wie es ist, obdachlos zu sein, und in die Lage will ich nie wieder kommen.

Ich würd mich umbringen.

Diesmal würd ich's richtig machen.

Ich hab mich lange gehaßt, vor allem nach der ganzen Pia-Scheiße. Pia ist mir lange nachgegangen.

Das tut sie immer noch.

Sie kommt leise zu mir, mit einem traurigen, fragenden

Blick in den Augen, und schüttelt den Kopf, wieder und wieder.

Der letzte datierte Eintrag in diesem Tagebuch stammt vom 19. Juli 1991. Das ist fast ein Jahr her.
Was für einen Unterschied ein Jahr ausmacht.
Sonderbar, aber wenn die Dinge so gelaufen wären, wie ich sie gemacht hab (nicht einmal so, wie ich *gewollt* hab, daß sie laufen, weil ich vor einem Jahr gar nicht gewußt hab, wie irgendwas laufen soll; ich bin einfach mit dem Strom geschwommen, wie die Jungs aus der Nachbarschaft gesagt haben), aber wenn es so gelaufen wär, wie ich's gemacht hab, dann würde ich jetzt nicht hier an diesem Spieltisch sitzen, in dieser Irrenabteilung in diesem Krankenhaus.
Ich wär tot.

Nachdem Lorraine, Mama und Kenneth von New York nach San Francisco geflogen waren, ist meine ganze Existenz buchstäblich in einer Rauchwolke verpufft.
Ich hab gedacht, daß ich vorher immer high gewesen war, aber als Lorraine weg war, war ich erst richtig high!
Und ich bin high geblieben.
Von Vernunft wollte ich nichts wissen. Von Logik auch nichts. Aber seltsamerweise wünschte ich mir Verständnis. Heute weiß ich das, aber damals war es mir nicht klar. Jedenfalls hab ich nicht gewußt, wie ich Verständnis finden soll. Alles, was ich kannte, waren Entfremdung und Vergessen.
Ich war gekränkt und wütend.
Ich war verlassen worden, und das hat mir nicht gepaßt.
Es war meine Schuld. Ich hatte sämtliche Chancen bei meiner Familie aufgebraucht.
Ich war ein ausgewachsener Mann … tatsächlich war ich ein ausgewachsener Mann in mittlerem Alter. Trotzdem hatte ich seit 1983 immer wieder von meiner Familie unterstützt werden müssen.

Lorraine hatte dabei die Hauptlast der Verantwortung getragen, seit ich nach meiner Zeit im *Hotel Operatic* in die Wohnung zurückgezogen war.

Letztes Jahr um diese Zeit bereitete sie sich gerade auf die Geburt ihres Kindes vor und brauchte ihre ganze Kraft, um dieses neue Leben zu schenken. Kraft, die sie schon viel zu lange mir gegeben hatte.

Das hab ich gewußt, aber ich hab's nicht wahrhaben wollen; und Mama ... tja, Mama wollte nichts mehr von mir wissen, seit ich aus North Carolina davongelaufen war, ohne den geringsten Abschied, geschweige denn eine Erklärung.

Lorraine hat mir später erzählt, daß die Bullen nach dem Vorfall mit Pia bei Mama rumgeschnüffelt und nach mir gefragt hätten. Mama hatte ihnen gesagt, daß ich für Pia gearbeitet hatte, aber daß sie mehr nicht wüßte. Daß sie nicht wüßte, wo ich war oder warum ich gegangen war. Es überraschte mich, daß die Polizei mich nicht bis nach New York verfolgt hatte, aber warum auch? Ich hatte Pia nicht ermordet. Was passiert war, war ein Unfall gewesen. Ja, vielleicht war es meine Schuld gewesen, ja, ich hätt's vielleicht verhindern können, aber es war genausogut die Schuld von Pia gewesen wie meine.

Sie hatte die Kerzen brennen gelassen, und sie hätte sich längst von dem lecken Gasherd trennen müssen. Das alles hab ich mir unendlich oft gesagt, seit die Sache mit Pia passiert ist.

Erst jetzt kann ich die Verantwortung für meinen Fehler übernehmen. Ein tragischer Fehler, aber trotzdem ein Fehler.

Als Mama nach New York kam, um Lorraine beim Umzug zu helfen, hat sie mich nicht besucht. Ich hab bei Lorraine angerufen und mit Mama telefoniert. Sie war höflich, besorgt, aber distanziert. Ich bin nicht mal zu Lorraine rüber, während sie ausgezogen ist. Sie und Kenneth sind an dem Abend vor ihrem Abflug bei mir vorbeigekommen,

aber ich war im *Centa-Renta* drüben und so high, daß ich sie verpaßt hab. Sie haben mir einen Zettel und fünfundzwanzig Dollar dagelassen.
Ich habe den Zettel gelesen, dann bin ich mit dem Geld wieder ins *Centa-Renta* und hab mir du-weißt-schon-was gekauft.
Daß ich high geblieben bin, war, glaub ich, eine Art Protest.

Ich hab zugelassen, daß mein Leben sich auflöst.
Ich hab die Rechnungen nicht bezahlt.
Ich hab's drauf ankommen lassen, daß mir das Schlimmste passiert, und das Schlimmste *ist* passiert.
Mit meinem Strom war's als erstes vorbei. Im Oktober haben sie ihn mir abgestellt.
Kerzen haben's auch getan, wenn ich sie mir leisten konnte, und wenn nicht, dann hat's geheißen: die Dunkelheit und ich.
Ein paar Mal hab ich was von Lorraine gehört, aber nicht zurückgeschrieben. Sie hat Zwillinge geboren.
Einen Jungen und ein Mädchen.
Sie hat den Jungen Nathaniel Cornelius getauft und das Mädchen Cora Lorraine.
Ich hab ihr nicht mal geschrieben, um zu gratulieren.
Mr. Green hat öfter nach mir gesehen als früher.
Lorraine und Mama müssen ihn wohl angerufen und ihm gesagt haben, daß er sich um mich kümmern soll.
Direkt vor Erntedank blieben meine Sozialhilfeschecks aus.
Ich hatte alle Aufforderungen, mich zu melden, ignoriert.
Und melden mußte ich mich, damit festgestellt werden konnte, wie es um meine wirtschaftliche und geistige Verfassung stand und ob ich noch sozialhilfebedürftig war. Es war echt bescheuert von mir, daß ich nicht hin bin.
Bald hatte ich keine Kohle mehr.

 Darum hat Mr. Green mich in der Zeit ziemlich oft zu Gesicht bekommen.
Ich stand fast alle drei Tage bei ihm an der Tür, in der Hoffnung, mir von ihm Kohle leihen zu können. Einmal hat mir Mama 'nen Scheck über zweihundert Dollar geschickt und mich angefleht, mir helfen zu lassen. Ich hab den Brief zerrissen und die Kohle verpraßt. Es war mir egal.
Ich war ja auch allen egal, dachte ich, sonst hätten sie mich nicht im Stich gelassen. Ich war ein jämmerlicher Brunnen-voll-Selbstmitleid. Und ich war dabei, mich selbst zu zerstören.

In der Zeit hab ich Sachen gemacht, die ich vorher nie gemacht hatte. Nachdem sie mir den Strom und die Sozialhilfe gesperrt hatten, hab ich an 'nem kalten Novemberabend eine Eisenstange aufgehoben, die ich auf einem der verlassenen Grundstücke auf der anderen Straßenseite in der Nähe vom Subway-Gelände gefunden hatte, und in der Nähe des nächsten Schnapsladens in einem Hauseingang darauf gewartet, daß ein passendes Opfer vorbeikommt. Irgendwann kam dann so 'n alter Weißer mit 'nem Fischgrätmantel, der nicht in unserem Block gewohnt hat, aus dem Laden. Er hatte eine große Tasche voller Flaschen in der Hand. Ich bin ihm gefolgt, bis er an der Ecke war und in die Crescent Street biegen wollte. Dort hab ich ihn überholt, und mich vor ihn gestellt. Ich hab mit der Stange rumgefuchtelt und seine Tasche und sein Geld verlangt. Er hat mir beides sofort ausgehändigt. Das hat mich überrascht. Er hat mir die Sachen gegeben, und da hätte ich verschwinden sollen.
Ich hätte einfach heimgehen und mich besaufen sollen oder die fünfundsiebzig Dollar, die er noch in der Brieftasche hatte, für Rocks ausgeben (was ich dann sowieso gemacht hab), aber ich bin geblieben.
Ich hab den Mann geschlagen.
Immer wieder.

Ich hab ihn auf den Kopf geschlagen, auf den Rücken, in die Rippen, ins Gesicht ...
Im Grund hab ich's genossen, dieses bleischwere Gewicht wieder und wieder auf sein Fleisch und seinen Schädel runterkrachen zu lassen. Die ganze aufgestaute Wut und Frustration, von der ich gedacht hab, ich hätt sie mir aus dem Körper geraucht, hab ich an diesem armen-alten-hilflosen-kleinen-weißen Mann rausgelassen. Ich weiß nicht, ob der Mann gestorben ist. Hätt er eigentlich müssen, so wie ich ihn zusammengeprügelt hab, aber zu der Zeit war's mir einfach egal.

Ich war nicht ich selber.
Ich war schlimmer als ein Gespenster-Mensch.
Ich bin langsam zu dem geworden, was mir am meisten verhaßt war.
Ich bin zu 'nem Vampir-Zombie geworden.
Ein herzloser-hirnloser-dreckiger-stinkiger Teufel.
Weil keine Knete reinkam, hab ich jeden um Geld angehauen, den ich gekannt hab.
Ich hab mich mit meinem weißen Styroporbecher an der Ecke vor der Scheckeinlösestelle hingestellt und völlig Fremde angehauen.
Mir war's egal, von wem ich mein Geld gekriegt hab, solang ich welches gekriegt hab. Essen war nicht so wichtig.
Rocks und Alkohol sind zu meiner Nahrung geworden.
Ich hatte immer noch ein Dach über dem Kopf, war aber kurz davor, das auch noch zu verlieren.
Mehr als einmal war ich kurz davor, zum Wohnungsamt zu gehen, vor allem als ich einen Schwall von letzten Mahnungen und kurz danach die Räumungsbefehle gekriegt hab. Aber ich hab sie dann doch alle zerfetzt und in den Müllschacht runtergeworfen.
Aus den Augen, aus dem Sinn.
Ich hab's drauf ankommen lassen, und das Schlimmste ist passiert.

 Ich hab das Schlimmste verflucht.
Und das Schlimmste hat mich wiederverflucht und sich gerächt.

Die Zeit der Herbstfeiertage hab ich aus meinen Gedanken zu verdrängen versucht.
Am Abend vor Erntedank hab ich die ganze Nacht geraucht, damit ich schließlich müde genug war, diesen Truthahn-Tag zu verpennen; ich bin erst wieder aufgewacht, als die meisten Leute sich gerade hinsetzten, um zu relaxen und ihre übervollen Bäuche zu pflegen.
Die Gerüche nach selbstgekochtem Essen hingen im Eingang und brachten Erinnerungen an die Familie Washington zurück, wie sie sich früher an Erntedank um einen großen Tisch versammelt hatte. Bilder, die ich jedesmal mit der Pfeife wegzurauchen versuchte, wenn eine Szene mit Truthahn in meinem Kopf kollerte.
Weihnachten und Neujahr konnte ich nicht so leicht aus dem Weg gehen. Die Weihnachtsbaumlichter gaben mir den Rest. All die bunten Muster, mit denen fünfundachtzig Prozent aller Fenster in unserem Block eingerahmt waren, machten mich im Weihnachtsmonat viele Nächte lang zu einem flennenden Zweijährigen.
Als Kind hatte ich die Christbaumlichter geliebt.
Visionen vom Weihnachtsmann, von Spielzeug, Rentieren.
Ich weiß noch, daß ich mit zehn Nate einmal eingeredet hatte, daß ich den Weihnachtsmann auf dem Dach unseres Blocks hätte landen sehen. Wir hatten keinen Kamin, darum dachte ich mir, daß der Weihnachtsmann durch den Müllschacht zu uns runterkommen würde. Ich konnte mir bloß nicht vorstellen, wie er seinen Sack voll Spielzeug durch die kleine Klapptür vom Müllschacht bringen sollte. Ich weiß noch, daß ich Daddy ganz ernsthaft gefragt hab, wie der Weihnachtsmann das schafft. Cornelius sen. hat mir ein liebevolles Daddy-Lächeln geschenkt und mir versichert, daß der Weihnachtsmann in unserem Block

die Treppe nimmt, die vom Dach runterführt, und das hat mir viel mehr eingeleuchtet.

An all das hab ich mich letztes Jahr während dieser trostlosen und entsetzlichen Feiertagssaison erinnert.

Von meiner Familie in San Francisco hab ich ein Care-Paket mit Geschenken und Geld bekommen. Mit dem Geld konnte ich genug Rocks kaufen, um über Weihnachten zu kommen, und das hab ich auch gemacht. Ich hab die ganzen zwölf Tage verraucht: Weihnachten, Silvester, Neujahr und die Woche danach. Im *Centa-Renta,* wo wir uns wie eine große Familie zusammenfanden, hab ich ganze Kränze aus Fröhlichkeit mit meinen Mitsüchtigen verraucht. Vom Stoff runterzukommen und nüchtern zu sein, hat sich keiner von uns getraut. Keiner hat sich getraut, seiner düsteren Situation ins Auge zu sehen.

Dann fing das neue Jahr an, ein Anlaß, der für uns alles andere als fröhlich war, aber wir haben trotzdem jedesmal den üblichen Neujahrsquatsch geplappert, wenn wir 'ne neue Pfeife angezündet haben. Bald waren wir so zugedröhnt, daß wir vergaßen, warum wir einander überhaupt ein »Frohes Neues Jahr« wünschten!

Es wurde zu einer Floskel wie »Hoch die Tassen!« oder »Prost!«

Ich weiß noch, daß ich eines Nachts in der dritten Januarwoche aus dem *Centa-Renta* gestolpert bin.

Ich war dreckig.

Hab gestunken.

Ich hatte seit vor Weihnachten nicht mehr meine Unterwäsche gewechselt, genauer, seit dem Tag, an dem das Paket von meiner Familie angekommen war.

Meine Gedanken sind wie Kacke in meinem Kopf rumgeschwommen.

Hin- und hergeschwappt.

Ich war voller Flüche und Haß.

Eine menschliche Latrine.

Sogar als ich die Kette sah, die um meinen Türknauf

 gewickelt und durch meinen Spion gezogen war, hab ich's nicht geglaubt. Ich hab vor meiner Tür gestanden und probiert, den Schlüssel mit Gewalt in das zugeklebte Loch zu stecken. Ich hab geschrien und getobt.

Ich hab gerast und gebrüllt wie ein Vampir, der zu seinem Sarg zurückkommt und feststellt, daß er voller Knoblauch, Weihwasser und Kruzifixe ist. Schließlich hab ich mich vor meine Tür gehockt und geflennt. Die ganze Nacht.

Die ganze kalte, schaurige Nacht durch ging mir ein Stück aus der Bibel, das Daddy uns immer vorgelesen hat, durch den Kopf, wieder und wieder, wie eine Endlosschleife.

Es war ein Abschnitt aus dem Buch Hiob.

»Was mich erschreckte, das kam über mich, wovor mir bangte, das traf mich auch.«

Es hat so gut gepaßt.

Ich war jetzt ein voll-flügge-gewordener-herzloser-hirnloser-obdachloser Vampir-Zombie mit einem Schild um den Hals.

Als die Sonne aufging, saß ich immer noch vor meiner verschlossenen Wohnung. Ich hatte kein Auge zugetan.

Ich hockte bloß benommen da, und dann fing ich wieder zu toben an. Ich hab mich geweigert, das Treppenhaus vor meiner verschlossenen Tür zu verlassen.

Ich hab weiter gehämmert und geschrien, und meine Nachbarn dachten, ich hätte es mit irgendeinem, der in die Wohnung eingebrochen war und mich nicht reinließ. Sie haben die Polizei geholt.

Als die Bullen kamen, war ich immer noch am Toben. Sie haben mir zu erklären versucht, daß man mich vor die Tür gesetzt hatte, und ich sollte mich mit der Hausverwaltung in Verbindung setzen, aber davon hab ich nichts hören wollen. Ich hab einfach weitergetobt.

Schließlich haben sie mich mit Gewalt weggezerrt und aus dem Gebäude getragen. Sie haben mich gewarnt, daß sie wiederkommen und mich ins Gefängnis werfen würden, wenn ich noch mal jemand störte.

Diese Mitteilung drang in mein Crack-verkrustetes Gehirn vor und hat mich für eine Weile zum Schweigen gebracht.

Solange du nicht mal selber obdachlos bis, hast du keine Ahnung, was für ein schreckliches Gefühl das ist.
Es hört auf, ein Zustand zu sein, und wird zum Gefühl. Einem Gefühl der Hoffnungslosigkeit, der Panik.
Und besonders an einem eiskalten Januarmogen, und ich danke den paar Glückssternen, die ich noch hatte, daß ich, als ich ausgesperrt wurde, zufällig meinen kostbar gehüteten warmen Wollmantel trug, den Mama mir mal an Weihnachten geschickt hatte.

Stunden und Tage verfließen ineinander, und es ist dir peinlich, jemandem zu erzählen, was passiert ist.
Noch eine Lüge auf der länger werdenden Liste.
Gott segne Mr. Green.
Er ließ mich ein paarmal reinkommen und ein Bad nehmen. Und er hat mir Unterwäsche geborgt, aber in seiner Wohnung wollte ich nicht schlafen.
Ich hab ihm gesagt, daß mir das Wasser gesperrt worden war, aber daß sie mich vor die Tür gesetzt hatten, hab ich ihm nicht sagen können, weil ich Angst hatte, daß er's meiner Familie erzählt.
Den Gedanken, daran schuld zu sein, daß unsere Wohnung weg war, hab ich nicht ertragen können. Aber in meiner Verwirrung hab ich auch nicht begriffen, daß meine Familie, wenn ich's ihm gesagt und er Kontakt zu ihnen aufgenommen hätte, mir vielleicht hätte helfen und die schrecklichen Dinge ersparen können, die noch folgen sollten.
Die meiste Zeit über hab ich im *Centa-Renta* verbracht und Rocks verkauft, damit ich high werden konnte.
Es sprach sich herum, daß es mit mir den Berg runterging.
Die Leute fingen an, mich komisch anzuschauen.
Vielleicht hab ich mir das bloß eingebildet.
Ich hatte die ganze Zeit totale Muffe.

 Als ich anfing, zu stark zu stinken, und die Kunden sich darüber bei den Dealern beklagt haben, bin ich aus meinem Rocks-Verkäufer-Job geflogen und ins Klo vom *Centa-Renta* verbannt worden, wo das Revier der anderen Vampir-Zombies war.
Ich hab um einen Schlafplatz auf dem kalten harten Zementboden gekämpft, wo ich auch eine Weile hinging, bis ich wunde Stellen kriegte von den harten Kanten und Dellen im Zementboden, die meine Haut zerschnitten und aufscheuerten wie ein Nagelbrett aus Zementstein, und ich nur noch im Sitzen schlafen konnte.
Weil ich keine Rocks mehr gegen Geld ausliefern konnte und mein verdreckter und stinkender Körper sogar das Betteln unmöglich gemacht hatte, war ich schließlich gezwungen, meinen Mantel mit den vielen Erinnerungen gegen Rocks im Wert von fünfundzwanzig Dollar zu verkaufen.
Ich hab jedes Stückchen davon langsam geraucht.
Hab nicht weiter voraus denken wollen.
Es war immer noch Januar.
Ich war kein Nagetier oder Reptil, das überwintern kann, bis am Himmel wieder die Sonne scheint.
Ich mußte mich der Kälte stellen.

Einer Kälte, die sich in deine Haut gebissen und zugeschnappt hat, bis du blau warst. Bis du nichts mehr gespürt hast. Bis du gewünscht hast, du wärst tot. Voller Angst warst, abends schlafen zu gehen, weil du gewußt hast, daß du nicht mehr aufwachst. In diesem höllischen Winter hab ich auf die Weise ein paar Vampir-Zombies den Abgang machen sehen. Die Dealer, die das Klo aufgeräumt haben, haben die Leichen wie Sandsäcke rausgeschleppt und sie auf den Müllhaufen hinter dem Gebäude geschmissen. Das waren wahrscheinlich Leute gewesen, mit denen sie zur Schule gegangen waren, aber das hat keine Rolle gespielt; die Zeiten waren vorbei, und jetzt waren diese

Leute tot-nutzlos-stinkig und im Weg. Also kamen sie raus auf den Müllhaufen.

Ich erinnere mich an meinen letzten Tag als Vampir-Zombie. Ich bin mit Magenschmerzen aufgewacht.
Ich hab ein paar Minuten gebraucht, bis mir klar war, daß es Hunger war. Ich hab mir ein großes Stück braunes Packpapier um die Schultern gewickelt, das ich in der Nacht vorher im Müllcontainer vom Safeway gefunden hatte, als ich dort nach weggeworfenem Essen suchte, das ich gegen Rocks hätte eintauschen können. Eigentlich hielt das Packpapier die Kälte nicht ab, aber es war besser als nichts. Zuallererst wollte ich zu Mr. Green, weil ich so schlimm stank, daß ich den Geruch selber nicht mehr aushielt, und ihn bitten wollte, daß ich bei ihm ein Bad nehmen durfte.
Es war Sonntag, und ich erinnere mich an all die frommen Leute in ihrem Ausgehstaat auf dem Weg zur Kirche. Auf eine Familie bin ich zugegangen und hab instinktiv die Hand ausgestreckt – aber sie haben sich alle die Nase zugehalten, sind zu ihrem Auto geflüchtet und davongebraust. Soviel zur christlichen Nächstenliebe.
Auf dem Weg zu meinem Wohnblock bin ich noch auf ein paar Leute zugegangen, aber keiner hat mir was gegeben.
Sie haben mich als den verkommenen Stadtstreicher behandelt, der ich war.
Schließlich kam ich zur Wohnungstür von Mr. Green und klopfte und klopfte, aber keiner machte auf.
Das hat mich unendlich geärgert.
Ich bin in die Kälte und den lächelnden, strahlenden Sonnenschein rausgegangen, der die Kälte aber kein bißchen erträglicher machte.
Ich hab das Packpapier über meinen Kopf gezogen und bin zum *Centa-Renta* zurückgelaufen. Vor einem Haus sah ich was stehen, was ich für eine Flasche Wein gehalten hab; sicher war sie von einem Alki dagelassen worden,

 der schnell das Weite hatte suchen müssen. Es stellte sich raus, daß es eine Dreiviertel-Literflasche Wodka war. Ich hab das ganze Zeug in zwei Schlucken runtergekippt.
Es hat mir scheinbar den Hunger nach Essen weggebrannt, aber zugleich hat es den mächtigen Pfeifendämon in mir aufgeweckt, der anfing, frech meinen gekreuzigten Verstand anzubrüllen. Dieser Dämon führte mir wieder meinen verkommenen und wertlosen Zustand vor Augen, während ich ziellos durch die Gegend strolchte.
Ohne Geld konnte ich nicht ins *Centa-Renta* zurück.
Es war noch nicht Nacht, und uns Vampir-Zombies haben sie nur reingelassen, wenn es dunkel wurde, was bedeutete, daß ich noch einen ganzen Tag in der Kälte rumlaufen mußte.
Das würde ich nicht aushalten.
Nicht noch mal.
Ich mußte irgendwie an Kohle rankommen ... egal, wie.

Der Kinderwagen stand direkt vor dem Laden an der Ecke, wo ich was zum Essen erbetteln wollte. Noch bevor ich was sagen konnte, hatte der Ladenbesitzer mich rausgeschmissen.
Ich hab nicht mal überlegt. Ich hab in den Wagen geguckt, mir das blaue Bündel gegrapscht und bin in die Richtung meines Wohnblocks davongerannt.
Ein Schrei hinter mir warnte mich, daß die Mutter des blauen Bündels mir schon auf den Fersen war. Alles ging blitzschnell.
Ich hab nicht auf den Aufzug gewartet.
Ich bin die zwölf Stockwerke bis zum Dach über die Treppe hochgerannt.
Hinter mir schallte ein Chor aus panischen Beschimpfungen die Treppen hoch. Ich bin über das Dach gerannt, bis es nicht mehr weiterging, außer zum Eingang aufs Dach zurück – den jetzt dreißig bis vierzig wütende, aber entsetzensstarre ehemalige Nachbarn von mir umringten –

oder über den Dachrand auf den Boden zwölf Stockwerke tiefer.

Die Mutter von dem Bündel rannte nach vorn.

Die Augen voller Angst.

Wut auf den Lippen.

»Geben Sie mir mein Baby!« hat sie gefleht.

Mir war gar nicht aufgefallen, daß ich das blaue Bündel wie einen lebendigen Fußball über meinem Kopf gehalten hab.

»Geben Sie mir Geld!« hörte ich es schwerfällig von meinen Lippen kommen, und dann haben alle Geräusche aufgehört. Das einzige, was ich noch gehört hab, waren die DIIIIIING-DOOOOOONG-Glocken, die ich immer gehört hab, wenn ich von erstklassigen Rocks einen erstklassigen Kick gekriegt hab.

Ich hab sogar jemanden gesehen, der der Vater von dem blauen Bündel gewesen sein muß und der seine Brieftasche aufgerissen und Geldbündel nach mir geworfen hat. Er traf mich im Gesicht.

Ich hab geweint und Schaum vor dem Mund gehabt, und aus irgend'nem sonderbaren Grund war das alles schrecklich komisch für mich.

Ich hab zu lachen angefangen.

Ich hab mich vergessen.

Ich hab das blaue Bündel vergessen, das ich immer noch hoch über meinem Kopf hielt – mit einer Hand, die jetzt in die Luft ausgestreckt war, vom Dach weg, über den sechzig Metern Tiefe.

Ich hab sogar vergessen, warum ich mit all diesen kreischenden, weinenden Schwarzen auf dem Dach war, die angsterfüllt vor mir hin- und hersprangen, die mich anflehten und die Hände nach mir ausstreckten und nach mir griffen wie ein Nest voller Tausendfüßler und Spinnen.

Und Tausendfüßler hab ich nie leiden können, und Spinnen hasse ich, darum bin ich vor ihnen zurückgewichen, noch näher an den Dachrand, und die Mutter ist in Ohnmacht gefallen, und der Vater hat sich auf mich

 gestürzt, und ich hab meine beiden Hände gebraucht, um mich zu verteidigen, und hab das blaue Bündel weder gehört noch gesehen, als es in den leeren Raum gefallen und auf den harten Boden getroffen ist, der so weit unten war.
Und die Menge hat einen blutrünstigen Schrei ausgestoßen und ist über mich hergefallen wie tollwütige Wölfe, hat mich getreten und geschlagen.
Später hab ich erfahren, daß sie mich, als ich schon bewußtlos war, über die Kante geworfen haben, zu dem winzigen, zerschellten blutigen Leichnam, der vor mir auf dem Boden gelandet war.

Das nächste, woran ich mich erinnere, sind die furchtbaren Schmerzen, als ich in dieser Klinik aufgewacht bin. Die Wochen, in denen ich an Schläuchen und Drähten hing. Die Monate, in denen ich im Gips lag, von Schwestern gepflegt und von Ärzten und Bullen ausgequetscht.

ABER

Ich hab mich erholt.
Ich bin nicht entkommen.
Als ich wieder zu mir gekommen war und die ganze Tragweite dessen, was ich getan hatte, mich voll zwischen die Augen getroffen hat, hab ich mir einen Haufen Tabletten besorgt. Und sie geschluckt.
Aber die Schwestern haben mich erwischt und mir den Magen ausgepumpt.
Ich bin nicht entkommen.
Ich hab überlebt.

Und die Pfeife hat immer noch geredet und getobt, aber daran konnte ich nichts ändern. Ich war in diesem Krankenhaus auf zu vielen anderen Drogen, als daß ich auch nur im Traum daran denken konnte, den Drang nach der einen zu befriedigen, die mein Leben ganz und gar zerstört

hat. Und als ich wieder halbwegs auf den Beinen war,
haben die Sitzungen mit den Gehirnkratzern angefangen. Ich hab ihnen gesagt, daß ich mich an nichts erinnere. Das hat sie anscheinend besänftigt.
Jetzt warten sie darauf, daß es mir bessergeht, damit ich mich ihnen offenbaren kann …

Und da sitz ich nun in der geschlossenen Abteilung für unzurechnungsfähige Mörder und Vergewaltiger.
Und da gehöre ich auch hin … ich bin ein Mörder und Vergewaltiger.
Wenn nichts anderes, so hab ich mein Leben gemordet und meine Seele vergewaltigt.
Ich hab mir das willentlich angetan … bewußt … aber jemand anderen hab ich nie verletzen wollen. Es hat sich einfach so ergeben.
Aber das würden die Gehirnkratzer nicht verstehen. Ich würd's auch von sonst keinem erwarten.
Ich versteh ja selber nicht, wie das alles kaputtgegangen ist.
Darum erzähl ich den Gehirnkratzern nichts.
Aber eines Tages werden sie das lesen und merken, daß ich mich doch erinnere. Ich erinnere mich an alles.
Und ich bin schuldig, und es ist meine Schuld, aber es ist nicht *alles* meine Schuld.
Ich weiß nicht, was die kommenden Tage bringen.
Ich weiß, daß ich irgendwann vor Gericht muß, aber das ist mir egal, da komme ich durch, so wie ich durch alle anderen Ereignisse in meinem wunden, kaputten Leben gekommen bin.
Die Gerechtigkeit wird siegen … ich schulde zu vielen Seelen zuviel … ich werde den Preis für meine Taten bezahlen.

Ich hab immer gedacht, wenn ich groß bin, werd ich ein reicher Anwalt oder Vorsitzender von 'nem Megakonzern oder wenigstens Millionär.

Ich hab immer gewußt, daß ich jemand werden würde, zu dem die Kinder aufschauen können und den sie achten. Als Teenager haben mich meine Freunde immer in Verlegenheit gebracht, indem sie mir erzählten, daß ihre Mamas, wenn sie über sie aufgebracht waren, weil sie nicht folgten oder keine guten Noten bekamen, sie immer fragten, warum sie nicht wie der Älteste von Cora und Cornelius sein könnten, so gescheit und ehrgeizig.

Warum sie nicht wie Cornelius Edward Washington junior sein könnten.

»Der Junge bringt's mal weit!« haben sie immer gesagt ...

Tja, wie's so schön heißt:

»Wenn meine Freunde mich jetzt sehen könnten ...«